古典文獻研究輯刊

十七編

潘美月・杜潔祥 主編

第 6 冊

《漢書》考校研究
——以中華書局點校本爲中心

謝秉洪 著

國家圖書館出版品預行編目資料

《漢書》考校研究——以中華書局點校本為中心／謝秉洪 著
— 初版 — 新北市：花木蘭文化出版社，2013〔民 102〕
目 2+192 面；19×26 公分
（古典文獻研究輯刊 十七編；第 6 冊）
ISBN：978-986-322-431-0（精裝）
1. 漢書 2. 研究考訂
011.08   102014848

ISBN-978-986-322-431-0

9 789863 224310

古典文獻研究輯刊
十七編 第六冊   ISBN：978-986-322-431-0

《漢書》考校研究——以中華書局點校本爲中心

作　　者　謝秉洪
主　　編　潘美月　杜潔祥
總 編 輯　杜潔祥
企劃出版　北京大學文化資源研究中心
出　　版　花木蘭文化出版社
發 行 所　花木蘭文化出版社
發 行 人　高小娟
聯絡地址　235 新北市中和區中安街七二號十三樓
　　　　　電話：02-2923-1455／傳眞：02-2923-1452
網　　址　http://www.huamulan.tw 信箱 sut81518@gmail.com
印　　刷　普羅文化出版廣告事業
初　　版　2013 年 9 月
定　　價　十七編 20 冊（精裝）新台幣 31,000 元
　　　　　　　　　　　　　　　　　　　版權所有·請勿翻印

《漢書》考校研究
——以中華書局點校本爲中心

謝秉洪　著

作者簡介

謝秉洪，男，1964 年 8 月生，江蘇省宜興市人。文學博士。1987 年畢業於南京師範大學中文系古文獻專業，留校工作至今。先後供職於南京師範大學古籍所、南京師範大學《文教資料》編輯部、南京師範大學《文學院學報》編輯部，現為南京師範大學文學院副教授。主要從事中國古典文獻學的教學，研究方向為史部文獻研究。曾參編《文獻學辭典》（江西教育出版社，1991年出版）、《歷代文言小說鑒賞辭典》（江蘇文藝出版社，1991 年出版）、《中國古代名物大典》（濟南出版社，1993 年出版）、《江蘇藝文志》（十卷本，江蘇人民出版社，1994 年起陸續出版）、《江蘇出版人物志》（江蘇人民出版社，1995 年出版）、《古本戲曲劇目提要》（文化藝術出版社，1997 年出版）、《〈全宋詞〉全注》（學苑出版社，1998 年出版）、《中國歷代詩話總編》（宋代卷，江蘇古籍出版社，1998 年出版）、《中國歷代僧詩集》（清代卷，當代中國出版社，1999 年出版）、《隨園師魂》（南京師範大學出版社，2002 年出版）、《中國古代文學作品選》（高等教育出版社，2003 年出版）等；合作出版《十三經今注今譯》（嶽麓書社，1994 年出版）、《柳河東全集今譯》（北京燕山出版社，1996 年出版）、《周易禪解》（廣陵書社，2006 年出版）等；編著有《漢書》（注評，鳳凰出版社，2011 年出版）等。發表論文數十篇。目前正在參與點校本「二十四史」及《清史稿》修訂工程，擔任《漢書》修訂組成員。

提　　要

　　古籍考校研究，是從事學術研究特別是古代典籍研究的起點，一直是古籍整理研究領域中的重要課題。本文以享有盛譽的中華書局點校本《漢書》為中心，從古籍整理學的角度出發，綜合運用校勘學、版本學、語言學和文化史等方面的知識，參考相關資料，對《漢書》進行較為系統的考校研究。它是《漢書》文獻學的重要內容之一 同時也是構成「漢書學」的基本內容，實際上是《漢書》研究的一項最重要的基礎性工作。

　　本文論述了《漢書》考校研究的意義，探討了《漢書》考校研究的歷史和現狀；通過中華書局點校本與底本王先謙《補注》本的重新覆校，舉例說明點校本存在的徑改、徑增、徑刪等諸多不合古籍整理規範的暗改現象，分析了點校本在學術成果吸收及文字校勘處理方面存在的一些疏漏與不足，供大家討論。

　　本文認為，中華書局點校本《漢書》確實存在著底本校對不精，某些文字處理不合古籍整理規範，漏校、誤校、誤排不少，已有研究成果吸收不夠，多據殿本暗改底本，標點可商之處不少等一系列問題。因此，有必要在古籍整理理論和科學方法的指導下，充分利用現代化手段，對已有研究成果進行較為全面的梳理鑑別，正本清源，求實存真，對《漢書》文本重新進行較為全面的宏觀考察和微觀分析，探討其中存在的史料、底本、校勘、標點等各種問題，為今後編纂《漢書》新整理本做一些基礎性工作，為今後開展全面的《漢書》異文研究積累資料。這是新世紀《漢書》整理研究工作向縱深發展並爭取獲得突破性進展的需要，也是豐富古籍整理學基礎理論特別是完善校勘研究理論的需要。21 世紀需要更加科學嚴密、更能體現當代「漢書學」研究水準的《漢書》新校本。

目次

緒　論

第一節　《漢書》考校研究的意義

　　《漢書》亦稱《前漢書》，爲東漢一代史學大師班固所著。班固字孟堅，扶風安陵（故址在今陝西省咸陽市東北）人，生於光武帝建武八年（32）。其父班彪字叔皮，生平好述作，專心於史籍，曾撰成《史記後傳》65 篇以續《史記》。建武三十年（54）班彪去世，班固時年 23 歲，自洛陽太學返鄉，立志完成父業，並於明帝永平元年（58）開始在家私撰《漢書》。永平五年（62）班固被人告發私改國史，因此被捕入獄，所有書稿均被抄走。其弟班超赴洛陽上書辯白，同時當地官吏也把書稿送到京師。明帝閱書後覺得班固才能卓異，就任命他爲蘭臺令史。蘭臺是漢朝皇家藏書的地方，共設令史 6 人，班固便是其中之一，故又世稱「班蘭臺」。隨後班固陞遷爲郎，典校秘書，並於永平七年（64）受明帝詔命繼續完成先前所著《漢書》，直到章帝建初七年（82）成書，前後長達 20 餘年。和帝永元四年（92）受竇憲之事牽連，班固含冤死於獄中，終年 61 歲。班固死後，《漢書》書稿頗散亂，由其妹班昭參考東觀藏書重新整理，補作《八表》；又由同郡人馬續幫助班昭作成《天文志》。因此，後世學者多認爲這部《漢書》是經過四人（即彪、固、昭、續）之手，閱三、四十年始成完書的。

　　《漢書》是我國第一部紀傳體的斷代史，它囊括了西漢一代 230 年史事，是繼西漢司馬遷《史記》之後又一部重要史學著作，人們常以「史漢」、「班馬」並題，正反映了它對後世產生的深遠影響。《漢書》開創的紀傳斷代

史體，對中國後代史書的發展起到了相當重要的作用。唐代著名史學家劉知幾在《史通・六家》中說：「如《漢書》者，究西都之首末，窮劉氏之廢興，包舉一代，撰成一書。言皆精練，事甚該密，故學者尋討，易爲其功。自爾迄今，無改斯道。」〔註1〕這個評價，今天看來還是很公允的，它道出了班固及《漢書》在我國史學史上的重要地位。同時，《漢書》又以其在文學、語言學、目錄學等領域所取得的巨大成就，一直受到學術界的高度推崇，成爲中國古代文史研究者的必讀之書。隋唐時期便已正式形成的「漢書學」，如今變得更加多姿多彩，與「史記學」交相輝映，呈現出多角度、全方位的傾向。不過，今天的研究者們在各項研究不斷深入、項目求大求全的同時，卻普遍存在一個忽視基礎性研究的傾向，《漢書》也不例外。

　　《漢書》版本很多，由於時代變遷，舊本多不易得，現今使用最多、流傳最廣、影響最大的，首推中華書局 1962 年整理出版的新標點本，習慣上稱爲中華書局點校本（簡稱「點校本」）。點校本以清代王先謙《漢書補注》本（簡稱「王本」或《補注》本）爲底本，參校北宋景祐本（商務印書館影印的百衲本，簡稱「景祐本」）、明末毛氏汲古閣本（簡稱「汲古閣本」）、清乾隆武英殿本（簡稱「殿本」）、同治金陵書局本（簡稱「局本」）4 種版本整理而成。它徵收《補注》所引諸家舊說，同時吸收楊樹達《漢書窺管》等新說，擇善而從，析出注文（只收顏注，不收補注），分段標點、校理，對部分古字、異體字進行處理，做出了前所未有的成績，被譽爲集以前《漢書》各本之大成。這個眉目清楚、閱讀便利的新版本，出版至今已超過 40 年，重印 11 次，印數達 10 餘萬冊。它與中華書局點校本《史記》一樣，是人們學習和開展《漢書》研究工作最常用和最權威的本子，同時也是人們開展《漢書》考校研究的一個新起點。後出的各種整理本、注譯本、選讀本等多以之爲底本，點校本事實上已成爲後出各類《漢書》讀物的源頭之本。誠然，中華書局點校本《漢書》也並非完美無缺，它出版以來，便陸續有不少學者指出其中存在的錯誤和問題。但是，學術界一致認爲，相對於以往的各種版本來說，這部點校本《漢書》仍然是最好的、最適合現代人閱讀和徵引的版本，是古籍整理領域裏的一座里程碑。

　　眾所周知，校勘古書如掃落葉，隨掃隨有，校勘工作不可能畢其功於一役。對於《漢書》這樣一部流傳了近兩千年的巨著來說，歷代輾轉抄刻，本

〔註 1〕浦起龍《史通通釋》，上海書店，1988 年第 1 版，第 15 頁。

來就難免錯訛；而中華書局在整理時，雖然選擇了《漢書補注》這個集大成的底本，且參校了不少善本，但由於未能廣泛吸收現有的研究成果，加上受到當時歷史條件的限制，因此還存在許多諸如暗改、誤校、漏校、誤排、誤標等不足與失誤。雖說此後中華書局每次重印時都要對已發現的錯誤進行訂正，但 40 餘年來一直未能重出新版，只是作些簡單的修補，根本無法解決先天造成的不足，所以，今天我們對《漢書》點校本重新進行全面細緻的校勘與考察便顯得相當必要。有鑒於此，本論文選擇了《〈漢書〉考校研究》這個選題。

古籍考校研究，是從事學術研究特別是古代典籍研究的起點，一直是古籍整理研究領域中的重要課題。《漢書》考校研究以版本校勘和史實考證爲出發點，內容涉及目錄、版本、校勘、輯佚、辨僞、文字訓詁、史實考證等諸多方面，是《漢書》文獻學的重要內容之一，同時也是構成「漢書學」的基本內容，它實際上是《漢書》研究的一項最重要的基礎性工作。

本選題以中華書局點校本《漢書》爲中心，通過點校本與王本的覆校，對《漢書》及其相關的各重要版本、新見《漢書》文獻資料、與《漢書》相關的學術成果等進行一番深入細緻的校理、考察、鑒定，探討其中存在的史料、底本、校勘、注釋、標點等各種問題，爲今後編纂《漢書》新整理本做一些基礎性工作，爲今後開展全面的《漢書》異文研究積累資料。這不僅是新世紀《漢書》整理研究向縱深發展並爭取獲得突破性進展的需要，而且也是豐富古籍整理學基礎理論特別是完善校勘學理論的需要。

復旦大學資深教授章培恒先生說：「《史記》研究是一個十分重要的課題，尤其在學術研究迅猛發展的今天，更有許多開創性的工作要作和可作。而在我看來，出版一部《史記》的精校本無疑是一項十分重要的任務。從《史記》問世以來，兩千多年過去了。在這期間，經過屢次的傳寫、刊刻，《史記》中不知增加了多少訛誤衍奪。要恢復《史記》的本來面貌已不可能，除非有一天忽然出土一部漢代的《史記》；但是，爲學術界提供一部盡可能減少在流傳過程中所添加的錯誤的《史記》校本還是有希望做到的，而且就學術研究來說確也有此需要。」〔註 2〕章先生所說雖是針對《史記》而言，但推而廣之，《漢書》亦當作如是觀。因此，本選題研究的應用前景非常廣闊，它將不僅對《漢書》文本的校理做出一定的貢獻，對搞清《漢書》的

〔註 2〕張玉春《〈史記〉版本研究》「序一」，商務印書館，2001 年第 1 版，第 1 頁。

流傳、版本、注釋以及史料剪裁、思想內容等都有很大的幫助，而且對與《漢書》相關的典籍、相關交叉學科的研究工作也有著重要的參考價值，對《漢書》的普及與推廣以及工具書編纂等同樣也有一定的幫助作用。

第二節　《漢書》考校研究的歷史和現狀

　　《漢書》考校研究與《漢書》的流佈和版本，與古籍校勘史、古籍出版史和學術發展史等密切相關。因爲在流佈過程中，由於傳抄、刊刻等的不同，產生了不同的版本。版本的不同，就可能存在文字上的差異。我們在考察《漢書》考校研究的歷史和現狀時，必然要關注《漢書》的原始版本及流佈情況，關注各個時代古籍校勘的特點等。

一、《漢書》的流佈與刊刻概貌

　　《漢書》著成之後，很快便流傳開來，並享有很高的聲譽。據《後漢書》卷八十四《班昭傳》記載，由於《漢書》中多古字，又包含許多專門的學問，其書剛剛流傳之時，就有很多人不能通曉。於是，漢和帝命令博通經籍的著名學者馬融拜班固的妹妹班昭爲師，然後再經馬融傳授出去。在和帝的重視下，研讀《漢書》很快成爲一種風氣。不過，以馬融之博學，尚且要「從昭受讀」，他人的情況就更加可想而知了。因此，這種口耳相傳的形式只能在很小範圍內解決問題，實在難以普及，以至於到了三國時，人們仍然難以讀懂《漢書》。據《三國志》卷五十九《吳書·孫登傳》記載，吳主孫權想讓太子孫登研讀《漢書》，以便「習知近代之事」，保住江東帝業。因爲知道首輔張昭事務繁忙但通曉《漢書》師法，於是特意命令太傅張休（昭子）先從張昭受讀，然後再傳授給孫登，當時傳爲美談。由此可見《漢書》已成爲朝廷貴族和一般士大夫的必讀之書，其地位亦已經大大超過了《史記》。至於張昭的《漢書》師法是否與班昭或馬融之間存在一脈相承的關係，由於缺乏必要的材料佐證，現在已經難以考證清楚；但有一點是非常清楚的，亦即隨著要求讀懂《漢書》的人數的增加，注解《漢書》的事早已提上了日程。

　　據考，《漢書》行世不及百年，到了靈帝時代就有服虔、應劭等人替它作了音義。其後，爲《漢書》作音注的人多達 14 家，但因各家注解單行，比較零散，而且不附原文，頗不便於閱讀。晉代晉灼以服虔、應劭二家注爲基礎，

彙集伏儼、如淳、孟康等 14 家注，勒成《漢書集注》13 卷〔註3〕，是爲第一部集注性質的書。此後臣瓚又加入劉寶《漢書駁義》纂成《漢書集解音義》24 卷。至東晉蔡謨時，將臣瓚的《集解音義》散入《漢書》原文，首次形成了文注合一的本子——蔡謨《漢書集解》，《漢書》得以廣泛流佈。蔡謨《漢書集解》是南朝至唐最爲通行的《漢書》注本，亦即《隋書・經籍志》（以下簡稱「《隋志》」）著錄的《漢書》一百一十五卷本〔註4〕。

　　隋唐時期，繼續崇尚《漢書》，並在其基礎上正式形成了「漢書學」。《隋書》卷八十三《文苑傳》把由北周入隋的劉臻列爲第一人，說他「精於《兩漢書》，時人稱爲『《漢》聖』」。而《新唐書》卷一百九十八《儒學傳上》則概述說：「是時《漢書》學大興，其章章者若劉伯莊、秦景通兄弟、劉訥言，皆名家。」清人趙翼《廿二史劄記》卷二十「唐初三禮漢書文選之學」條〔註5〕有「六朝人最重三《禮》之學，唐初猶然」、「次則《漢書》之學，亦唐初人所競尚」、「當時《漢書》之學大行」等云云，可知唐時《漢書》成爲僅次於「三禮」的顯學。唐初「漢書學」大興，由此誕生了第一部集大成的著作——顏師古《漢書注》。顏注徵引的注本多達 23 家，被當時的學者譽爲「《漢書》的功臣」，受到唐太宗的嘉獎。

　　我們知道，《漢書》自定本原爲一百卷，而後人「以卷帙太重，故析爲子卷」，在顏師古之前，《漢書》已經被析出了 15 卷，故《隋志》和《舊唐書・經籍志》（以下簡稱「《舊唐志》」）著錄都作一百一十五卷，蔡謨《漢書集解》本即屬於一百一十五卷本。顏師古作注時，又析出 5 卷，遂使《漢書》成爲一百二十卷本。顏注的傳世，使《漢書》有了一個可以信賴的定本，也使《漢書》不再成爲難學之書，推動了「漢書學」的發展。

　　由於顏注的巨大影響，其它注本遂相繼失傳，僅有少數晉、唐寫本殘卷傳世。據初步考察，《漢書》傳世寫本以敦煌抄本殘卷爲最多，共 11 件，其中一件爲羅振玉《敦煌石室碎金》排印本，題《漢書・匡衡張禹孔光傳》；另外

〔註3〕《隋書・經籍志》著錄晉灼《漢書集注》13 卷，而新、舊《唐志》則著錄 14 卷。此據《隋書・經籍志》。

〔註4〕徐建委《蔡謨〈漢書音義〉考索》一文認爲，裴駰《史記集解》所引《漢書音義》即蔡謨所著《漢書集解》，而顏師古《漢書注》所引則爲臣瓚的《漢書集解音義》，顏注引用優於裴注引用，其說有理。載《古籍整理研究學刊》，2003 年第 6 期，第 45～48 頁，可參。

〔註5〕趙翼《廿二史劄記》，中國書店，1987 年第 1 版，第 273～275 頁。

10 件的編號分別爲斯 0020（題《漢書・匡衡傳》）、斯 2053（題《漢書》卷七十八《蕭望之傳》）、斯 10591（題《漢書・王商史丹傅喜傳》）、伯 2485（題《漢書・蕭望之傳》）、伯 2513（題《漢書・王莽傳》）、伯 2973B（題《漢書・蕭何曹參張良傳》）、伯 3557（題《漢書・刑法志第三》）、伯 3669（題《漢書・刑法志》）、伯 5009（題《漢書・項羽傳》殘片）、俄 Дx03131（題《漢書・天文志》）。以上 11 件殘卷中，斯 10591 號僅存尾題 1 行，斯 0020 號所存部分全爲白文，俄 Дx03131 號僅殘存 5 斷行，三者均無法判定源自何本；其餘 8 件，據王重民等考證，伯 3669 號、伯 3557 號、伯 5009 號、斯 2053 號與《敦煌石室碎金》排印本《漢書・匡衡張禹孔光傳》5 種屬於蔡謨《集解》本；伯 2973B 號屬於顏遊秦《漢書決疑》本；伯 2485 號、伯 2513 號二者屬於顏師古注本。敦煌抄本之外，吐魯番出土文書中有一件編號爲 80TBI：001a 的殘卷，題《晉寫本〈漢書・西域傳〉殘片》〔註 6〕，係新疆柏孜克里克千佛洞 1975 年出土遺物之一。又，據榮新江教授研究披露，德國國家圖書館所藏吐魯番文獻 Ch.938 號殘片與《西域考古圖譜》所刊日本大谷探險隊所得吐魯番文書中的一件殘片是可以綴合的《史記》和《漢書》抄本，其正面爲《漢書・張良傳》，反面爲《史記・仲尼弟子列傳》，經比勘，應當是唐朝前期抄本；尤爲珍貴的是，《史記》、《漢書》抄寫在同一寫卷上及其有所先後的事實，爲我們詮釋古人《史》、《漢》並重及相關問題提供了直接的文獻依據。〔註 7〕此外，日本藏有多種唐寫本殘卷，其中最著名的是《漢書・食貨志上》日本人手寫卷子本〔註 8〕，藏日本名古屋眞福寺（今稱「大須觀音寺」）；19 世紀後期，著名學者楊守敬作爲清政府駐日公使黎庶昌的隨員，在日本多方搜求中土久佚之漢籍珍本，並協助黎氏輯刻成《古逸叢書》26 種，其中就影摹了這一卷子本。又有《揚雄傳上》殘卷一卷，收入《東京帝國大學文學部景印唐鈔本》第二集。各種寫本殘卷，爲後世核校《漢書》提供了很好的資料，具有較高的校勘價値。

〔註 6〕經筆者仔細比勘，此殘卷題名有誤，應該是荀悅《漢紀・孝武皇帝紀三》殘卷。

〔註 7〕參榮新江《〈史記〉與〈漢書〉——吐魯番出土文獻札記之一》，《新疆師範大學學報》，2004 年第 1 期，第 41～43 頁。

〔註 8〕此本國內以往通常稱爲「唐寫本」，如王先謙《漢書補注》、金少英《漢書食貨志集釋》等。實際上，是 8 世紀時日本人根據唐寫本轉抄而成，故當今有研究者認爲以稱「日人寫本」較爲合適。

　　而在六朝時期，曾出現過一個所謂的《漢書》「古本」，這個「古本」至北宋還在流傳，宋祁校勘《漢書》時尚用之；南宋劉之問校《漢書》所參諸本中，也有「卷子古本」。最早記錄這個「古本」的是《梁書》卷四十《劉之遴傳》，略云：「時鄱陽嗣王范得班固所上《漢書》眞本，獻之東宮，皇太子令之遴與張纘、到溉、陸襄等參校異同。之遴具異狀十事，其大略曰：『案古本《漢書》稱「永平十六年五月二十一日己酉，郎班固上」，而今本無上書年月日字。又案古本《敍傳》號爲《中篇》，今本稱爲《敍傳》。又今本《敍傳》載班彪事行，而古本云「稚生彪，自有傳」。又今本紀及表、志、列傳不相合爲次，而古本相合爲次，總成三十八卷。又今本《外戚》在《西域》後，古本《外戚》次《帝紀》下。又今本《高五子》、《文三王》、《景十三王》、《武五子》、《宣元六王》雜在諸傳秩中，古本諸王悉次《外戚》下，在《陳項傳》前。又今本《韓彭英盧吳》述云「信惟餓隸，布實黥徒，越亦狗盜，芮尹江湖，雲起龍驤，化爲侯王」，古本述云「淮陰毅毅，杖劍周章，邦之傑子，實惟彭、英，化爲侯王，雲起龍驤」。又古本第三十七卷，解音釋義，以助雅詁，而今本無此卷。』」《南史》卷五十《劉之遴傳》略同。又，《宋史》卷八十一《律曆志》載舒州桐城縣丞李如箎作《樂書》，評司馬光、范鎮所論律有「鎮得蜀人房庶言尺法，庶言：『嘗得古本《漢書》，云『度起於黃鍾之長，以子穀秬黍中者，一黍之起，積一千二百黍之廣，度之九十分，黃鍾之長，一爲一分』，今文脫去『之起積一千二百黍』八字，故自前世累黍爲之，縱置之則太長，橫置之則太短」云云，同書卷一百二十八《樂志三》亦引之。事實上，這個本子乃出自梁人僞撰，不足爲據，《四庫提要》卷四十五辨之甚詳，可參，此不贅。

　　遼宋金元時期，崇尚《漢書》之風仍然不減。北宋著名文學家蘇軾對《漢書》內容推崇備至，曾有意識地分幾次通讀《漢書》，並聲稱自己知識的淵博正是從《漢書》中學來的。蘇軾對《漢書》的深刻體會，受到明代學者楊愼、虞舜治等的重視，常常引以教人讀書，並稱之爲「讀書之良法」。而另一位文學家黃庭堅則強調《漢書》是精神力量的源泉，認爲長久不讀《漢書》，人就會變得俗氣，這種觀點也對後世產生了不小的影響。

　　眾所周知，宋代是雕版印刷的興盛時期，《漢書》與其它典籍一樣亦產生了刻本。據考，《漢書》最早刊刻始於北宋太宗淳化五年（994）。宋代程俱《麟臺故事》卷二云：「淳化五年七月，選官分校《史記》、前後《漢書》，……又

命太常博士直昭文館陳充、國子博士史館檢討阮思道、著作佐郎直昭文館尹少連、著作佐郎直史館趙況、著作佐郎直集賢院趙安仁、將作監丞直史館孫何校前後《漢書》。既畢，遣內侍裴愈齎本就杭州鏤板。」〔註9〕《宋會要輯稿》、《玉海》、《石林燕語》等書所載略同，淩稚隆《漢書評林》卷首「淳化本」下亦錄之。據《天祿琳琅書目》前集卷二等記載，此次《漢書》與《史記》、《後漢書》同時校印，前後歷時四年，至至道三年（997）由呂端等進呈太宗，世稱「淳化本」。《玉海》卷四十三云：「咸平元年（998）七月甲申，賜諸王及輔臣新印三史。」淳化本原本今已不存，但此本爲《漢書》刻本之源，後世諸本多出於此。僅在北宋，此本又經過了多次校勘印行。而刻本所據，皆爲顏師古注本。自此以後，寫本《漢書》逐漸亡佚。

北宋淳化本之後，《漢書》校勘印行可考者，有眞宗景德二年（1005）刊本、仁宗景祐二年（1035）刊本、宋祁手校本、仁宗嘉祐六年（1061）至神宗熙寧二年（1069）刊本、徽宗宣和六年（1124）刊本等。其中景德刻本等皆已亡佚，惟存宋仁宗景祐二年刊本，此即現存最早之《漢書》刻本，世稱「景祐刊誤本」，簡稱「景祐本」，彌足珍貴。

《麟臺故事》卷二云：「景祐元年九月，詔翰林學士張觀等刊定《前漢書》、《孟子》，下國子監頒行。……秘書丞余靖建言：『《前漢書》官本差舛，請行刊正。』因詔靖及王洙盡取秘閣本對校，逾年乃上《漢書》刊誤三十卷。……明年以校勘《史記》、《漢書》成，以秘書丞余靖爲集賢院校理，大理評事國子直講王洙爲史館檢討。賜詳定官翰林學士張觀、知制誥李淑、宋祁器幣有差。」據此可知，著名史學家宋祁（998～1061）亦參加了此次景祐刊誤本的校勘工作。宋祁字子京，曾官國子監直講、太常博士、史館修撰等，卒諡景文。可能是後來宋祁發現景祐本尚有不少訛誤，所以自己又網羅眾本重新校勘，遂有宋景文公刻本，亦稱「宋祁手校本」。此本今已不存，但宋祁校語卻賴《宋景文筆記》及南宋建安本等傳了下來，對後人瞭解淳化本等有很大幫助。

南宋《漢書》刻本可考者，有高宗紹興刻本、孝宗乾道刻本、孝宗淳熙湖北提舉鹽茶司刻本、光宗紹熙湖北庾司刻本、寧宗慶元建安劉之問刻本〔註10〕、寧宗嘉定十七年白鷺洲書院刻本、蔡琪家塾刻本等。其中嘉定十七

〔註 9〕程俱《麟臺故事》，清《武英殿聚珍版叢書》本，同治七年福建版。
〔註10〕此本亦題「建安劉元起刊於家塾之敬室」，學術界普遍認爲「元起」即「劉

年白鷺洲書院刻本與蔡琪家塾刻本保存完好，今藏國家圖書館；另有許多宋刻遞修本傳世，乾道刻本則下落不明。而影響最大的則是寧宗慶元建安劉之問刻本，世稱「建安本」或「慶元本」，該本在宋祁手校本的基礎上，又復校以所得 14 家善本，並博採諸家評論以及蕭該《音義》、司馬貞《索隱》、章衡《編年通載》、楊侃《兩漢博聞》等，所參甚夥；尤其是詳錄劉敞、劉攽、劉奉世所著的《漢書刊誤》，三劉刊誤原書今已亡佚，賴之問採之得存，彌足珍貴。不過，綜合前人所考可知，劉之問並不像宋祁等學者那樣精於校勘，其於所參考之本務求其多，又常常以意添改，往往致訛，故取捨之間，難免後人所譏。事實上，建安本由於改動太大，早已非北宋本原貌。明監本即據「慶元本」覆刻，然於注文刊落極多，故殿本刊印時，齊召南等多據宋本補其脫漏。

　　元明清三代，《漢書》屢見刊刻，傳本亦多，較爲著名的如：元代有大德九年太平路儒學刻本、劉文聲刻本等；明代有正統八年覆宋本、成化南、北國子監刻本、嘉靖十六年廣東崇正書院刻本、嘉靖二十八年汪文盛刻本、萬曆鍾人傑刻本、萬曆淩稚隆刊《漢書評林》本、崇禎十五年毛氏汲古閣刻本等；清代有乾隆四年武英殿刻本、同治八年金陵書局刻本、同治十二年嶺南使署刻本、光緒八年桐城方氏刻本、光緒二十六年長沙王氏虛受堂刻《漢書補注》本等；其中以王先謙《補注》本影響最大，風行海內數十年，「考史者群推爲第一善本」〔註 11〕。除此之外，又有朝鮮活字本、日本寬永活字本等。

　　張元濟先生於 20 世紀二、三十年代先後輯印《四部叢刊》與《百衲本二十四史》，其中的《漢書》，係以景祐本爲底本校印，影響甚大。

　　建國後，中華書局在中央領導同志的直接指示和關懷下整理出版《二十四史》，其中《漢書》以王本爲底本，是爲中華書局點校本，迄今已暢銷 40 餘年，風行海內外。進入 21 世紀，注重素質教育與通識教育，《漢書》的流

之問」之字。考「之問」二字，王鳴盛《十七史商榷》、吳騫《愚谷文存》、楊紹和《楹書隅錄》等著錄爲「之同」，瞿鏞《鐵琴銅劍樓藏書志》作「之同」，顧廣圻《百宋一廛賦》作「之同」，惟明監本與王先謙《漢書補注》作「之問」。而張元濟所見初印宋本實作「之問」，故諸家作「之同」、「之同」或「之同」皆爲誤記。參見張元濟《校史隨筆》「殿本從劉之問刊本出」條，上海古籍出版社，1998 年第 1 版，第 13～14 頁。

〔註11〕周正權《漢書律曆志補注訂誤‧後序》，《二十四史訂補》本，北京圖書館出版社，2004 年第 1 版，徐蜀《兩漢書訂補文獻彙編》第二分冊，第 19 頁。

佈更是達到盛況空前的地步，成爲讀書人案頭必備之書。

二、《漢書》考校研究的歷史

《漢書》踵繼《史記》，斷代爲史，反映西漢一代興亡，囊括廣泛社會生活和各種典章制度，成爲傳統史學確立的標誌，對後世產生了極其深遠的影響。從東漢至清，歷代學者對《漢書》做了大量的疏通文字、考證史實、典故、校勘版本、補正闕失、編輯索引、評點以及從史學思想、編輯手法等方面的研究工作，因各時代學術風氣、研究方法、研究角度和指導思想的不同，從而使研究工作深深地打上了時代的烙印，呈現出鮮明的時代特色。通過對近兩千年來《漢書》研究的考察，大致可以劃分爲四個時期，即：東漢至唐約 700 年爲注音釋義時期；宋代爲以校勘版本爲主，兼及比較研究、專題研究時期；明代爲評點時期；清代爲校勘訓釋、綜合補遺時期。〔註12〕

眾所周知，《漢書》好用古字、古義，故雖較《史記》晚出百年，但世人包括一些學問家都感到難懂。隨著要求讀懂《漢書》的人數的增加，一批專爲《漢書》注音釋義的著作應運而生。學者們一般都認爲，東漢末年的服虔與應劭二人當屬現存最早的《漢書》注家，而事實上還可能有更早者。《漢書》卷二十六《天文志》「流星下燕萬載宮極」句李奇注云：「極，屋梁也。……延篤謂之堂前闌楯也。」（中華書局點校本，頁 1307，下同）據此可知，漢桓帝（公元 147～167 年在位）時的延篤可能是注解《漢書》的第一人，此時距《漢書》成書才幾十年。不過，延篤的注解在《漢書》中僅存此一鱗半爪，又是在解釋名物，故根本無法與比較完整的服虔、應劭兩家注相提並論。《隋志》著錄有《漢書集解音義》24 卷〔註13〕，應劭撰；《漢書音訓》1 卷，服虔撰。清楊守敬有《漢書二十三家注鈔》輯本，收入謝承仁主編《楊守敬集》〔註14〕第 6 冊。

漢代經學昌盛，儒家經典又有今古文之分，學者競相注經，其治學方法

〔註12〕參徐家驥《中國古代〈漢書〉研究概述》，載《咸陽師專學報》，1996 年第 1 期；周洪才《歷代〈漢書〉研究述略》，載《齊魯學刊》，1987 年第 3 期。又，陳其泰、趙永春所著《班固評傳》一書中有不少內容涉及《漢書》研究歷史，亦可參。南京大學出版社，2002 年第 1 版。

〔註13〕顏師古《漢書敘例》認爲此《漢書集解音義》24 卷應爲臣瓚所著，是；應劭所著當無「集解」二字，《隋志》蓋有誤記。

〔註14〕《楊守敬集》，謝承仁主編，湖北人民出版社、湖北教育出版社，1988～1995 年陸續出版。

不外乎訓釋文字、講解音義、闡明章句。東漢末期，學者們沿用注經的方式來注史。清齊召南《官本跋尾》稱：「服虔、應劭而下，解釋音訓不異注經。」指的就是這種情況。而這些注釋或名「音義」，或名「音訓」。據顏師古《漢書敘例》等載，服虔、應劭之後，爲《漢書》作注的尚有伏儼、劉德、鄭氏、李斐、李奇、鄧展、文穎、張揖、蘇林、張晏、如淳、孟康、項昭、韋昭等14 家。這些注解給人的整體印象都比較零散，有的只注釋《漢書》的部分篇章，如張揖「止解《司馬相如》一卷」、郭璞「止注《相如傳序》及遊獵詩賦」，而且所有的注釋都不附原文，錯謬時見。這種紛雜的局面一直到晉灼《漢書集注》誕生才有所改變。此後臣瓚又在晉灼 14 家的基礎上加入劉寶《漢書駁義》纂成《漢書集解音義》24 卷，東晉蔡謨復將臣瓚的《集解音義》散入《漢書》原文，從此有了文注合一的《漢書》一百一十五卷本——蔡謨《漢書集解》本。三種集注本的相繼問世，爲閱讀《漢書》提供了極大的方便，同時也推動了《漢書》研究的進一步發展，在《漢書》的研究史上起到了承前啓後的重要作用。

三國兩晉南北朝時期，從國君到一般士大夫，都將《漢書》當作必讀的歷史教材，班固也因爲《漢書》地位不斷上升而名揚大江南北。據《陳書》卷二十七《姚察傳》等記載，南北朝時，陳朝與北周對峙。陳宣帝派時在史館任職的姚察以兼通直散騎常侍的身份出使北周。姚察精研《漢書》，著有《漢書訓纂》30 卷等，在南朝學界威望甚高，未曾想到北周士大夫中也有人仰慕他的學問，並私下裏偷偷來到姚察所住的公館請教《漢書》疑事 10 餘條。當時南北對峙，兩國官員之間私下接觸是理應避忌的，但竟然有人爲了切磋《漢書》而甘冒風險，這個人便是後來由周入隋、大名鼎鼎的「《漢》聖」劉臻。姚察深受感動，於是對劉臻所提問題全部作了詳盡的解答，以致返回後還專門撰寫《西聘道里記》以記其事，且敘事甚詳，成爲當時南北之間文化交流的一段佳話。

在這種風氣的推動下，南北朝時期至隋唐，湧現了一大批專門對《漢書》進行傳授注解的學者，而且名家輩出，注解《漢書》亦由最初偏重於音釋進一步發展到開始重視注釋典故和地理等。《隋志》著錄了自漢至唐（主要是三國兩晉南北朝時期）的文獻典籍，其中注釋《史記》的著作只有裴駰、徐野民、鄒誕生 3 種，而注釋《漢書》的著作則多達 20 餘種，除應劭、服虔、晉灼三家外，如：《漢書音義》7 卷，韋昭撰；《漢書音》2 卷，梁尋陽太守劉顯

撰；《漢書音》2 卷，夏侯詠撰；《漢書音義》12 卷，國子博士蕭該撰；《漢書音》12 卷，廢太子勇命包愷等撰；《漢書注》1 卷，齊金紫光祿大夫陸澄撰；《漢書續訓》3 卷，梁北平諮議參軍韋稜撰；《漢書訓纂》30 卷，陳吏部尚書姚察撰；《漢書集解》1 卷，姚察撰；《論前漢事》1 卷，蜀丞相諸葛亮撰；《漢書駁議》2 卷，晉安北將軍劉寶撰；《定漢書疑》2 卷，姚察撰；《漢書敘傳》5 卷，項岱撰。又有《漢書》孟康音 9 卷，劉孝標注《漢書》140 卷，陸澄注《漢書》102 卷，梁元帝注《漢書》115 卷，並亡。由此可見《漢書》受世人的重視遠遠超過了《史記》。

唐初，「漢書學」大興，《漢書》研究取得了突破性的進展，其標誌就是顏師古《漢書注》的問世。顏氏在《漢書敘例》中列舉三國兩晉南北朝時期注釋《漢書》者 23 家，其中包括臣瓚、蔡謨等，而劉知幾《史通》統計漢末至陳注解《漢書》者多達 25 家，比顏師古的統計又多出 2 家，蓋包括顏遊秦《漢書決疑》等在內。顏師古（581～645）名籀，以字行，爲南朝著名學者顏之推之孫，顏遊秦之侄子，與其叔父皆以治《漢書》名家，時人稱爲「大、小顏」。顏師古少承家學，博覽群書，在經學、小學、史學等方面均有很深的造詣，著有《匡謬正俗》、《漢書注》、《急就章注》等，其中尤以《漢書注》影響最大。其《漢書敘例》稱：「《漢書》舊文多有古字，解說之後屢經遷易，後人習讀，以意刊改，傳寫既多，彌更淺俗。今則曲覈古本，歸其眞正，一往難識者，皆從而釋之。」顏注吸收漢魏以來 23 家成果，在校勘文字、注音釋義、制度詮解、考訂史實、糾謬補缺各方面都取得了相當的成就，具有很高的學術價值，因而成爲《漢書》的最好注本。當世學者把顏師古注《漢書》和晉杜預注《左傳》並提，稱二人是這兩部原著的功臣。據新、舊《唐書》等記載，顏注完成後，太子承乾曾鄭重其事地將其呈獻給唐太宗李世民，唐太宗頗爲讚賞，「令編之秘閣，賜師古物二百段、良馬一匹」，以示獎勵。可見顏師古的工作做得非常出色。而朝廷的重視和顏注的成功，對於當時的「漢書學」研究無疑起了很大的促進作用。顏注成書後，因其部頭太大，文繁難省，房玄齡又命敬播撮其要成 40 卷，加以縮編，並另撰《漢書音義》12 卷。之後，又有顧胤《漢書古今集義》20 卷、姚珽《漢書紹訓》40 卷、李善《漢書辨惑》30 卷、劉伯莊《漢書音義》20 卷、曾務靜《漢書正義》30 卷等一大批著作面世，碩果累累，成績斐然。而秦景通與弟暐皆精《漢書》，號「大秦君」、「小秦君」；劉訥言以《漢書》授沛王，皆以治《漢書》「名家」，爲時人

所稱道。

　　魏晉南北朝時期，在對《漢書》注釋訓解的同時，也出現了從史學思想和編輯技巧等方面評論《班固》漢書的做法，開《漢書》史評之先河，雖然都未能以史學評論專著的形式出現，但其中的一些觀點對後人影響很大，拓寬了《漢書》研究的道路。其中尤以晉代張輔、傅玄及劉宋時范曄三人最具代表性。

　　《晉書》卷六十《張輔傳》載張輔論班固、司馬遷云：「遷之著述，辭約而事舉，敘三千年事唯五十萬言；班固敘二百年事乃八十萬言，煩省不同，不如遷一也。良史述事，善足以獎勸，惡足以監誡，人道之常。中流小事，亦無取焉，而班皆書之，不如二也。毀貶晁錯，傷忠臣之道，不如三也。遷既造創，固又因循，難易益不同矣。又遷為蘇秦、張儀、范睢、蔡澤作傳，逞辭流離，亦足以明其大才。故述辯士則辭藻華靡，敘實錄則隱核名檢，此所以遷稱良史也。」揚馬而抑班。而《全晉文》卷五十載傅玄云：「觀孟堅《漢書》，實命代奇作。」則又揚班而抑馬。

　　范曄是南朝著名的史學家，撰有《後漢書》120卷，其中卷四十專門為班彪、班固父子立傳，評曰：「司馬遷、班固父子，其言史官載籍之作，大義粲然著矣。議者咸稱二子有良史之才。遷文直而事覈，固文贍而事詳。若固之序事，不激詭，不抑抗，贍而不穢，詳而有體，使讀之者亹亹而不厭，信哉其能成名也。彪、固譏遷，以為是非頗謬於聖人。然其論議常排死節，否正直，而不敘殺身成仁之為美，則輕仁義、賤守節愈矣。固傷遷博物洽聞，不能以智免極刑，然亦身陷大戮，智及之而不能守之。嗚呼！古人所以致論於目睫也。」大致褒貶互存。

　　到了中唐著名史學家劉知幾的史論專著《史通》問世，對《漢書》的評論有了承前啟後之作。《史通》中許多章節對《史記》和《漢書》作了比較與評論，認為《漢書》是紀傳體的傑作，把《漢書》與《尚書》、《春秋》、《左傳》、《國語》、《史記》並列為古代史書體裁的「六家」代表。劉知幾在總體上肯定和讚揚班固及其《漢書》，當然在肯定的同時也有批評，而批評主要集中在《五行志》、《古今人表》等篇章上。雖然劉知幾亦認為司馬遷和班固兩位史學家風格相同、水平一致，聲稱「甲班乙馬」、「劣固優遷」都是不對的，持論相對公允；但因其偏愛斷代為史，對班固史學從各個方面給予了高度評價，因而被後世視為「甲班乙馬」的典型代表。

　　眾所周知，我國雕版印刷技術發明於唐代，但就目前所見之著錄及發現的文物來看，該時期主要刻印了一些佛、道經典以及詩文集、曆書、韻書等，大部頭的史書尚未見刊行，故《漢書》至宋代刻書業興盛發達起來以後始有刻本。如前所述，《漢書》最早刊刻在北宋太宗淳化五年，此後續有校勘印行。我們知道，文化傳播手段的更新，必然使學術研究打上深刻的時代烙印，針對《漢書》傳抄中錯訛日增的局面，宋代學者對《漢書》的整理研究便以校正版本爲其主流。

　　據《麟臺故事》、《玉海》、《崇文總目》等書記載，結合《漢書評林》卷首所錄以及傳世景祐本等所附刻書牒文綜合考察，我們可以大致瞭解一些宋人有關刊印《漢書》時的校勘研究內容。如：咸平（998～1003）中，眞宗命刁衎、晁迥與丁遜復校《兩漢書》。至景德二年七月，衎等上書稱「《漢書》歷代名賢注釋，是非互出，得失相參，至有章句不同、名氏交錯，苟無依據，皆屬闕疑；其餘則博訪群書，遍觀諸本，校定凡三百四十九卷、簽正三千餘字，錄爲六卷以進」〔註15〕；又，景祐元年九月，秘書丞余靖上言「國子監所印《兩漢書》文字舛僞，恐誤後學，臣請參括眾本，旁據他書，列而辨之，望行刊正」，「詔送翰林學士張觀等詳定。聞奏，又命國子監直講王洙與靖偕赴崇文院讎對。二年九月，校書畢，凡增七百四十一字，損二百一十二字，改正一千三百三十九字」；又，熙寧二年，「參知政事趙抃進新校《漢書》五十冊及陳繹所著《是正文字》十卷」。皆其例，但余靖等人的校語世間無存，其增、損、改正者究爲何篇、何字，今已無法考知。而宋初又有江南人張佖，亦曾對《漢書》作過校勘研究。王先謙《前漢補注敘例》等引宋祁云：「《漢書》中有『臣佖』者，乃張佖，江南人，歸本朝，太祖收儲僞國圖籍實館閣，或召京朝官校對，皆題名卷末。」據此，知張佖於宋太祖時曾參與校定宮中藏書，蓋張佖所校乃寫本《漢書》也，其校語今存 6 條，分別附於《藝文志》、《張良傳》、《司馬相如傳》、《東方朔傳》、《揚雄傳》、《賈誼傳》各篇之後，雪泥鴻爪，頗可寶貴。此外，北宋著名文學家、史學家歐陽修亦曾經參與仁宗嘉祐六年至神宗熙寧二年刊本的審校工作；而宋祁更是在參與景祐本的校印後，又利用 16 種本子對《漢書》作了重新校勘，故有「宋祁手校本」行世。宋祁校本後爲南宋建安劉之問本所據，迭經蔡琪本、白鷺洲本及明南、北監

〔註15〕參見明凌稚隆《漢書評林》卷首《例言・刊誤》，光緒辛丑（1901）上海天章
　　　　書局石印本，下同。

本，終爲清殿本所採，各本皆詳錄宋祁校語，爲後人研究《漢書》提供了彌足珍貴的版本異文資料。〔註16〕

宋祁之後，從事《漢書》校勘研究的學者，著名的又有劉敞、劉攽、劉奉世、吳仁傑等。劉攽爲劉敞之弟，劉奉世則爲劉敞之子，三人皆以治《漢書》名揚天下，號稱「三劉」，著有《漢書刊誤》4 卷、《三劉漢書標注》6 卷等，影響極大，而原書已佚。其後吳仁傑在三劉刊誤的基礎上，撰《兩漢刊誤補遺》10 卷，今傳於世。此外，《宋史・藝文志》著錄有劉巨容《漢書纂誤》2 卷、佚名《西漢刊誤》1 卷等，皆爲《漢書》考校之作。宋代學者參合眾書，精心校勘，正本清源，取得了前所未有的成就，爲後世的研究工作打下了良好的基礎。

宋代《漢書》研究除以校勘爲主的整理研究形式外，在對比評論研究及專題考證方面也頗有進展，尤其在編纂《漢書》字典與改《漢書》的史書形式爲類書形式上有所創新。

在對比研究方面，有倪思的《班馬異同》、婁機的《班馬字類》、李曾伯的《班馬字類補編》等。其中《班馬異同》凡 35 卷，舊本或題劉辰翁撰，實非；該書以《漢書》多因襲《史記》而增損其文，於是考其文字異同以見其得失，對《史》、《漢》的版本異文研究很有幫助。

在編纂《漢書》字典與改《漢書》史書形式爲類書形式的著作中，以楊侃《兩漢博聞》、林鉞《漢雋》爲最著。楊侃（965〜1033）字子正，因避眞宗舊諱，更名大雅，曾在集賢院供職 25 年不得右遷，《宋史》有傳。其《兩漢博聞》一書，是一部頗具特色的史抄。全書 12 卷，其中《漢書》佔了 7 卷。該書採摭《兩漢書》正文及注釋中有關典制、故實、名物、訓詁諸方面的內容加以條分縷析，按題目、正文、注釋的類例編輯而成。而林鉞《漢雋》一書則取《漢書》中古雅之字，分類排纂爲 50 篇，每篇即以篇首二字爲名，亦間附原注。以上二書皆有宋本存世，足資參校；尤其是《兩漢博聞》一書，因成書於景祐（1034〜1038）前，較《漢書》現存最早版本景祐本爲早，故其中所載多可補正今本《漢書》之缺失。

其它如王應麟《漢藝文志考證》、富弼《前漢書綱目》等從目錄學的角度

〔註16〕清全祖望《鮚埼亭集外編》有《辨宋祁〈漢書〉校本》一篇，大意謂宋祁校本爲南渡末年福建麻沙書坊中不學無術之徒所依託，又舉可疑者五端以申其說。但王念孫、張元濟等皆認爲宋祁校語各本非捏造，宋祁校語多可採。參見張元濟《校史隨筆》，上海古籍出版社，1998 年第 1 版，第 14〜16 頁。

出發研究《漢書》，尤其是王應麟《漢藝文志考證》一書，乃第一部系統專題研究《漢書‧藝文志》之作，對清人的專篇研究頗有影響。

此外，王益之《西漢年紀》、章如愚《山堂考索》、洪邁《容齋隨筆》、朱熹《朱子語類》、邵博《邵氏聞見錄》、呂祖謙《大事記》等書中亦有不少研究《漢書》的內容。其中南宋王益之所著《西漢年紀》30 卷，是一部不可多得的編年體的西漢斷代史，該書不僅保存了不少失佚的珍貴史料，還附有《考異》10 卷，對所參《史記》、《漢書》、《漢紀》、《通鑒》等文獻作了大量的匡謬補正，具有較高的文獻價值和參考價值；尤其是其參校的《漢書》版本中有川本（蜀本）、監本、兩浙錢王寫本、南唐本、唐本等多種罕見者，這爲研究《漢書》版本的嬗遞流傳提供了不少新的線索，可惜一直沒有得到史學界的應有重視。

宋代學者對《漢書》推崇備至，淩稚隆《史記評林》卷首《刻〈史記評林〉序》引明代徐中行說稱：「歷代之宗《漢書》，至宋時尤盛。」如前所述，蘇軾、黃庭堅篤好《漢書》，皆爲世人所稱道。又，宋代著名學者洪邁也對《漢書》盛讚有加，《漢書評林》卷首《漢書總評》引洪邁曰：「班固著《漢書》，製作之工，如英莖咸韶，音節超詣。後之爲史者，莫能及其彷彿。」認爲《漢書》是後人無法企及的傑作，由此成爲宋代「揚班」的典型。

平心而論，《史記》在晉唐之際未被重視的情況，到宋代以後即有顯著的變化。事實上，宋代學者雖然推崇《漢書》，但大多數人持馬班並舉的觀點，或認爲《史記》、《漢書》各有千秋，不應揚此抑彼，其代表人物有范祖禹、楊萬里等，《漢書評林》卷首《漢書總評》引有諸家之說。范祖禹說：「司馬遷、班固以良史之才，博學善敘事，不虛美隱惡，故傳之簡牘，千餘年而不磨滅。」楊萬里則說：「太白詩，仙翁劍客之語；少陵詩，雅士騷人之詞。比之文，太白則《史記》，少陵則《漢書》也。」所言有理。尤其是後者，把司馬遷、班固比作史壇之李白、杜甫，堪稱獨具特識！

當然，宋代亦有詆毀班固及其《漢書》者，代表人物是《通志》的作者鄭樵。他在《通志‧總序》中說：「自《春秋》之後，惟《史記》擅製作之規模，不幸班固非其人，遂失會通之旨，司馬氏之門戶自此衰矣。……班固者，浮華之士也，全無學術，專事剽竊……遷之於固，如龍之於豬，奈何諸史棄遷而用固！」鄭樵崇尚通史，因過分強調「會通」而反對斷代爲史，故對《漢書》作了猛烈抨擊，甚至還對班固進行了人身攻擊，未免有失偏頗。不過，

像鄭樵這樣「斥班揚馬」的學者極少，其觀點亦並不為人贊同，以致《漢書評林》等多棄之不錄，僅錄其「古者修書出於一人之手、成於一家之學，班、馬之徒是也」一句，可見一斑。

宋代學者對《漢書》版本考訂、校勘批點和翻譯改作等有很大貢獻，而明、清兩朝研究《漢書》的成果則進一步增加，同時《漢書》研究也取得了重要進展。

明代由於受到宋元理學和王陽明心學的影響，學術界中評點之風盛行，因此也就形成了以評點為主的《漢書》研究特色。學者們特別注意將班固的《漢書》與司馬遷的《史記》進行比較研究，「有馬得而班失者，亦有馬班同得者，且有馬失而班得者」，大多數人認為「馬班互有得失」、各有特色，持馬班並舉的態度。這一時期，產生了茅坤的《鹿門先生批點漢書》、鍾人傑的《漢書批評》、徐中行的《徐天目漢書評抄》、許應元的《許茗山漢書評抄》、凌約言《凌藻泉漢書評抄》、凌稚隆《漢書評林》等一大批著作，其中尤以凌稚隆《漢書評林》最具代表性。該書薈萃東漢至明 170 家評論資料，引書達 147 種之多。凌稚隆在徵引他人之說的同時，也對書中所載歷史事件、人物、文章技巧、作史宗旨等方面內容作了簡要評說，將評點《漢書》的工作推到了極致，為後人研究「漢書學」帶來了很大方便，實在功不可沒。

清代樸學大興，學者們治學重考據，主張從文字、音韻、訓詁之學入手，以求得訓詁名物的真諦，並形成了一種風氣。這種學術環境給《漢書》研究亦創造了有利的條件。由於《漢書》中保留的許多古字、古訓以及典章制度等方面的材料正對清代學者的研究路數，再加上《漢志》可供指示治學門徑之用，所以清代許多學者都對《漢書》下了很大功夫，有的甚至傾注了畢生精力，因而清代《漢書》研究成果斐然。學者們在側重校訂的同時，並重釋義，成書也比前代多得多；而在專題專篇研究、綜合研究、史評方面亦取得了相當的成就。

對《漢書》進行整體研究的，著名的有：王峻《漢書正誤》4 卷、錢大昭《漢書辨疑》22 卷、沈欽韓《漢書疏證》36 卷、佚名《漢書疏證》27 卷、杭世駿《漢書蒙拾》3 卷、周壽昌《漢書校注補》56 卷、王榮商《漢書補注》7 卷、朱一新《漢書管見》4 卷、沈家本《漢書瑣言》5 卷、何若瑤《漢書注考證》1 卷、劉台拱《漢書拾遺》1 卷、劉光蕡《漢書校勘札記》100 卷、李慈銘《漢書札記》7 卷、史學海《漢書校證》24 卷、王元啓《漢書正訛》2

卷、石韞玉《漢書刊誤》1 卷、陳景雲《兩漢訂誤》3 卷、齊召南《漢書考證》、侯鄴《漢書古義考》、李景星《漢書評議》4 卷、王先謙《漢書補注》100 卷等。其中以王先謙《漢書補注》影響最大，成就亦最高。該書大量吸收前人成果，徵引的著作、資料多達 67 家，是繼顏注之後又一次集大成的彙注工作。王先謙總結了清儒對《漢書》的考據成果，糾正了不少舊注舊說之缺失，不僅解決了閱讀《漢書》的困難，而且其注史方法也爲後人所仿傚。民國時期學者盧弼著《三國志集注》，日本學者瀧川資言纂《史記會注考證》，皆仿《漢書補注》，成繼往開來之作，由此可見《漢書補注》影響之深。因此，說《漢書補注》爲《漢書》研究史上繼顏注後的又一座里程碑，是恰如其分的。

在一些清代學者的讀書札記、文集等著作中，涉及《漢書》研究的爲數亦不少，相當可觀。如號稱清代三大考史名著的趙翼《廿二史箚記》、錢大昕《廿二史考異》、王鳴盛《十七史商榷》中，研究《漢書》的篇幅分別佔了 3 卷、4 卷、22 卷；而在王念孫的《讀書雜志》中，《漢書》有 16 卷；何焯《義門讀書記》中，《前漢書》有 6 卷。以上 5 種學術著作皆爲不朽之傑作，所取得的成就絲毫不遜色於專書研究。此外，還有許多零星的考證篇章，不贅舉。

清代學者對《漢書》的專題專篇研究開創了一個嶄新的局面，且取得了前所未有的成果，僅《二十五史補編》所載訂補表、志之作即有 23 種之多；加上《二十五史三編》、《二十四史訂補·兩漢書訂補文獻彙編》、《中國叢書綜錄》等所載，近 50 種。

專題研究方面，涉及官制、爵祿、引經等，著名的如：繆祐孫《漢書引經異文錄證》6 卷、朱爲弼《漢書引經札記》、杭世駿《漢爵考》、龔景翰《漢祿考》、強汝詢《漢州郡縣吏制考》2 卷、萬斯同《新莽大臣年表》1 卷等。

專篇研究內容則涉及《古今人表》、《律曆志》、《食貨志》、《地理志》、《藝文志》、《西域傳》等許多篇章，其中尤以《地理志》、《藝文志》二者爲最著。

清人對《地理志》所下的功夫最大，所以成果也最多，其中不乏作者實地考察之作，因此可靠性很強。著名的有：全祖望《漢書地理志稽疑》6 卷、錢坫撰、徐松集釋《新斠注漢書地理志》16 卷、吳卓信《漢書地理志補注》103 卷、王紹蘭《漢書地理志校注》2 卷、陳澧《漢書地理志水道圖說》7 卷、

吳承志《漢書地理志水道圖說補正》2卷、呂調陽《漢書地理志詳釋》4卷、朱爲弼《漢書地理志考證》1卷、洪頤煊《漢志水道疏證》4卷、汪遠孫《漢書地理志校本》2卷、汪士鐸《漢志釋地略》1卷、楊守敬《漢書地理志校補》2卷等。

而《漢書藝文志》作爲指點讀書門徑的目錄學鼻祖，也受到清儒的推崇，研究者甚眾，成果亦不少，如：姚振宗《漢書藝文志條理》8卷、《漢書藝文志拾補》6卷；王仁俊《漢書藝文志考證校補》10卷、劉光蕡《前漢書藝文志注》1卷、孫德謙《漢書藝文志舉例》1卷等。其中以姚振宗成就最大，他吸收了顏注和王先謙考證方面的成果，取材宏富，並對《藝文志》所列書目都做了補注，用功頗多，極便研讀。

此外，關於《古今人表》的，如：梁玉繩《人表考》9卷、蔡雲《人表考校補》1卷《續校補》1卷、翟雲升的《校正古今人表》9卷、孫國仁《漢書人表略校》1卷等；關於《律曆志》的，如：王元啓《漢書律曆志正訛》2卷、王仁俊《律曆志佚文》1卷、劉岳雲《漢書律曆志補注》4卷、周正權《漢書律曆志補注訂誤》等；關於《功臣表》的，如：萬斯同《漢將相大臣年表》1卷等；關於《西域傳》的，如：徐松《漢書西域傳補注》2卷、李光庭《漢西域圖考》7卷、丁謙《漢書西域傳地理考證》1卷等。另外，丁謙尚有《漢書匈奴傳地理考證》2卷、《漢書西南夷兩粵朝鮮傳地理考證》1卷等。

而對表、傳作綜合研究的，則有沈登瀛的《漢書表傳不同考》等。

值得一提的是，在清代充滿考據的學術氛圍中，出現了一位不隨流俗的學者，他就是《文史通義》的作者章學誠。儘管章學誠也推崇《史記》的通史體裁，認爲《史記》優於《漢書》；但他又讚揚《漢書》體例嚴密，認爲班固別出心裁，勇於創新，所以成爲後代修史的「不祧之宗」。章學誠不過分褒也不過分貶，給予了班固和《漢書》一個比較公允的評價。

總的說來，從東漢到清代，對《漢書》這部影響深遠的巨著的研究，無論其數量和質量，在整個中國封建社會中，都遠遠超過了對《史記》的研究，這種情形一直持續到民國時期。

三、《漢書》考校研究的現狀

近現代的《漢書》研究，與古代相比，有了顯著的變化。隨著西方史學理論的傳入以及簡牘文物資料的發現，包括《漢書》研究在內的秦漢歷史研

究取得了一系列具有實質意義的突破。在 20 世紀前期，歷史觀、方法論產生了重大的飛躍，傳統史學完成了向近代史學的跨進，著述體例也有了根本的變化。到了 20 世紀後期，中國歷史學建立了完整的學科體系，包括史學理論、史學史、考古學、歷史文獻學等各個學科都湧現出許多專家，而且產生了一大批有價值的專著。《漢書》考校研究作爲新時期《漢書》研究的一個支流，在科學理論的指導下，同樣也取得了豐碩成果。

此外，大凡研究中國古代史，前四史是不能不讀、不能不研究的。這也就是說，中國古代史工作者，對於秦漢史幾乎無人不通曉、無人不研究，因此，在秦漢史這塊園地中，《漢書》的研究成果也相當密集，許多題目甚至多次被人做過。所以，可以毫不誇張地說，如今的《漢書》研究是一個屢經深耕細作的領域，且碩果累累，湧現出一大批學有專長的名家。

20 世紀初至建國前這段時期，一些學者承續清代樸學傳統，注重《漢書》文獻的整理，也產生了一批有影響的研究專著。如：寧調元《讀漢書剳記》（1915）、姚明輝《漢書藝文志注解》（1917）、楊樹達《漢書補注補正》6 卷《讀漢書札記》4 卷（1925）、顧實《漢書藝文志講疏》（1929）、馬敘倫《讀兩漢書記》（1930）、鄭鶴聲《史漢研究》（1930）、劉咸炘《漢書知意》（1931）、李澄宇《讀漢書蠡述》3 卷（1933）、譚其驤《新莽職方考》（1936）、黃大華《漢志郡國沿革考》（1936）、孟森《漢書古今人表通檢》（1936）、哈佛燕京學社引得編纂處《漢書及補注綜合引得》（1940）等，其中有些著作後來曾多次重印。如楊樹達於 1953 年又在《漢書補注補正》6 卷和《讀漢書札記》4 卷的基礎上修訂成《漢書窺管》10 卷，科學出版社，1955 年初版，上海古籍出版社，1984 年再版。該書博考群籍以及漢代文物，相互印證，對王念孫、王先謙諸家之疏漏作了許多補正，解決了不少文字和名物制度方面的問題，於《漢書》之訓詁校勘頗有參考價值。

由於政治的原因，歷史上馬班並舉的局面，到了建國後發生了根本性的變化。數十年中，司馬遷及其《史記》受到極力表彰，而班固及其《漢書》卻長久被冷落了。許多文學史對《漢書》介紹寥寥幾筆，與《史記》的長篇大幅、專章專節比較相形見絀，如鄭振鐸《插圖本中國文學史》在「漢代的歷史家與哲學家」一章中寫到班固，關於《漢書》的文學價值只說了「頗有些很活躍的敘述」一句話，根本沒有具體論述；而劉大杰的《中國文學發展史》中一章名爲「司馬遷與漢代散文」裏面，司馬遷和《史記》占

3 節，《漢書》只占 1 節；又，游國恩主編的《中國文學史》中，則專設一章
介紹司馬遷在歷史和散文上的成就，而班固的《漢書》和東漢的其他歷史
散文並列，才占 1 節，篇幅上幾乎只是司馬遷的 1／4，由此可見一斑。另據
中國社會科學院歷史研究所資料室編《中國史學論文索引》和遼寧大學歷
史系編《中國史學論文索引》統計，自 1950 年至 1982 年，發表研究司馬遷
及其《史記》的論文共 212 篇，而同期發表研究班固及其《漢書》的論文僅
31 篇；兩者相比，前者蔚爲大觀，後者則甚爲寥落。《漢書》研究長期處於
低谷的現象十分值得反思。20 世紀 80 年代以後，《漢書》研究終於走出低
谷，進入了新的時期，並相繼產生了一批論著，全面推進了《漢書》的專書
研究。

　　陳直所著《漢書新證》是建國後《漢書》研究方面的一部力作。1957 年，
陳直先生用 96 天的時間，寫出了 13 萬字的《漢書新證》，由天津人民出版社
於 1959 年出版；此後五易其稿，成稿近 35 萬字，並於 1979 年再版。該書採
用文獻與文物考古相結合的研究方法〔註 17〕，在《漢書》的校理方面取得了
新突破，尤其在漢代官制方面創獲頗多，從而使其研究水平達到更高的層次；
所引用的材料，主要是出土的漢銅器、木簡、封泥等物，與前此《漢書》諸
注迥然不同，受到學術界的高度稱讚。

　　吳恂所著《漢書注商》亦是一部不可多得的《漢書》考校專著。吳恂字
聽雨，晚年致力於《漢書》研究，自 1953 年開始撰寫，花了 20 年時間才得
定稿，稿成不久即去世，凡 1554 條；上海古籍出版社從原稿中選輯近 700 條，
於 1983 年出版。該書對歷來的《漢書》注解鈎析精義，尤其在訓詁音韻方面
多所發明駁正，於今人研讀《漢書》頗有幫助。

　　施之勉所著《漢書集釋》則是繼王先謙《補注》之後又一次彙注之作。
施氏原籍江蘇無錫，曾任臺灣成功大學中文系主任，對《史記》、《漢書》造
詣很深，著有《史記會注考證訂補》、《史漢疑辨》、《漢史考》等，影響不小。
《漢書集釋》爲施氏晚年遺稿，經其學生整理，由臺灣三民書局股份有限公
司於 2003 年出版，分裝 12 大冊。該書搜羅極富，除收錄顏師古注、王先謙
《補注》外，又詳列大陸近現代諸家之說，旁及海外漢學家及港、臺等地區
學者所著，遇有疑義，則加按語予以考辨，頗具參考價值。

〔註17〕此法首先由王國維提出，被稱作「二重證據法」，見王氏 1925 年所撰《古史
　　　　新證》，當時在學術界產生了深遠影響。

　　全面評價《漢書》在文化史上的貢獻，是新時期的一大任務，且有深刻的歷史必然性。過去舊史家揚馬抑班，或揚班抑馬，都不足爲訓，應該說各有所長。現代研究者在《漢書》的編纂體例、《漢書》的歷史地位以及班固的思想研究等方面傾注了不少心血，一大批頗有影響的論著相繼出版、發表。其中代表著作如安作璋《班固與〈漢書〉》（山東人民出版社，1979 年）、徐朔方《史漢論稿》（江蘇古籍出版社，1984 年）、王錦貴《〈漢書〉和〈後漢書〉》（人民出版社，1987 年）、朴宰雨《〈史記〉〈漢書〉比較研究》（中國文學出版社，1994 年）、陳其泰《再建豐碑——班固和〈漢書〉》（三聯書店，1994 年）、朱鍾頤《〈史記〉〈漢書〉對比考》（中國文聯出版社，2001 年）、陳其泰、趙永春《班固評傳》（南京大學出版社，2002 年）等；代表論文則有安作璋《談班固在史學上的重要貢獻》（《光明日報》，1983 年 3 月 21 日）、陳其泰《〈漢書〉歷史地位再評價》（《新華文摘》，1988 年第 5 期）、白壽彝、許殿才《〈漢書〉的成就及歷史地位》（《文獻》，1991 年第 3 期）、施丁《班固與〈漢書〉的史學思想》（《歷史研究》，1992 年第 4 期）、章惠康等《斷代爲史　繼往開來——〈漢書〉述評》（《衡水師專學報》，2001 年第 1 期）、許正文《〈漢書〉與〈史記〉相比較在編纂體例上的創新》（《天水師範學院學報》，2001 年第 3 期）等。

　　《漢書》喜用古字，歷來難讀，因此，有關《漢書》用字、古注音義等方面的研究仍然是現代學者們關注的重點，論文亦復不少，且研究的專題也更加細化、深入。如：鍾濤《論〈漢書〉的語言風格》（《青海民族學院學報》，1989 年第 4 期）、謝紀鋒《〈漢書〉音切校議》（《內蒙古民族師院學報》，1992 年第 2 期）、陳永良《說〈漢書‧蘇武傳〉中的「蹈」字》（《文史雜誌》，1995 年第 1 期）、張新武《〈漢書〉人名字三題》（《新疆大學學報》，1998 年第 4 期）、相宇劍等《〈史記〉〈漢書〉用字異對應分析》（《淮北煤炭師範學院學報》，2003 年第 1 期）、胡繼明《〈漢書〉應劭注偏正式雙音詞研究》（《東南大學學報》，2003 年第 2 期）、《〈漢書〉應劭注訓詁研究》（《四川師範學院學報》，2003 年第 3 期）、李苑靜《〈漢書〉服虔注音義初探》（《伊犁師範學院學報》，2003 年第 4 期）、王彥坤《〈漢書〉所見辭書未收詞語考釋》（《暨南學報》，2003 年第 4 期）、《〈漢書〉所見辭書未收詞語續釋》（《暨南學報》，2003 年第 6 期）、程明安《顏注〈漢書〉校對文字異同之計量分析》（《改革與戰略》，2003 年第 6 期）等。

　　《漢書》十志，特別是《漢書》首創的《地理志》和《藝文志》，有著很高的學術價值和深遠的歷史影響。《地理志》詳盡地講述了三代、戰國、秦、漢以來的疆域沿革、地區建置、風土人情，實在是中國第一部難得的歷史地理專著。《藝文志》羅列群籍，分門別類，既是圖書目錄，也是學術史略，成爲後人研究古代學問的橋梁。因此，二者一直受到研究者的高度重視，而且成績斐然。其中關於《地理志》的，代表作如譚其驤《〈漢書·地理志〉選釋》（原載《中國古代地理名著選讀》，科學出版社，1959 年；後收入作者《長水集》下冊，人民出版社，1987 年）、王恢《〈漢書·地理志〉圖考通檢》（臺北縣文海出版社，1975 年）、侯甬堅《〈漢書·地理志〉解讀》（收入作者《歷史地理學探索》，中國社會科學出版社，2004 年）等；論文如袁金泉等《〈漢書·地理志〉索引》（《四川文物》，1997 年第 2～4 期）、林榮琴《試析〈史記·貨殖列傳〉與〈漢書·地理志〉中的風俗地理思想》（《西北大學學報》，1997 年第 4 期）、華林甫《略論吳卓信〈漢書地理志補注〉的地名學價值》（《中國歷史地理論叢》，1999 年第 1 期）、李劍林《〈漢書·地理志〉與中華區域風俗文化》（《佛山科學技術學院學報》，2001 年第 4 期）、周亞《〈漢書·地理志〉沁水「過郡三」考辨》（《陝西師範大學學報》，2004 年第 4 期）等。關於《藝文志》的，代表作如陳國慶《漢書藝文志注釋彙編》（中華書局，1983 年）、馬曉斌《漢書藝文志序譯注》（中州古籍出版社，1990 年）、張舜徽《漢書藝文志通釋》（湖北教育出版社，1990 年）《漢書藝文志釋例》（嶽麓書社，1994 年）等；論文如徐昕《論〈漢書·藝文志〉附注的價值》（《古籍整理研究學刊》，1994 年第 4 期）、那世平《〈漢書·藝文志〉班固自注淺析》（《圖書館學刊》，1995 年第 2 期）、趙明奇《〈漢書·藝文志〉綜論——兼談新時代正史藝文志的改制》（《徐州師範大學學報》，1996 年第 1 期）、王燕《〈漢書·藝文志〉評介》（《昭烏達蒙族師專學報》，1997 年第 2 期）、童慶松《〈漢書·藝文志〉的小說觀及其影響》（《圖書館學研究》，1998 年第 3 期）、汪祚民《〈詩〉入樂與〈漢書·藝文志〉中的詩觀念》（《安徽師大學報》，1996 年第 3 期）、《〈漢書·藝文志〉「賦」分三種新探》（《安慶師範學院學報》，1999 年第 5 期）、《〈漢書·藝文志〉之「小說」與中國小說文體確立》（《安慶師範學院學報》，2000 年第 6 期）、王勇《〈漢書·藝文志〉三題》（《陝西師範大學學報》，2000 年第 1 期）、諶三元《歷代〈漢書·藝文志〉研究綜述》（《圖書館》，2000 年第 2 期）、王慶華《論〈漢書·藝文志〉小說家》（《內蒙古民族大學學報》，2001

年第 6 期）等。

其它專題、專篇考校研究也不少，代表作如：岑仲勉《漢書西域傳地里校釋》（中華書局，1981 年）、陳世明《二十四史兩漢時期西域史料校注》（新疆大學出版社，2003 年）、余太山《兩漢魏晉南北朝正史西域傳研究》（中華書局，2003 年）、《兩漢魏晉南北朝正史西域傳要注》（中華書局，2005 年）、金少英《漢書食貨志集釋》（李慶善整理，中華書局，1986 年）、趙增祥等《漢書刑法志注釋》（法律出版社，1983 年）、辛子牛《漢書刑法志注釋》（群眾出版社，1984 年）、王利器、王貞瑉等《漢書古今人表疏證》（齊魯書社，1988 年）等；論文如：王繼如《〈漢書・刑法志〉校注》（《孔孟學報》第 64 期，1992 年）、《〈漢書・食貨志〉補疏》（《孔孟學報》，第 67～68 期，1994 年）、陳其泰《對〈漢書〉十志的總體考察（上）》（《漢中師範學院學報》，1993 年第 4 期）、《對〈漢書〉十志的總體考察（下）》（《漢中師範學院學報》，1994 年第 2 期）、游翔《〈史記・平準書〉〈漢書・食貨志〉比較三題》（《華中師範大學學報》，1994 年第 1 期）、徐家驥《中國古代〈漢書〉研究概述》（《咸陽師專學報》，1996 年第 1 期）、王記錄《〈漢書・古今人表〉撰述旨趣新探》（《山西師大學報》，1996 年第 2 期）、周晨《宋刻〈漢書〉版本考》（《襄樊學院學報》，2002 年第 1 期）、馬固鋼《談〈漢書補注〉的吸收前人成果》（《天水師範學院學報》，2001 年第 1 期）等。

中華書局點校本《漢書》出版後，陸續有不少學者撰文指出其中存在的校勘、標點等方面錯誤和問題，較為著名的如：張如元《〈漢書〉標點中的一些問題》（《古籍整理出版情況簡報》，總 140 期）、朱桂昌《〈漢書〉點校商榷》（《史學史資料》，1980 年第 2 期）、管吉《〈漢書〉校記二則》（《史學月刊》，1983 年第 6 期）、岳慶平《〈漢書〉勘誤兩則》（《中國史研究》，1985 年第 3 期）、董志翹《〈漢書〉標點舉誤》（《古籍整理出版情況簡報》，總 201 期）、趙新德《〈漢書〉標點糾誤》（《史學月刊》，1986 年第 3 期）、趙生群《讀〈漢書〉諸侯王表札記》（《文教資料》，1988 年第 6 期）、王根林《〈漢書〉校勘獻疑》（《社會科學戰線》，1992 年第 2 期）、王繼如《〈漢書〉十二紀標點句讀札記》（《華中師範大學學報》，1992 年第 6 期）、阿其圖《〈漢書・匈奴傳〉與〈史記・匈奴列傳〉對校芻議》（《內蒙古師大學報》，1994 年第 3 期）、吳金華《〈漢書〉「正月賜羊酒」校議》（《中國典籍與文化》，1996 年第 1 期）、朱惠仙《〈漢書〉標點商榷》（《湖州師專學報》，1996 年第 2 期）、郗志群《〈漢書・食貨志

上〉補校》（《首都師範大學學報》，1996 年第 6 期）、張烈《中華書局點校本漢書校勘記商榷》（《漢書注譯》第 4 冊附，1999 年）、王俊梅《點校本〈漢書・諸侯王表〉校正舉要》（《邢臺師範高專學報》，2001 年第 2 期）等，皆具拾遺補缺之功，有一定的參考價值。而在徐復、蔣禮鴻、郭在貽、王繼如諸位先生的論文集中，也有不少涉及《漢書》考校研究的內容，多能解疑釋滯，發人所未發，專家評價甚高。

此外，洪業等《漢書及補注綜合引得》（上海古籍出版社，1986 年）、施丁主編《漢書新注》（三秦出版社，1994 年）、倉修良主編《漢書辭典》（山東教育出版社，1996 年）、張烈主編《漢書注譯》（南方出版社，1999 年）、李波、李曉光等主編《漢書索引》（中國廣播電視出版社，2001 年）等大部頭著作與各種《漢書》白話今譯本、簡體橫排本、縮印本、選注普及本等相繼推出，也給《漢書》研究園地增添了不少光彩，大大方便了人們對《漢書》的閱讀和利用。

在中華書局點校本《漢書》問世 40 餘年後，一些專業古籍出版社相繼推出了新校本，如嶽麓書社 1993 年出版陳煥良、曾憲禮點校本（以下簡稱「嶽麓本」）、浙江古籍出版社 2000 年出版趙一生點校本、上海古籍出版社 2003 年出版江建忠標點本等。諸家新校本皆以景祐本爲底本，參校中華書局點校本等整理而成。比較而言，諸多新校本以嶽麓本稍優，影響亦大。嶽麓本共出校記 837 條，較爲慎重地吸收了一些中華書局點校本未能採納或未及利用的前哲時賢的研究成果，體現了後出轉精的一些特色，但從總體上來說，遠未達到能夠替代中華書局點校本的程度，離體現現代水平的新整理本還有很大的差距。

值得一提的是，近年張元濟《百衲本二十四史校勘記・漢書校勘記》（以下簡稱「張元濟《校勘記》」，商務印書館，1999 年）的整理出版，廓清了百衲本《漢書》的眞實面貌，揭示了眾多的版本異文，澄清了許多積誤，對推動《漢書》研究登上一個新的臺階起到很大的促進作用。據整理者王紹曾等統計，張元濟於《漢書》共出校 4449 條，其中「殿勝宋」（意即殿本優於北宋景祐本）704 條，義可兩通者 22 條，「殿勝宋」於闌外批「修」者 20 條，「殿勝宋」原未批「修」實已修者 73 條。這本是一筆非常寶貴的資源，可惜中華書局從商務印書館借去後未能利用。

如今，許多各具特色的作品正不斷問世，《漢書》研究呈現出多角度、全

方位的發展趨勢。對中華書局點校本《漢書》作全面細緻的深入考察與校勘研究，重新審視《漢書》的歷史地位，理清《漢書》版本的源流傳承，編纂出一部體現現代水平的《漢書》新校本，不但條件已經基本成熟，而且也是大勢所趨。

第三節　關於《漢書》考校研究的方法

《漢書》考校研究是《漢書》文獻學的重要內容之一，它涉及目錄、版本、校勘、輯佚、辨僞、文字訓詁、史實考證等諸多方面。這種致力於對古籍進行全面考察與校勘研究的工作，實際上是一項面廣量大、費工費時的基礎性工作，如今已經很少有人願意投入。因此，要想順利完成這個選題，必須重視資料積累，講究研究方法。

首先，認眞學習、借鑒前人的成功經驗，在通讀《漢書》文本和大量相關資料的基礎上，從古文獻學的角度，綜合運用校勘學、版本學和文化史、漢語史等方面的知識，採用系統的、窮盡性的研究方法，進行《漢書》考校研究。同時，在研究方法上注意三個相結合：充分地佔有資料，進行縝密的辨析、科學的統計，爭取做到宏觀把握與微觀研究相結合；借鑒二重證據法，注意本證和旁證相結合，注意共時層面的排比歸納與歷時層面的溯源探流，爭取做到文獻考辨與理論探討相結合；注意在史學理論的指導下，立足全局，力避孤立地、片面地看問題，進行科學的定量分析，在仔細比勘、統計的基礎上定性分析，得出結論，切實注意定量分析與定性分析相結合。

其次，繼承前輩學者吃苦耐勞的優良傳統，發揚敢啃硬骨頭、敢打硬仗的無畏精神，力求通過辛勤耕耘取得一些新突破；同時，注重利用現代化手段，借助圖書文獻資源共享等有利條件，充分吸收最新成果，解決一些長期懸而未決的疑難問題，從而將《漢書》整理研究引向縱深發展。

本文旨在對最常用的點校本進行探討，爲今後編纂《漢書》新整理本打下紮實的基礎。圍繞這一主題，具體的研究手段是：首先，對點校本所依據的底本進行全面細緻的覆核，初步摸清《補注》本的眞實面貌與點校本的取捨規律；其次，廣泛搜羅各種版本與相關資料，詳加比勘，檢出可資參證的異文；最後，結合張元濟《漢書校勘記》、楊樹達《漢書窺管》、陳直《漢

書新證》、吳恂《漢書注商》、施之勉《漢書集釋》等重要參考文獻以及新見《漢書》文獻研究資料、學術成果等，靈活運用對校、本校、他校、理校、綜合校勘等多種校勘方法，進行全面系統的考察研究，判定版本優劣，理清致誤緣由，力爭還《漢書》以眞面目。點校本誤校者，試辨正之；點校本漏校者，試補正之；點校本誤排、誤標者，試舉正之；前人有善說或志疑而點校本未採者，試申正之；前人有誤說而影響較大者，試駁正之。至於編輯體例、疑案考辨、史料辨別以及班馬異同等方面問題的探討，因爲涉及的層面太大，而個人的學力與時間均有限，力所不及，故暫付闕如。本文只能先以中華書局點校本《漢書》爲中心，通過底本對校和版本互校，初步理清《漢書》版本源流，揭示點校本存在的誤校、漏校、誤排以及不符合古籍整理規範等問題；選取有代表性的成果，進行有限的《漢書》考校研究，力求通過縱向和橫向比較，對《漢書》及其相關典籍作一番認眞細緻的考察，正本清源，求實存眞，力求最大限度地還《漢書》以眞面目，給《漢書》可靠文本一個躍升的平臺，爲《漢書》及其相關典籍、相關學科的研究，奠定可信的基礎。

第四節　點校本與《漢書補注》對校研究

眾所周知，古籍整理的第一步是關於版本的鑒定和選擇，這是整個整理工作的前提和基礎。如前所述，《漢書》版本很多，其中以景祐本、汲古閣本、殿本等最爲著名。晚清王先謙以汲古閣本爲底本，排比整理，窮 30 餘年精力，撰成《漢書補注》100 卷，於光緒二十六年（1900）刊行。《補注》抄集百餘萬言，徵引的專著和參訂者多至 67 家，完成了繼唐代顏師古《漢書注》之後對《漢書》又一次集大成的整理工作，曾風行海內數十年。王先謙以薈萃清代學者考證成果爲主，又以按語形式申述己見，或對互相歧異的說法加以評論，對於推進《漢書》的研究確實起到了很大的作用。此後，張元濟先生於 20 世紀 30 年代輯印《百衲本二十四史》，海內外學人以其搜羅宋元舊本之廣，校勘之精，影印之工，裝幀之善，無不歎爲觀止。其中《漢書》係以存世最早的北宋景祐本爲底本，宋本缺頁則據它本補配，當時號稱善本，但仍無法超越「王本」在《漢書》研究領域的獨特地位。因此，中華書局整理點校「二十四史」時，《漢書》即以「王本」爲底本，參校景祐本等 4 種善本

整理而成,與點校本《史記》等一起成爲中國古籍整理出版事業的經典之作。長期以來,人們普遍認爲點校本《漢書》是值得信賴的版本,後出各種譯注本和選讀本等多以之爲底本,使用過程中從不懷疑是否有錯,但實際上點校本還存在不少疏漏,其中很大的一個問題就是對底本文字的校勘處理有許多失範之處。我們知道,古籍整理一項最基礎卻又不容易做好的工作,那就是尊重底本、不要增加新的排印錯誤。我們同時也知道,點校本《漢書》對底本文字的處理方法與中華書局點校本《史記》大體一致。點校本《史記》第十冊後所附「點校後記」在談到其處理底本文字時說:「史文及注文往往各本大有出入……現在我們爲便利讀者起見,認爲應刪的就把它刪了,可是並不刪去原字,只給加上個圓括號,用小一號字排;認爲應增的就給增上了,增上的字加上方括號,以便識別。」這也就是告訴讀者,點校本凡有改動一定會有校改符號,讀者一般也會形成這樣的認識。但筆者拿底本與點校本對校一遍,發現其實際情形卻並非如此,事實上,點校本《漢書》與用作底本的王先謙補注本存在著大量異文,其中一部分是點校本排印錯誤,而至少有800處以上不同之處似乎是點校本有意改動,既未有校改符號,也並未按其點校體例來處理,實際上屬於暗改,明顯與古籍整理規範相違背。據初步統計,僅紀、傳部分點校本暗改便多達530餘處,對此,本文暫定爲不合古籍整理規範,其類型則有徑增、徑刪、徑改、徑移、文字處理失範等,後文考校中多有涉及。茲從紀、傳部分正文及注文中各刺舉6個典型例子,以「王本」作爲底本,卷次、頁碼依據點校本,分別加以說明。

（一）徑增之例

底本原無,點校本有,而未出增字符號的,這裏均視爲徑增。據初步考察,點校本中此類型不少,尤以列傳部分爲多。如:

1. 卷一《高帝紀》上「隆準而龍顏」句顏師古注引晉灼曰:「《戰國策》云『眉目準頞權衡』,《史記》秦始皇蜂目長準。」（頁 2）按:注文中「秦始皇」三字,景祐本、殿本等皆同,而底本作「秦皇」,無「始」字。考《史記索隱》引李斐注作「始皇蜂目長準」,無「秦」字。事實上,作「秦皇」或「始皇」均無疑義,底本未必誤。點校本徑增。

2. 卷十二《平帝紀》:「及選舉者,其歷職更事有名之士,則以爲難保,廢而弗舉,甚謬於赦小過舉賢材之義。對諸有臧及內惡未發而薦舉者,皆勿案驗。」（頁 348）按:「諸有臧」上之「對」字,底本及諸本皆無,點校本徑

增。考此「對」字實係整理者失察而將注文中的「對」字抄入了正文，衍文，應刪。詳見下文考校。

3. 卷四十六《萬石衛直周張傳》「每五日洗沐歸謁親，入子舍」句顏師古注曰：「入諸子之舍，自其所居也，若今言諸房矣。」（頁2195）按：底本顏注「舍」上無「之」字。《補注》云：「官本注『舍』上有『之』字。」考景祐本等同殿本，也有「之」字，義可兩通。點校本徑增。

4. 卷四十七《文三王傳》：「梁王恐，乃使韓安國因長公主謝罪太后，然後得釋。」（頁2210）按：底本「使」上無「乃」字，而景祐本、殿本皆有，義可兩通。點校本徑增。

5. 卷四十八《賈誼傳》：「後四歲，齊文王薨，亡子。文帝思賈生之言，乃分齊爲六國，盡立悼惠王子六人爲王。」（頁2264）按：底本「言」上無「之」字，而景祐本、殿本皆有，義可兩通。點校本徑增。

6. 卷五十一《賈鄒枚路傳》：「皋字少孤。乘在梁時，取皋母爲小妻。乘之東歸也，皋母不肯隨乘，乘怒，分皋數千錢，留與母居。」（頁2366）按：底本「怒」上不重「乘」字。《補注》云：「官本『乘』上更有『乘』字。」考景祐本同殿本，也重「乘」字，義可兩通。點校本徑增。

（二）徑刪之例

底本原有，點校本無，而未出刪字符號的，這裏均視爲徑刪。其例甚多，如：

1. 卷三十五《荊燕吳傳》：「梁數使使條侯求救，條侯不許。又使使訴條侯於上，上使告條侯救梁，又守便宜不行。」（頁1916）按：「上使告條侯救梁」句，底本「使」字下有「人」字。《補注》云：「官本『使』下無『人』字，引宋祁曰：『上使告』當作『上使人告』。」考景祐本同殿本，亦無「人」字。細玩文意，底本「使」下有「人」字，於義爲長。點校本徑刪，失當。

2. 卷五十四《李廣蘇建傳》「人生如朝露」顏師古注曰：「朝露見日則晞，人命短促亦如之。」（頁2465）按：底本「晞」下有「乾」字。《補注》云：「官本注無『乾』字。」考景祐本等同底本，亦有「乾」字。按「晞乾」與「短促」皆爲同義複詞，顏注以「朝露晞乾」與「人命短促」對舉，文意明白，可見底本未必有誤。點校本徑刪，失當。

3. 卷七十五《眭兩夏侯京翼李傳》「火入室，金上堂」顏師古注引孟康曰：「火入室，謂熒惑歷兩宮也。金，謂太白也。上堂，入房星也。」（頁3187）

按：底本「太白」下有「星」字，而景祐本、殿本等皆無「星」字。義可兩通。點校本徑删，失當。

4. 卷八十四《翟方進傳》「若鷹鸇之逐鳥爵也」顔師古注曰：「鸇似鷂而小，今謂之鸇。鸇音之然反。」（頁3420）按：今謂之鸇，底本作「今謂之土鸇」。考景祐本同底本，而殿本、汪文盛本、汲古閣本皆重「鸇」字，無「土」字。細玩注文之意，「土」字不可少，否則變成「鸇……今謂之鸇」的句式，明顯有誤。點校本徑删「土」字，失當。

5. 卷八十八《儒林傳》「其不事學若下材，及不能通一藝，輒罷之，而請諸能稱者」顔師古注曰：「謂列其能通藝業而稱其任者，奏請補用之也。」（頁3595）按：底本顔注「稱」字上有「相」字。《補注》云：「官本注無『相』字。」考景祐本等同殿本，亦無「相」字，於義爲長。點校本徑删。

6. 卷九十四《匈奴傳》上：「其冬，單于自將萬騎擊烏孫，頗得老弱，欲還。」（頁3788）按：底本「萬騎」上有「數」字。《補注》云：「官本無『數』字。」考景祐本同底本，也有「數」字，於義爲長。點校本徑删，失當。

（三）徑改之例

底本文字有誤，點校本校改了，卻未有校改符號與校勘記，這裏均視爲徑改。這種暗改類型在點校本中最爲常見，多達百處以上，僅十二帝紀中即徑改近20處，如：

1. 卷一《高帝紀》上：「九月，歸太公、呂后，軍皆稱萬歲。乃封侯公爲平國君。」（頁 47）按：平國君，景祐本、殿本等同，而底本作「平國將」。考《史記》、《漢紀》等敘此皆作「平國君」，《文選》注引亦同，故底本有誤，點校本徑改，而未出校改符號與校勘記，不合古籍整理規範。詳見下文考校。

2. 卷六《武帝紀》：「元光元年冬十一月，初令郡國舉孝廉各一人。」顔師古注引臣瓚曰：「以長星見，故爲元光。」（頁160）按：長星，景祐本、殿本等同，而底本作「三星」。《補注》引錢大昭曰：「『三』當作『長』。」按錢説甚是。卷二十五《郊祀志》上云「二元以長星曰『光』」，顔師古注引蘇林曰：「以有長星之光，故曰元光元年。」（頁1221）是其證。點校本徑改。

3. 卷八《宣帝紀》：「韋昭曰：『中國爲內郡，緣邊有夷狄障塞者爲外郡。成帝時，內郡舉方正，北邊二十二郡舉勇猛士。』」（頁241）按：韋昭，景祐本、殿本等皆同，而底本作「師古」，未知孰是。點校本徑改。

4.同上：「幸萬歲宮，神爵翔集。」（頁 259）按：萬歲宮，景祐本、殿本等皆同，而底本作「萬壽宮」。考顏師古注引服虔、晉灼二家之注皆作「萬歲宮」，不作「萬壽宮」。底本正文與注不一致，明顯有誤。點校本徑改。

5.卷十《成帝紀》：「師古曰：『掖門在兩傍，言如人臂掖也。』」按：臂掖，景祐本、殿本等同，而底本作「背掖」。細玩文意，作「背掖」不辭，底本明顯誤刻。點校本徑改。

6.同上：「封中山王舅諫大夫馮參爲宜鄉侯，益中山國三萬戶，以慰其意。」（頁 328）按：宜鄉侯，景祐本、殿本等同，而底本作「宜卿侯」。《補注》引錢大昭曰：「卿當作鄉。」按錢說是。考本書卷八十《宣元六王傳》、卷九十七《外戚傳》下等皆作「宜鄉侯」，是其證。此「卿」字乃「鄉」字形近之誤。點校本徑改。

（四）徑移之例

點校本中有移動底本文字的現象，其中有移動段落另行提起的，也有乙正或倒置底本文字的，還有移動表格文字和注文位置的，對此，點校本大多數有校記予以說明，但也有一部分未作任何說明。凡是未加說明而移動文字的，這裏均視爲徑移。據考察，「八表」文字各本位置相異之處甚多，點校本或據殿本、或據王先謙等說徑移而未作任何說明者亦不少，類似於上述徑改底本文字而未出校改符號與校勘記，這實際上掩蓋了底本的歷史狀況與眞實面貌，同樣不合古籍整理規範。又，點校本校正舊注句讀之處不少，但有的出校勘記，有的則未作任何說明，亦即徑移了底本注文文字的位置。我們知道，按舊注體例，注者多於認爲應該斷句之處作注，點校本徑作移動，不僅丟失了底本版刻信息，也模糊了注者的斷句情況，明顯與古籍整理規範相違背。上述各種移動文字位置的情形，如果不通過底本對校是無法知道的。如：

1.卷六十二《司馬遷傳》：「於是論次其文。十年而遭李陵之禍，幽於累紲。乃喟然而歎曰：『是余之罪夫！〔二〕身虧不用矣。』」（頁 2720）按：注〔二〕底本原在「罪」字下，乃顏師古爲解釋「喟然」而設，文曰：「喟然，歎息貌也。音邱位反。」《補注》云：「官本注在『夫』字下，是。」考景祐本同底本，明舊注以「罪」字絕句。點校本從王先謙說，以「夫」字絕句，徑移原注文於「夫」字下，掩蓋了底本及舊注句讀原貌。援例當出校記說明。

2. 卷六十八《霍光金日磾傳》「太官先置」顏師古注曰：「供飲食之具。」（頁2935）按：飲食，殿本同，而底本與景祐本等皆作「食飲」。按作「飲食」或「食飲」，義可兩通，點校本據殿本倒置，逕移底本文字，失當。

3. 卷七十二《王貢兩龔鮑傳》：「凡民有七亡：……縣官重責更賦租稅，二亡也。」（頁3088）按：租稅，底本作「稅租」。《補注》云：「稅租，官本作『租稅』。」考景祐本同殿本，亦作「租稅」。義可兩通。點校本據殿本等倒置，逕移底本文字，失當。

4. 卷七十五《眭兩夏侯京翼李傳》：「勉強大誼，絕小不忍；良有不得已，可賜以財貨，不可私以官位，誠皇天之禁也。」（頁3185）按：財貨，底本作「貨財」。《補注》云：「貨財，官本作『財貨』。」考景祐本同底本，亦作「貨財」。義可兩通。點校本據殿本倒置，逕移底本文字，失當。

5. 卷八十九《循吏傳》：「師古曰：『蘊火，蓄火也。蘊，於雲反。』」（頁3642）按：底本「火也」作「也火」。《補注》云：「注『也火』倒，官本不誤。」按王說是，底本明顯誤倒。點校本據殿本乙正爲「火也」，逕移文字而未出校改符號與校勘記，不合古籍整理規範。

6. 卷九十九《王莽傳》下「有列風雷雨發屋折木之變」句顏師古注曰：「列風，暴列之風。」（頁4160）按：暴列，殿本、北監本等同，而底本、景祐本等作「列暴」，張元濟《校勘記》失校。按「列」同「烈」，此處作「暴列」或「列暴」義皆可通。點校本逕移，失當。

（五）文字處理失範之例

按照古籍整理規範，對古字、異體字應當進行處理，而對一些容易產生歧義的古字、異體字則可以逕改爲通用字。眾所周知，《漢書》好用古字，自始就被學者認爲是難讀的，所以它行世不及百年，到了靈帝時代（168～189）就有服虔、應劭等人替它作了音義。對於這樣一部頗具語言特色的史學名著，整理時的文字處理工作難度是可想而知的。據考察，點校本雖然也作了部分處理，但實際上處理得很不夠，還存在許多前後自相矛盾與不統一之處。其中有些是容易產生歧義、援例當逕改而不改的古字、異體字；有些則是通假字，底本未必有誤，而點校本卻暗改了，未有校改符號與校勘記，這裏均視爲文字處理失範。如：

1. 卷一《高帝紀》上：「沛中豪傑吏聞令有重客，皆往賀。」（頁3）按：豪傑，殿本同，而底本及景祐本等皆作「豪桀」。按「桀」、「傑」乃古今字，

書中二字雖常常混用，但又以作「豪桀」爲多，正可體現《漢書》喜用古字的風格，故底本不誤，無煩改字。點校本暗改，文字處理失範。卷十《成帝紀》云：「夏，徙郡國豪傑貲五百萬以上五千戶於昌陵。」（頁 317）與此例同。

2. 同上：「沛公旦日從百餘騎見羽鴻門，謝曰：『臣與將軍勠力攻秦，將軍戰河北，臣戰河南，不自意先入關，能破秦，與將軍復相見。』」（頁 26）按：勠力，景祐本、大德本、汪文盛本等皆同，而底本與汲古閣本、殿本作「戮力」。《補注》引錢大昭曰：「閩本『戮』作『勠』，注同。《說文》：『勠，并力也。』『戮，殺也。』其義迥別。」按錢說失之拘泥，「戮」通「勠」，先秦典籍多見，如《尚書·湯誥》：「聿求元聖，與之戮力，以與爾有眾請命。」孔穎達疏：「戮力，猶勉力也。」又《國語·吳語》：「今伯父曰：『戮力同德。』」韋昭注：「戮，并也。」皆其例。故底本不誤，無煩改字。點校本暗改，文字處理失範。而卷九《元帝紀》「方春農桑興，百姓（戮）〔勠〕力自盡之時也」句（頁 296）與此例同，卻出校改符號與校勘記，可見前後處理亦不統一。

3. 卷三《高后紀》：「韋昭曰：『熟食曰餐，酒肴曰錢，粟米曰奉。』」（頁 97）按：熟食，殿本同，而底本與景祐本等皆作「孰食」。眾所周知，「熟」乃「孰」之後起字，故底本作「孰」並不誤，無煩改字。點校本暗改，文字處理失範。

4. 同上：「秋八月，淮陽王彊薨。」（頁 99）按：彊，景祐本、殿本等同，而底本作「強」。按強、彊二字同，載籍屢見混用。而上文有「立孝惠後宮子強爲淮陽王」之語（頁 96），正作「強」，可見底本不誤，無煩改字。點校本暗改，文字處理失範，且使前後不統一。

5. 卷四《文帝紀》：「贊曰：……群臣袁盎等諫說雖切，常假借納用焉。」（頁 135）按：袁盎，景祐本、殿本等同，而底本作「爰盎」。按「爰盎」同「袁盎」，與「朝錯」、「晁錯」混用例同，《史記》、《漢書》等史籍皆兩存之，故無煩改字。點校本暗改，文字處理失範。

6. 卷九《元帝紀》：「六月，以民疾疫，令大官損膳，減樂府員，省苑馬，以振困乏。」（頁 280）按：大官，北監本、殿本同底本，而景祐本、大德本、汪文盛本、汲古閣本及《通鑑》等皆作「太官」。按大、太爲古今字，二字古時通用，在無歧義時完全可以不改。但「大官」與「太官」卻有很大差別，

此「大官」當指隸屬少府之太官令，職主飲酒，與一般意義上的大官不同。卷八《宣帝紀》本始四年春正月詔曰：「蓋聞農者興德之本也，今歲不登，已遣使者振貸困乏。其令太官損膳省宰，樂府減樂人，使歸就農業。」（頁245）文意與此基本相同，而正作「太官」。又卷五《景帝紀》詔書有「減太官，省繇賦」（頁151）云云，亦其例。點校本前後不統一，援例當改作「太官」，免生歧義。

我們知道，在整理古籍和出版工作中，不僅需要具備方方面面的專業知識，還要具有嚴謹細緻的工作態度，而尊重底本、求實存眞則是其中最爲重要的一環，千萬不可掉以輕心！對此，晚清的王先謙基本上做到了，而新時代的點校本整理者卻未能做到，多少有些令人遺憾。衆所周知，王本對底本汲古本非常忠實，雖然王氏仍舊「遵用官本（即殿本）校定，詳載文字異同」，但卻不用殿本去改汲古本的正文和注文，只是將發現的文字異同詳載他的補注中。從以上關於底本文字校勘處理失範的幾種類型分析中，我們也能看出些端倪。這裏再舉兩例，以爲佐證。如卷九《元帝紀》「以渭城壽陵亭部原上爲初陵」句顏師古注引服虔曰：「元帝初置陵，未有名也，故曰初。」（頁292）按：服虔此注，北監本、殿本同，而底本及景祐本、汪文盛本、大德本、汲古閣本等皆作「元帝所置陵也，未有名，故曰初」。點校本據殿本暗改，徑改首句「所」字爲「初」字，又徑移上句「也」字至下句「未有名」後，卻未出任何校改符號與校勘記，掩蓋了底本的眞實面貌。又如卷六十五《東方朔傳》云：「十五學擊劍。」顏師古注曰：「學劍，遙擊而中之，非斬刺也。」（頁2842）按顏注「學劍」二字，底本與景祐本、汲古閣本等皆作「擊劍」，惟獨殿本作「學劍」。細玩文意，顏注明明是解釋「擊劍」二字，而並非解釋「學劍」二字，因爲「學劍」招式很多，不一定非得「遙擊而中之」。卷五十七上云：「司馬相如字長卿，蜀郡成都人也。少時好讀書，學擊劍。」顏師古注曰：「擊劍者，以劍遙擊而中之，非斬刺也。」（頁2529）此處注作「擊劍」，各本皆同，殿本亦不例外。兩相比較，點校本《東方朔傳》注作「學劍」之誤甚明，而殿本前後不一，亦爲誤刻無疑。點校本據殿本誤文暗改，本來以爲天衣無縫，卻不料正好露出了破綻。對此，筆者一個大膽的猜測是，點校本雖然選擇了王先謙補注本作爲底本，但有人在整理過程中拿殿本做了「工作底本」，或者是以殿本爲主，而反過來去核王本，這樣操作的結果，往往不能恢復底本的原貌，因此，點校本中許多異文與殿本暗合也就不足爲怪，這或

許與當時的歷史條件和不甚嚴謹的工作態度等有關。

第五節　對《漢書》考校研究的幾點認識

　　《漢書》考校研究是一個十分重要的課題，它是「漢書學」的基礎性工程，即使在學術研究迅猛發展的今天，也有許多開創性的工作要做和可做。通過底本校勘、版本互校以及對《漢書》相關研究成果的仔細考察，顯示出中華書局點校本《漢書》確實存在著底本校對不精，某些文字處理不合古籍整理規範，漏校、誤校不少，已有研究成果吸收不夠，標點可商之處不少等一系列問題，已經不能適應當前學術研究發展的需要，編纂一部體現現代水平的《漢書》新校本也已提上議事日程。有鑒於此，筆者認爲如下一些問題需要我們進一步來討論：

（一）關於文本

　　如前所述，長期以來，人們普遍認爲點校本《漢書》是值得信賴的版本，使用過程中從不懷疑是否有錯，以致後出各種注譯本和選讀本等皆以之爲底本，而事實上中華書局點校本還存在不少疏漏。陳文豪在《〈漢書新證〉版本述略》一文中說：「標點本《漢書》的梓行問世，雖爲廣大讀者提供了一部較爲理想的讀本和研究參考書，仍談不上是研究，不足以作爲民國以來的《漢書》研究重大成果……中華書局標點本，是現行最好的《漢書》讀本。」〔註18〕近10餘年來，雖然各地亦相繼出版了的一些《漢書》新校本，但均在某種程度上依據中華書局點校本，未能眞正做到後出轉精，更不必說替代中華書局點校本了。因此，出版一部《漢書》的精校本無疑是新時期一項十分重要的任務。我們知道，從《漢書》問世至今已近兩千年，經過屢次的傳寫、刊刻，《漢書》中不知增加了多少訛誤衍奪，要恢復《漢書》的本來面貌已不可能，除非有一天忽然出土一部漢代的《漢書》；但是，在古籍整理學理論和科學方法的指導下，充分吸收學術新成果，爲學術界提供一部盡可能減少在流傳過程中所添加的錯誤的《漢書》校本還是有希望做到的。21世紀是知識大爆炸和舊知大更新的時代，當然也需要更能體現當代漢書學研究水平的《漢書》新文本。

〔註18〕陳文豪在《〈漢書新證〉版本述略》，載《西北大學史學叢刊》4《周秦漢唐文明國際學術研討會論文集》，三秦出版社，2001年版，第628頁。

（二）關於版本系統

　　《漢書》自問世以來，歷經傳抄和校刻，形成了各自不同的版本，歷代傳承情況比較複雜，迄今爲止學術界尙無定論。中華書局編輯部《漢書出版說明》說：「我們用來互校的五種本子可以區分成兩個系統。王本自言『以汲古本爲主』，局本也自稱『毛氏正本』，所以汲古本和局本、王本成一個系統。殿本根據明監本，明監本根據南宋劉之問的建安本，這一條線往上通過宋祁的校本而連到北宋景祐本，所以景祐本跟殿本成一個系統。我們的校勘記裏以『景祐、殿本都作某』的形式爲最多，就是這一個緣故。」研究表明，這一說法太過籠統，與實情不符。如前所述，北宋淳化監本是《漢書》的最早刻本，原本雖早已亡佚〔註19〕，但包括景祐本在內的傳世刻本皆源出於淳化本卻無異議。周晨《宋刻〈漢書〉版本考》一文根據汲古閣本載有張泌校語而未探三劉刊誤等情形，判定汲古閣本所據底本是早於宋祁校本的北宋本〔註20〕，其說可商，因爲汲古閣本中尙有不少南宋刻本特有的避諱字，所以很可能是源出南宋刻本，或者說是源出北宋刻南宋遞修本。清代校勘名家顧廣圻在其所著《思適齋書跋》〔註21〕卷二中稱「顏注班書行世諸刻大約源於南宋槧本」，所說有理，實爲其經驗之談。因此，不管實際情況究竟如何，汲古閣本亦當源於宋本無疑，故不能簡單地把汲古閣本排除出景祐本系統之外。同樣，儘管不能割斷南宋本與北宋本的聯繫，但由於南宋本特別是其中的建安本改動太大，因此完全也可以把二者區別開來，看作兩個系統。我們知道，張元濟《漢書校勘記》係以景祐本與殿本對校爲主，共出校4449條，其中殿勝宋704條，約占16%；而事實上張元濟尙有不少漏校者，這在下文考校中多有涉及。由此可見殿本和景祐本相差不小，把二者歸入一個系統，值得商榷。其它如汲古本、局本、王本等版本，雖同屬一個系統，但亦存在不少明顯的差異，也需要進一步理清。所有這一切，都有賴於對各種版本異文進行仔細深入的校勘比較，才能得出符合客觀實際的正確結論。目前這項工作尙無研究專著，好在張玉春博士所著《〈史記〉版本研究》〔註22〕一書已

〔註19〕　邵懿辰《增訂四庫簡明目錄標注》、繆荃孫《藝風藏書記》等書著錄有明代正
　　　　　統覆刻宋淳化本，據稱著名藏書家黃丕烈以此本爲最善。

〔註20〕　周晨《宋刻〈漢書〉版本考》，《襄樊學院學報》，2002年第1期，第77頁。

〔註21〕　顧廣圻《思適齋書跋》，中華書局，1993年第1版。

〔註22〕　張玉春《〈史記〉版本研究》，商務印書館，2001年第1版。該書對中日兩國
　　　　　現存的《史記》主要抄本、刻本作了仔細校勘和通盤比較，糾正了前人研究

經爲我們做出了很好的榜樣，相信在不遠的將來肯定能夠理清《漢書》版本的不同系統和傳承關係。

（三）關於版本異文

　　《漢書》版本眾多，而寫本與刻本的差異很大，即使是寫本與寫本、刻本與刻本之間也存在一定的差異，如光是殿本和景祐本的異文便有 5000 條左右；又如，同樣是《蕭望之傳》寫本殘卷，伯 2485 號屬於顏師古注本，而斯 2053 號則屬於蔡謨集解本，二者相差不小。因此，《漢書》存在著大量異文，若能採用一些前人尤其是點校本並未利用的重要版本，對《漢書》異文進行全面和系統的考校研究，將推動新世紀《漢書》整理研究工作向縱深發展。限於當時的歷史條件，點校本《漢書》整理時，許多敦煌寫本與其它晉、唐寫本殘卷尚未出土或已經面世但不易得到，故多未能據以參校；而即使是比較容易得到的《敦煌石室碎金》排印本《漢書·匡衡張禹孔光傳》殘卷與《古逸叢書》所收日本人手寫卷子本《漢書·食貨志上》殘卷等，亦未引起整理者的高度重視。如《漢書·匡衡張禹孔光傳》殘卷，點校本校勘記中僅提到 4 次；而《漢書·食貨志上》殘卷，點校本校勘記中僅間接利用 2 條，這遠遠不能體現寫本的價值。就拿日人寫本的《漢書·食貨志上》殘卷來說，它與國內宋元以來傳本頗多異同，楊守敬助黎庶昌刊印《古逸叢書》時，曾以何焯校本及宋劉之問本、元劉文聲本、朝鮮活字本、日本寬永活字本等與之相比勘，撰成校勘札記 123 條，刊附於覆本之末，爲後世核校《漢書》提供了很好的資料；而王先謙在撰作《補注》時，也曾利用這個本子校勘，並寫出「補注」32 條。事實上，楊、王二氏的校記中有不少條都具有很高的參證價值，可惜點校者在整理《食貨志上》過程中沒有參校這部目前存世較早的殘本以及楊氏校勘札記，而對王氏「補注」也未能充分予以利用，使得點校本《漢書·食貨志上》仍存在不少錯漏之處。此外，《漢書》與《史記》有不少相同內容，異文亦不少，二者可互相參校處頗多；而點校本《史記》先於《漢書》推出，但似乎點校本《漢書》的整理者未能善加利用，以致留下許多本可避免的疏漏。點校本對版本異文幾乎未出校勘記，因而不能知道諸本間的異同，若將版本間的異同亦寫入校勘記，則可能更爲理想。要想瞭解《漢書》各重要版本的特點，梳理相互間的關係，理清版本演變的脈絡，其惟一的手

　　的疏誤，創獲甚多。書中在探討《史記》版本流傳時對《漢書》刊刻情況等亦多有涉及，可參。

段應建立在對各種版本異文進行仔細深入的校勘比較的基礎之上，從而找出一些最有力的證據，解決相關難題。這一點應該是無疑議的。

（四）關於校勘記

據初步統計，點校本《漢書》共有 1948 條校勘記，其中「紀」134 條、「表」269 條、「志」441 條、「傳」1104 條。這與張元濟的 4449 條校勘記相比，還不到一半。我們知道，古籍校勘工作雖是一種面廣量大、費工費時的體力活，但它卻是文獻學的基礎工程，且可靠性強，正如程千帆、徐有富先生所說：「校勘工作是從事學術研究，特別是古代典籍研究的起點。而且審慎精密的校勘成果往往可以防止和杜絕許多望文生義的無稽之談，爲獲得正確的結論準備了條件。」〔註 23〕由此可見，校勘記的優劣與多寡在某種程度上能夠反映一部古籍的整理水平。點校本近 2000 條校勘記已經不算少，但從《漢書》這部巨著本身來說則遠遠不夠，點校本問世後許多拾遺補缺之作相繼發表便是其明證之一。據初步考察，點校本對張元濟《校勘記》未能很好吸收，是其校勘記不足 2000 條的主要原因之一。而另外一個主要原因，則與當時的歷史條件、工作方法以及工作態度有關。據趙守儼等先生在一些回憶文章中披露〔註 24〕，1958～1962 年尚處於「二十四史」整理工作的摸索階段，在質量上沒有明確的要求，工作方法也尚未作出切合實際的規定。校勘上只是提出作版本對校，汲取一些前人的校勘成果（當時主要指殿本考證），要求頗低。另外，當時整理者內部曾有不成文的規定，即本著擇善而從的原則進行校勘整理，並不作繁瑣的考證。這固然有利於整個點校工作的順利開展，提高工作效率，但同時亦帶來了一些隨意性，甚至許多異文在改動後連起碼的校勘記也省略了。如前所述，點校本至少有 800 處以上屬於暗改，光這一項就明顯少了 800 餘條校勘記。至於校勘方法方面，亦存在不少問題，由此導致校勘記內容不夠準確、科學。點校本《漢書》第一冊所附「出版說明」在談到該書校勘方法時說：「王本以汲古本爲主，它對汲古本非常忠實，但王氏仍舊『遵用官本（即殿本）校定，詳載文字異同』，只是不用殿本改汲古本的正文和注文。這就是王本跟局本不同的一點。王氏發現的文字異同詳載他的補注中。注文有兩種形式：其一是『某字官本作某，是』，又其一是

〔註23〕程千帆、徐有富《校讎廣義·校勘編》，齊魯書社，1998 年第 1 版，第 33 頁。
〔註24〕參見《趙守儼文存》，中華書局，1998 年第 1 版；《回憶中華書局》，中華書局 1987 年第 1 版。

『某字官本作某』，不下斷語。凡是他用第一形式作注的地方，我們拿殿本的異文去對景祐本，往往彼此符合，而異文也往往比原文所用的字優長，因此我們就把底本原來的字用圓括弧括起來放在上頭，再把改正的字用方括弧括起來放在底下，同時在校勘記裏寫著『景祐、殿本都作某。王先謙說作某是』（其他各家之說可從的，也同樣處理）。至於他用第二形式不下斷語的地方，我們拿殿本的異文去對景祐本，往往不合，倒是底本原來的字跟景祐本相同，我們就照底本不改動，也不提殿本異文。這就是我們校勘本書的一般方法。」筆者通過底本校勘和版本互校，發現點校本基本上是按照這個「一般方法」處理的，但亦有不少例外，上面提到的暗改即其明證之一。此外，有的明明採用王先謙的說法校改，但校勘記中卻隻字未提；有的異文景祐本與殿本一致，而校勘記中僅單說「景祐本作某」或「殿本作某」；有的正文與注文同誤且一起校改了，而校勘記僅提及正文，未說明「注同」；有的上下文同一誤字，前者出校改符號與校勘記，而後者則暗改，既無校改符號亦無校勘記。諸如此類，可見其校勘方法與點校體例未臻完善，校勘記還存在不少問題。

（五）關於成果吸收

《漢書》自問世以來，即受到學術界與統治者的重視，歷代對《漢書》的研究一直綿延不絕，甚至超過了《史記》。從東漢至清，歷代學者對《漢書》做了大量的疏通文字、考證史實、校勘版本、補正闕失、索引評點以及從史學思想、編輯手法等方面的研究工作，留下了一筆十分可觀的文化遺產。進入 20 世紀，隨著西方史學理論的傳入以及考古成果的大量發現，不僅有了較爲科學的史學理論作爲指導，同時亦爲《漢書》的考訂、校讀提供了許多可考的資料，對《漢書》的整理研究亦大有裨益。前賢和時人的大量學術成果可以利用。清代學者全祖望、王鳴盛、趙翼、王念孫、王峻、錢大昭、錢大昕、沈欽韓、杭世駿、齊召南、周壽昌、朱一新、李慈銘、陳景雲、徐松、梁玉繩、張文虎等所著中，均有許多可資參考的重要考訂成果。王先謙的《漢書補注》雖然號稱集清儒研究成果之大成，實際上還有不少遺漏；而點校本雖然選擇王本作爲底本，但於《補注》之精華亦未能全部吸收，遑論其它。近代和當代學者劉光蕡、孫德謙、張森楷、張元濟、楊樹達、馬敘倫、陳直、吳恂、朱東潤、蔣禮鴻、徐復、張舜徽、岑仲勉、王利器、徐朔方、郭在貽、張烈、陳其泰、陳國慶、金少英、王繼如、董志翹、趙生群等，以及臺灣地

區學者施之勉、張儵生、王叔岷等，日本的瀧川資言、水澤利忠等，他們在《漢書》的考訂與校勘等方面都有一定的成績。此外，零星的考證篇章及研究論文多達數千篇。大量的與《漢書》文字考校有關的研究成果，需要消化吸收；而在注意充分吸收《漢書》研究成果的同時，還必須充分吸收其它學科的研究成果，誠非易事，但要爲學術界提供一部盡可能減少在流傳過程中所添加的錯誤的《漢書》精校本，又非下一番苦功夫不可！

（六）關於古籍整理規範

眾所周知，古籍整理有一定的規範，而其中一項最基礎卻又不容易做好的工作，那就是尊重底本，不要增加新的排印錯誤。如前所述，點校本在尊重底本方面做得不是太好，暗改多達 800 餘處，甚至某些篇章過多地採用殿本，亦即在實際整理中有暗用殿本作底本的傾向，實屬不該！此外，關於校勘記與版本異文的處理等，亦有不少失範之處，上文已作探討，此不贅。21世紀需要能夠體現當代漢書學研究水平的《漢書》新文本，更需要認真細緻、求實存真的科學工作態度。只有嚴格遵循古籍整理規範，才能多出好成果，從而使新世紀的古籍整理與研究事業蒸蒸日上。

（七）關於點校本的評價

雖然點校本存在這樣或那樣的疏漏與不足，但從總體上考察，點校本仍然是迄今爲止公認的《漢書》最好讀本，其超越前人、取代舊本的歷史作用不容忽視，而整理者篳路藍縷之功更不應該一筆抹殺。事實上，選好底本，尊重底本，遵循古籍整理規範等，只是古籍整理出版的基本要求，離古籍整理研究還有很大的差距。一部優秀的古籍新整理本，必須充分吸收各種學術成果，增加學術含量，提升學術水平。像《漢書》這樣的名著，讀者的期望值較高，對其質量要求近乎苛刻的程度，這也是十分正常的現象。再說，十全十美的事是幾乎不存在的，任何古籍的校勘整理都不可能「畢其功於一役」，後出轉精是必然趨勢。而《漢書》本身卷帙浩繁，相關成果又非常豐富，由此給文本考校與成果抉擇、吸收帶來相當大的難度。因此，在今天看來，40 多年前整理出版的點校本有其歷史局限，確實存在許多方面的疏漏與不足，已經不能適應當前學術研究迅猛發展的需要，這實際上也是古籍整理研究事業向前發展的必然結果。進入 21 世紀，不少學者提出對「二十四史」有重加整理的必要，中華書局也在積極籌劃具體事宜，這說明學術界與出版界

亦已基本上達成共識。

（八）《漢書》考校研究的前景

　　《漢書》繼承了《史記》的優良傳統，又有所創新，對後世產生了相當深遠的影響。有學者說《漢書》是古代的一部百科全書，書中有不少篇目具有工具書的性質，所言不虛。事實上，只要稍加改編，其中的《百官公卿表》就可以看作秦漢官制辭典，《古今人表》可以看作古代人名辭典，《藝文志》可以看作古代圖書辭典，《地理志》可以看作古代地理辭典，《食貨志》可以看作古代經濟史辭典，諸如此類，不勝枚舉。此外，《漢書》中保存的古字、古義等，也是一筆相當豐富的語言學研究資料，對古代語言研究尤其是訓詁學研究參考價值極大。因此，《漢書》考校研究的前景非常廣闊，它不僅能對新世紀《漢書》整理研究工作向縱深發展並爭取獲得突破性進展打下紮實的基礎，而且對《漢書》所取材的相關典籍如司馬遷《史記》、班彪《史記後傳》、劉歆《七略》等，後出的轉引或改寫的典籍如荀悅《漢紀》、楊侃《兩漢博聞》、司馬光《資治通鑒》、王益之《西漢年紀》等以及林鉞《漢雋》、倪思《班馬異同》、婁機《班馬字類》等類書的有關章節或條目的校理工作都有重要的參考價值。更爲重要的是，通過對《漢書》考校研究經驗的理論性總結，必然對相關交叉學科的研究工作產生一定的推動作用，從而爲完善古籍整理學理論尤其是校勘學理論作出應有的貢獻。隨著《中華再造善本》等重大文化工程的啓動，借助資源共享等便利條件和新理論、新方法的運用，我們有理由相信《漢書》研究的天地將會越來越寬，《漢書》的整理研究工作在 21 世紀應當能夠達到一個新的高度。

　　由於《漢書》卷帙浩繁，相關資料面廣量大，而個人學力及精力均極有限，因此，要想在短短的兩三年時間之內將所搜集的全部資料仔細考察一遍根本沒有可能，惟有努力向前多走一步而已。據初步考察，全書考校札記不下千條，整理成稿尚需假以時日，故先選取紀、傳部分 36 卷計 340 條以供討論。特此申明，並祈專家與讀者諸君見諒。

《漢書》考校

說　明

　　引文卷次及冊、頁、行等均據中華書局 1962 年 6 月第 1 版、2002 年 11 月第 11 次印刷本。因《漢書》與《史記》內容多相同，爲便於核對，故詳注《史記》引文卷次及頁碼，所據底本爲 1982 年 11 月第 2 版、1999 年 11 月第 16 次印刷本。爲節省篇幅，如無特殊需要，其它常見書則一般僅出卷、篇，不另注頁碼。一些常見書名或版本名稱均承前使用簡稱，不再出注。特此說明。

卷一上　高帝紀第一上　23 條

晉灼曰：「《戰國策》云『眉目準（頰）〔頟〕權衡』，《史記》秦始皇蜂目長準。」（冊 1 ／頁 2 ／行 12）

按：秦始皇，景祐本、殿本等皆同，而王本作「秦皇」，無「始」字。按《史記索隱》引李斐注作「始皇蜂目長準」〔註 1〕，無「秦」字，晉灼之說蓋即本自李斐。事實上，作「秦皇」或「始皇」均無疑義，載籍屢見，王本未必誤。點校本暗改底本，據殿本等徑增「始」字。

師古曰：「……貰，賒也。李登、呂忱並音式制反，而今之讀者謂與射同，乃引地名射陽其字作貰以爲證驗，此說非也。假令地名爲射，自是假借，亦猶銅陽音紂，蓮勺音酌，當時所呼，別有意義，豈得即定其字以爲正音乎？」（冊 1 ／頁 3 ／行 5～7）

〔註 1〕　《史記》，中華書局，1982 年第 2 版，第 343 頁。

按：注文中「蓮勺音酌」四字，各本同。《補注》引錢大昭曰：「『酌』當作『鞏』。」陳景雲《兩漢訂誤》卷一則謂「此『酌』字上當脱『鞏』字。」〔註2〕按錢說是。蓮勺音「鞏酌」，同書注文中屢見，如卷八《宣帝紀》如淳曰：「蓮，音鞏。勺，音酌。」（頁237）又卷二十八上《地理志》如淳曰：「音鞏酌。」（頁1546）卷八十一《張禹傳》師古曰：「左馮翊縣名也，音鞏酌。」（頁3348）但此處卻不作「蓮勺音鞏酌」，而當作「蓮勺音鞏」，並無脱文，陳說未洽。細玩文義，射陽、銅陽、蓮勺均爲地名，師古此注旨在說明三者上字「當時」讀音有異常音，亦即射音貰、銅音紂、蓮音鞏，並未牽涉到其下字讀音；又，「銅陽音紂」與「蓮勺音酌」對舉，互文見義，故此「酌」字當爲「鞏」字之誤。錢說可從，點校本未探。

又按：「銅陽」之「銅」音「紂」，又見卷二十八上《地理志》「汝南郡銅陽」注。顏師古注引孟康曰：「銅音紂。」（頁1562）按此孟康注「銅音紂」三字，景祐本、汪文盛本、大德本、汲古閣本等皆同，而北監本、殿本作「銅音紂紅反」。王先謙《補注》指出殿本多「紅反」二字，而張元濟《校勘記》謂「殿勝宋」。按張說非。王念孫《讀書雜志·漢書第六》「銅陽」條〔註3〕謂「紂」下「紅反」二字乃後人妄加，「銅」音「紂」乃古音「東部多與幽部相通」之故。王氏運用七證，考辨甚詳，證成鐵案，文繁不錄，可參。張元濟失察，認爲殿本優於景祐本，而點校本未探其說，甚是。

又按：此處顏注舉「銅陽音紂」與「蓮勺音鞏」二例以證「射陽音貰」並不誤，但「自是假借」、「別有意義」云云則未確。據《廣韻》所載，射、貰二字皆有「神夜切」之音，銅、紂二字皆有「除柳切」之音，蓮、鞏二字皆有「力展切」之音，古音或有相同；而其它讀音，古音又皆可通轉。事實上，射音貰、銅音紂、蓮音鞏，乃是一種自然的語言現象，並非假借，也沒有什麼特別的意義。

沛中豪傑吏聞令有重客，皆往賀。（冊1／頁3／行14）
按：豪傑，殿本同，而王本及景祐本等皆作「豪桀」。按「桀」、「傑」乃古今

〔註2〕陳景雲《兩漢訂誤》，《二十四史訂補》本，北京圖書館出版社，2004年第1版，徐蜀《兩漢書訂補文獻彙編》第三分冊，第1081頁。

〔註3〕王念孫《讀書雜志》，江蘇古籍出版社，1985年第1版，第253～254頁。

字，書中二字雖常常混用，但又以作「豪桀」為多，正可體現《漢書》喜用古字的風格，故王本不誤。點校本暗改底本，失當。同書卷十《成帝紀》云：「夏，徙郡國豪傑訾五百萬以上五千戶於昌陵。」（頁 317）與此例同。

師古曰：「為謁者，書剌自言爵里，若今參見尊貴而通名也。」（冊 1／頁 4／行 15）

按：剌，景祐本、殿本等皆同，而王本作「刺」。按剌、刺二字刻本常常相亂，例多不贅。剌，名剌也，即今之名片。此處當作「剌」，王本作「刺」係誤刻。本書類似情況多見，點校本皆徑改之。

高祖為亭長，乃目竹皮為冠，令求盜之薛治，時時冠之，及貴常冠，所謂「劉氏冠」也。（冊 1／頁 6／行 12）

按：「令求盜之薛治」句，各本同，而《史記》「治」字下多一「之」字。趙翼《廿二史劄記》卷一「史漢不同處」條云：「求盜者，亭長之副也。薛有作冠師，故令其副至薛，使冠師治之」；「刪一『之』字便不明」〔註4〕。按趙說有理。《史記》有「之」字，謂高祖先令手下「治之」而後再親自「冠之」，語意完足；《漢書》刪「之」字，易生歧義，使「求盜之薛」的目的不明確，且易使人理解為高祖自己作冠並令「求盜」外出辦事「時時冠之」，明顯與事實不符，故「之」字不可少。應劭注云：「薛，魯國縣也，有作冠師，故往治之。」據此，疑原文本有「之」字。

又按：點校本於「劉氏」下標專名線，非。施丁《漢書新注》、張烈《漢書注譯》及江建忠標點本《漢書》等於此均未標專名線，是。按「劉氏冠」乃普通名詞，與後世之「中山裝」、「東坡肉」相類，「劉氏」二字下不當加專名線，點校本誤標。顏注（頁 7）及同書卷一下正文（頁 65）共 3 處「劉氏冠」皆與此同誤。張如元《〈漢書〉標點中的一些問題》一文亦有說，並稱《蕭何傳》之「東陵瓜」（頁 2010）「東陵」二字不加專名線是對的〔註5〕。按張說甚是。「東陵瓜」因「故秦東陵侯」召

〔註4〕趙翼《廿二史劄記》，中國書店，1987 年第 1 版，第 12 頁。
〔註5〕張如元《〈漢書〉標點中的一些問題》，原載《古籍整理出版情況簡報》第 140 期，收入國務院古籍整理出版規劃小組編《古籍點校疑誤彙錄》一書，中華書局，1989 年第 1 版，第 3 冊，第 278 頁。

平所種而得名，與此「劉氏冠」正相類，亦爲普通名詞。點校本前後處理不一，自相矛盾；而點校本《史記》卷八《高祖本紀》正文及注共5處「劉氏冠」與此誤同，皆應去掉專名線。

高祖隱於芒、碭山澤間，呂后與人俱求，常得之。高祖怪，問之，呂后曰：「季所居上常有雲氣，故從往常得季。」（冊1／頁8／行9〜10）

按：「高祖怪問之呂后曰」數字，王本與北監本、汲古閣本、殿本同，而景祐本、汪文盛本、大德本等作「高祖怪問呂后后曰」。《補注》引宋祁曰：「今越本作『高祖怪問呂后后曰』。」又引錢大昭曰：「閩本作『高祖怪問呂后呂后曰』。」按《史記》敘事與此同，而景祐本等與宋祁所見越本合，亦可通。施之勉《漢書集釋》引徐孚遠曰：「高祖隱處，豈不陰語呂后耶？隱而求，求而怪，皆所以動眾也。」〔註6〕按徐氏所說有理。上文句首「高祖」二字下《史記》多「即自疑亡匿」五字〔註7〕，知高祖之「隱匿」乃故意爲之，行前理當告之呂后；而當呂后帶人找到他後，高祖又故作奇怪詢問呂后如何能夠輕易「常得之」？其目的正如徐氏所說「皆所以動眾也」，當然這一招確實也起到了作用，下文「沛中子弟或聞之，多欲附者」便是最好的注腳。據此，景祐本等作「高祖怪問呂后后曰」於義爲長，可以看作是二人故意在演「雙簧」戲，這也許更符合實情。又，「高祖怪問之」五字當連讀，「故從往」後亦宜點斷，文意始暢。

沛令後悔，恐其有變，乃閉城城守，欲誅蕭、曹。（冊1／頁9／行13）

按：「閉城」後當點斷。「閉城」爲一事，「城守」又爲一事，宜分別言之，文意始暢。點校本誤標，而點校本《史記》與此同誤。劉家鈺《〈史記〉（本紀部分）標點商榷》一文說：「按，沛令恐變，不欲劉季、樊噲入城，故閉城。閉城而城既守，此時之沛令有恃而無恐矣，乃欲誅蕭、曹。」〔註8〕按劉說是，可從改。

〔註6〕施之勉《漢書集釋》，臺灣三民書局股份有限公司，2003年版，第1冊，第20頁。

〔註7〕《史記》，中華書局，1982年第2版，第348頁。

〔註8〕劉家鈺《〈史記〉（本紀部分）標點商榷》，原載《瀋陽師範學院學報》，1984年第2期，收入國務院古籍整理出版規劃小組編《古籍點校疑誤彙錄》一書，

高祖曰：「天下方擾，諸侯並起，（令）〔今〕置將不善，一敗塗地。吾非敢自愛，恐能薄，不能完父兄子弟。此大事，願（吏）〔更〕擇可者。」（冊1／頁9／行16～頁10／行2）

校勘記云：「景祐、殿本都作『今』。王先謙說作『今』是。」（頁47）

按：《史記》作「今」，而汲古閣本、局本等皆同王本作「令」。我們知道，古書中今、令二字相混的例子不勝枚舉，須仔細考察文意方能定其是非。細玩文意，高祖之言蓋假設之辭耳。「令」為「假令」之義，高祖原意是說「假如所選將領不好，則將一敗塗地」，原文並無不通之處；而「今」亦可作假設連詞，相當於「若」。故作「今」或「令」，義可兩通，無煩改字，至多出異文校。《漢書》帝紀部分有不少內容來自《史記》，但班固往往予以刪改，文字容有不同，故我們也不必太拘泥。點校本據殿本等將王本「令」字校改為「今」，可商。

師古曰：「拔者，破城邑而取之，言若拔樹木，並得其根本也。」（冊1／頁14／行7）

按：上引顏注，北監本、殿本等皆同王本，獨景祐本「破」作「克」，無「本也」二字。按克、破義近，根即本也，無須累贅，故可出異文校，或據景祐本刪「本也」二字。按楊侃《兩漢博聞》卷四「拔城」條〔註9〕引此顏注亦作「克」，無「本也」二字，與景祐本合，明楊侃所見本即如此，可為旁證。

趙數請救，懷王乃以宋義為上將，項羽為次將，范增為末將，北救趙。（冊1／頁16／行12）

按：「上將」二字，各本及《漢紀》皆同，而《史記》「上將」下有「軍」字。《補注》謂「據下文『項羽自立為上將軍』，則有『軍』字是也」。楊樹達《漢書窺管》亦說當有「軍」字〔註10〕。按王、楊二家之說可從。同書卷三十一《項籍傳》云：「王召宋義與計事而說之，因以為上將軍。」（頁1862）正作「上將軍」，可證。點校本失校。

中華書局，1989年第1版，第2冊，第287頁。

〔註9〕 楊侃《兩漢博聞》，車承瑞點校，黑龍江人民出版社，1990年第1版，第232頁。

〔註10〕 楊樹達《漢書窺管》，上海古籍出版社，1984年第1版，第6頁。

項羽為人慓悍禍賊。（冊 1 ／頁 16 ／行 14～15）

按：禍賊，各本同，而《史記》作「猾賊」。師古曰：「慓，疾也。悍，勇也。
禍賊者，好爲禍害而殘賊也。」按顔注未洽。王念孫云：「『禍賊』當從
《史記》作『猾賊』。《一切經音義》一引《三倉》曰：『猾，黠惡也。』
《酷吏傳》寧成『猾賊任威』是也。『猾賊』與『慓悍』義相承，『禍賊』
則非其義矣。……《史記・晉世家》『猾』字亦誤作『禍』。又《酷吏傳》
『徒請召猾禍吏與從事』，『猾』『禍』二字皆『猾』字之訛。」〔註 11〕按
王念孫又從二者隸書字形相近角度予以論證，所說甚是，可謂確詁。錢
玄《校勘學》〔註 12〕、管錫華《校勘學》〔註 13〕等皆以王說爲是，而點
校本未採，失校。

**十二月，沛公引兵至栗，遇剛武侯，奪其軍四千餘人，并之，與魏將皇欣、
武滿軍合，攻秦軍，破之。**（冊 1 ／頁 17 ／行 15～16）

按：滿，景祐本、殿本等同王本，而汪文盛本作「蒲」。《補注》謂「乾道本
作『滿』」，引錢大昭曰：「閩本作『蒲』，與《史記》同。」又引齊召南
云：「《功臣表》樂平侯衛無擇『以隊卒從高祖起沛，屬皇訢』，當即此皇
欣。……蒲、滿字形相近，未知孰是。」按《通鑑》作「滿」。《史記》
卷八《高祖本紀》云：「與魏將皇欣、魏申徒武蒲之軍並攻昌邑，昌邑未
拔。」《正義》曰：「並魏將也。欣字或作『訢』，音許斤反。蒲，《漢
書》作『滿』，並通也。」〔註 14〕陳直《漢書新證》云：「考訢、欣二字
古通。《昭帝紀》『丞相王訢』，顔師古注：『訢亦欣字。』《隸釋》卷一《韓
勅禮器碑》云『百姓訢和』，即欣和，知東漢時隸書通假如此。」〔註 15〕
按陳說是，此「皇欣」即《史記》之「皇訢」，《史記》卷十六《秦楚
之際月表》有「至栗得皇訢、武蒲軍。與秦軍戰，破之」〔註 16〕云云，
同敍一事，是其證。而蒲、滿二字乃形近致誤，《史記正義》謂可通，
非是。

〔註 11〕王念孫《讀書雜志》，江蘇古籍出版社，1985 年第 1 版，第 174～175 頁。
〔註 12〕錢玄《校勘學》，江蘇古籍出版社，1988 年第 1 版，第 15 頁。
〔註 13〕管錫華《校勘學》，安徽教育出版社，1991 年第 1 版，第 381 頁。
〔註 14〕《史記》，中華書局，1982 年第 2 版，第 358 頁。
〔註 15〕陳直《漢書新證》，天津人民出版社，1979 年第 2 版，第 5 頁。
〔註 16〕《史記》，中華書局，1982 年第 2 版，第 770 頁。

又按：王先謙以「合」字爲句，補注其下，點校本從之，實誤。楊樹達謂此
　　所謂「合攻」，即《史記》「並攻」也〔註17〕，所言甚是。此「與魏將
　　皇欣、武滿軍合攻秦軍」應作一句讀，「合」後逗號宜去掉。若依原標
　　點，則易生歧義。

四月，南攻穎川，屠之。因張良遂略韓地。（冊 1／頁 18／行 14）

按：穎川，各本同，王先謙說《史記》作「潁陽」是。按《史記》卷八敘此
　　作「南攻潁陽，屠之。因張良遂略韓地轘轅」〔註18〕，又多「轘轅」二
　　字。而周勃等亦曾跟隨高祖參加了上述戰鬥，《史記》卷五十七《絳侯周
　　勃世家》及本書卷四十《張陳王周傳》等敘此皆作「攻潁陽」。據此，王
　　說可從，而點校本未採。

略南陽郡，南陽守走，保城守宛。沛公引兵過宛西。（冊 1／頁 19／行 11
～12）

按：過宛西，各本同，而《史記》作「過而西」。師古曰：「未拔宛城而兵過
　　宛城西出。」（頁 20）《補注》引宋祁曰：「一作『過而西』。陽夏公謂唯
　　作『而』，故師古詳釋之。」按宋祁所見本與《史記》暗合，而所引陽夏
　　公之說亦甚有理，故作「過而西」於義爲長。又，上文已見「宛」，故其
　　下文所「過」必「宛」無疑；若作「過宛西」，語意明白，顏師古實無訓
　　釋之必要，故據此顏注可反證「宛」字爲「而」字之誤。點校本失校。

父老苦秦苛法久矣，誹謗者族，耦語者棄市。吾與諸侯約，先入關者王之，
吾當王關中。與父老約，法三章耳：殺人者死，傷人及盜抵罪。餘悉除去
秦法。吏民皆按堵如故。凡吾所以來，爲父兄除害，非有所侵暴，毋恐！
（冊 1／頁 23／行 1～3）

按：「王之」後逗號宜改爲句號，而「關中」後句號宜改爲逗號，點校本誤
　　標。原標點有歧義，似乎劉邦本當「王關中」。事實上是懷王先有約定，
　　爲未然之事；而後劉邦踐約，乃已然之事。二事相繼，宜分別言之，文
　　意始暢。
又按：「約法三章」典出於此，後世相沿爲成語，不少選本四字連讀，實誤，

〔註17〕楊樹達《漢書窺管》，上海古籍出版社，1984 年第 1 版，第 7 頁。
〔註18〕《史記》，中華書局，1982 年第 2 版，第 358 頁。

點校本於此點斷，甚是。何焯《義門讀書記》卷十五云：「此『約法』與上『苛法』對，因紀末有『初順民心，作三章之約』，改『約』字爲讀，始厚齋王氏。然《文紀》中宋昌有『約法令』之語，《刑法志》有『約法三章』者非一，當仍舊也。」〔註19〕按何說是。苛，繁細也；約，簡約也。刪繁就簡而爲「三章」，句末語氣詞「耳」起強調作用，下文「餘悉除去秦法」可爲證。而楊樹達駁之，謂「『約』當訓『要約』、『約束』之『約』，是動字。何氏視『約』爲『苛』之對文，說非是。如何說，此句無動字矣」〔註20〕。按楊說非。事實上，「約」字在此是形容詞活用爲動詞，意爲使秦朝的苛法得以簡省，了無窒礙。究其致誤之因，當是誤解上文「與」字之義。按「與諸侯約」與「與父老約」二者用法不同，前者乃是跟諸侯約定，而後者則是替父老簡省，明乎此，則可知「約法三章」連讀之誤。

又按：父兄，各本同，而《史記》卷八、《通鑑》卷九敘此均作「父老」。按上文兩言「父老」，此處忽改「父兄」，稍顯突兀，疑當從《史記》仍作「父老」爲是。

或說沛公曰：「……可急使守函谷關，毋內諸侯軍。稍徵關中兵以自益，距之。」沛公然其計，從之。（冊1／頁24／行10~11）

按：「可急使守函谷關」句，各本同，而「使」下缺乏對象，語意未完。《補注》引宋祁說曰：「南本『使』下有『兵』字。先謙曰：《史記》『使』下亦有『兵』字，南本是。」按王先謙之說可從，點校本未採，失當。

沛公與伯約爲婚姻，曰：「吾入關，秋豪無所敢取，籍吏民，封府庫，待將軍。所以守關者，備他盜也。……」（冊1／頁25／行3~4）

按：待將軍，各本同，而《史記》敘此作「籍吏民封府庫而待將軍」。按「籍吏民封府庫」的目的是「待將軍」，多一「而」字，語意完足，疑此處當有脫文，否則三事並舉，失卻原意。又，同書卷四十一《樊噲傳》「暴師霸上以待大王」句顏師古注曰：「時項羽未爲王，故《高紀》云『以待將軍』。此言大王，史追書耳。」（頁2070）蓋師古所見本即有「以」字。

〔註19〕何焯《義門讀書記》，崔高維點校，第240頁，中華書局，1987年第1版，第240頁。

〔註20〕楊樹達《漢書窺管》，上海古籍出版社，1984年第1版，第8頁。

按「而」、「以」義通，蓋班固改「而」爲「以」也，而刻本誤脫之。

沛公旦日從百餘騎見羽鴻門，謝曰：「臣與將軍勠力攻秦，將軍戰河北，臣戰河南，不自意先入關，能破秦，與將軍復相見。」（冊1／頁26／行1～2）

按：勠力，景祐本、大德本、汪文盛本等皆同，而王本與汲古閣本、殿本等皆作「戮力」。《補注》引錢大昭曰：「閩本『戮』作『勠』，注同。《說文》：『勠，並力也。』『戮，殺也。』其義迥別。」按錢說失之拘泥，「戮」可通「勠」，先秦典籍多見，如《尚書・湯誥》：「聿求元聖，與之戮力，以與爾有眾請命。」孔穎達疏：「戮力，猶勉力也。」〔註21〕又《國語》卷十九《吳語》「戮力同德」韋昭注云：「戮，並也。」皆其例。據此，王本不誤，點校本逕改底本，似有不妥。同書卷九《元帝紀》「方春農桑興，百姓（戮）〔勠〕力自盡之時也」（頁296）與此例同，而一處暗改，一處明改，前後不一，失當。

夏四月，諸侯罷戲下，各就國。羽使卒三萬人從漢王，楚子、諸侯人之慕從者數萬人，從杜南入蝕中。張良辭歸韓，漢王送至褒中，因說漢王燒絕棧道，以備諸侯盜兵，亦視項羽無東意。（冊1／頁29／行12～14）

按：上引之文敘事與前後及《史記》間有牴牾，疑有錯簡。楊樹達說：「《良傳》云：『臣爲韓王送沛公。』今云漢王送良，情事地理皆不合。《良傳》云『漢王之國，良送至褒中，遣良歸韓』是也。此文『送』字當在『漢王』二字之上，誤倒耳。」〔註22〕按楊說是，可從。同卷下文云：「初，項梁立韓後公子成爲韓王，張良爲韓司徒。羽以良從漢王，韓王成又無功，故不遣就國，與俱至彭城，殺之。」（頁32）據此，知韓王成實未「就國」。張良作爲韓司徒，本欲隨韓王成歸韓，卻因項羽「不遣就國」而耽擱下來，故有時間替韓王成給漢王劉邦送行。又，據上文，劉邦自「罷戲下」而「就國」，率眾「從杜南入蝕中」，一路西行進入褒中；而張良歸韓須東行，其送漢王乃「背道而馳」；漢王若欲送張良，斷無西行「送至褒中」之理！故此「辭歸韓」、「送」、「因說」的主語都是張良。原文敘事自相矛盾，情事地理皆不合。點校本不採楊說，失校。

〔註21〕《十三經注疏》，中華書局，1980年第1版，第162頁。
〔註22〕楊樹達《漢書窺管》，上海古籍出版社，1984年第1版，第11頁。

留蕭何收巴蜀租，給軍〔糧〕食。（冊1／頁30／行12）

校勘記云：「景祐、殿本及《通鑑》都有『糧』字。」

按：點校本據景祐本、殿本校補「糧」字，可商。張烈《中華書局點校本漢書校勘記商榷》〔註23〕說：「按：『糧』字不必加。《史記·蕭相國世家》作『使給軍食』，亦無『糧』字。《漢書》前部分內容來自《史記》者，文字亦多原文抄錄。故此處『糧』字可不必加，至多出異文校。」按張說是，王本未必有誤。試爲補充申說之。史書中屢見「給軍食」連文，如《史記》卷十八《高祖功臣侯者年表》敘酇侯功云：「以客初起從入漢，爲丞相，備守蜀及關中，給軍食，佐上定諸侯，爲法令，立宗廟，侯八千戶。」〔註24〕《漢書》卷十六《高惠高后文功臣表》與此同，又同書《蕭何傳》敘此作「何以丞相留收巴蜀，塡撫諭告，使給軍食」（頁2006），同敘一事，均無「糧」字，是其證。又卷七十《陳湯傳》云：「湯縱胡兵擊之，殺四百六十人，得其所略民四百七十人，還付大昆彌，其馬牛羊以給軍食。」（頁3011～3012）《三國志》卷十五《魏書·張既傳》云：「從征張魯，別從散關入討叛氐，收其麥以給軍食。」〔註25〕皆其證，例多不贅。而「給軍糧食」連文史籍中僅此與《通鑑》2見，蓋《通鑑》所據即爲誤本《漢書》。

師古曰：「走亦謂趨，嚮也，音奏。次後亦同。」（冊1／頁41／行11）

按：王繼如師說：「師古注『趨嚮』當連讀。本紀上……服虔曰：『走音奏。』師古曰：『走謂趨嚮也，服音是矣。』亦以『趨嚮』連讀。『趨』用同『趨』。」〔註26〕按王說是，點校本腰斬「趨嚮」一詞，蓋不明詞義而誤標。此處「趨嚮」乃同義詞連用，並非轉訓，不能點斷。細檢師古訓解「走」字之注文，有單注音者，如「走音奏」（見卷三十五、四十、五十二、五十六等），亦有並釋音、義的，或云「走，趨也。走音奏」（見卷八十七上），或云「走，趨也，音奏」（見卷三十一、三十四、五十四等），或云「走，

〔註23〕張烈《中華書局點校本漢書校勘記商榷》，張烈主編《漢書注譯》第4冊末附，南方出版社，1999年第1版。以下所引同此，簡稱「張烈《商榷》」。

〔註24〕《史記》，中華書局，1982年第2版，第892頁。

〔註25〕《三國志》，中華書局，1982年第2版，第472頁。

〔註26〕王繼如《〈漢書〉十二紀標點句讀札記》，原載《華中師範大學學報》，1992年第6期，收入《敦煌問學叢稿》，甘肅文化出版社，1999年第1版，第38～39頁。

趣嚮也，音奏」（見卷五十二），或云「走，趣嚮之也，音奏」（見卷五十一），或云「走，謂趣嚮之。走音奏」（見卷三十九），皆其例，而「趣」或「趨」與「嚮」字合訓時為同義複詞無疑。又，《史記》卷八十八《蒙恬傳》「北走琅邪」《索隱》曰：「走音奏。走猶嚮也。鄒氏音趨，趨亦嚮義，於字則乖。」〔註27〕據此，「走」音「奏」而不音「趨」；「走」字可單訓「嚮」、「趨」或「趣」，亦可複訓「趨嚮」或「趣嚮」，趣、趨二字古時通用。

漢果數挑成皋戰，楚軍不出，使人辱之數日，大司馬咎怒，渡兵汜水。（冊1／頁43／行11）

按：「使人辱之數日」，恐非，疑與班書原意及情理不合。「使人辱之」宜屬上句斷，而「數日」二字當屬下。《史記》卷七《項羽本紀》敘此云：「漢果數挑楚軍戰，楚軍不出。使人辱之，五六日，大司馬怒，渡兵汜水。」〔註28〕正於「辱之」下點斷，是，但宜改句號；「不出」後句號改為逗號。實際上，此「數日」或「五六日」本應著落在曹咎身上方切合文意。上文云：「九月，羽謂海春侯大司馬曹咎曰：『謹守成皋。即漢王欲挑戰，慎勿與戰，勿令得東而已。我十五日必定梁地，復從將軍。』」（頁42）可知項羽早有所料，並與曹咎有約在先，囑其堅守成皋「十五日」不出；但曹咎後來卻經不起漢軍的羞辱，未能堅守幾天便貿然出擊，導致兵敗自殺身亡。故此「數日」應屬下單獨為句，與上文「十五日」相呼應，更能突出曹咎的輕率盲動，文意顯豁。

乃封侯公為平國君。（冊1／頁47／行1）

按：平國君，景祐本、殿本及《史記》、《漢紀》等皆同，而王本作「平國將」。周壽昌《漢書注校補》卷一云：「『將』字誤，正作『君』。」〔註29〕按周說是。《史記正義》引《楚漢春秋》云：「上欲封之，乃肯見。曰：『此天下之辨士，所居傾國，故號曰平國君。』」〔註30〕《文選》注引略同，是

〔註27〕 《史記》，中華書局，1982年第2版，第2567頁。

〔註28〕 《史記》，中華書局，1982年第2版，第330頁。

〔註29〕 周壽昌《漢書注校補》，《二十四史訂補》本，北京圖書館出版社，2004年第1版，徐蜀《兩漢書訂補文獻彙編》第一分冊，第569頁。

〔註30〕 《史記》，中華書局，1982年第2版，第331頁。

其證。又，陳直《漢書新證》云：「《隸釋》卷八《金鄉長侯成碑》云：『侯公濟太上皇於鴻溝，諡曰安國君。』事實與本紀均合，惟本紀封爲『平國君』，碑文作『安國君』小異。」〔註31〕按此碑文所載侯公封號雖與本紀小異，而末字作「君」則無疑。點校本徑改底本，未出校改符號與校勘記，失範。

卷一下　高帝紀第一下　15 條

能出捐此地以許兩人，使各自爲戰，則楚易敗也。（冊 1 / 頁 49 / 行 8）

按：敗，王本與殿本、汲古閣本等皆同，獨景祐本作「散」。按此乃張良規勸劉邦厚賞韓信、彭越二人以孤立、打擊項羽之計，而此時楚軍尚強大，易散而不易敗也；「使各自爲戰」，正欲「散」楚軍也，下文「周殷」叛楚並「舉九江兵迎黥布」等一系列事件亦可爲證，故此處似以景祐本作「散」於義爲長。

師古曰：「復其身及一戶之內皆不徭賦也。復音扶目反。」（冊 1 / 頁 55 / 行 11）

按：復音扶目反，景祐本、殿本等皆同，而王本作「復音方目反」。細檢顏注，「復」字有「扶目反」、「方目反」、「芳目反」、「扶福反」四音，間有混用，而謂免除徭役或賦稅時則多作「方目反」，故王本不誤，無煩改字。點校本暗改底本，失範。

師古曰：「此本古之縣字耳，後人轉用爲州縣字，乃更加心以別之，非當借音。他皆類此。」（冊 1 / 頁 60 / 行 3）

按：他皆類此，殿本等同，而王本及景祐本、汲古閣本等皆作「佗皆類此」。細檢顏注，尚有「它皆類此」、「它皆仿此」等說法。按他、它、佗三字古時通用，可不改。點校本此處徑改底本「佗」爲「他」，乃據殿本暗改。而書中又有改「它」爲「他」者，亦有未改者，前後不一，失當，例多不贅。

如淳曰：「復音複，上下有道，故謂之復。」（冊 1 / 頁 62 / 行 1）

按：注末「復」字，北監本、殿本同，而王本及景祐本、大德本、汪文盛本、

〔註31〕陳直《漢書新證》，天津人民出版社，1979 年第 2 版，第 9 頁。

汲古閣本等皆作「複」。張元濟《校勘記》謂「殿勝宋」，意即殿本優於
北宋景祐本。《補注》云：「官本下『複』作『復』，是。」細玩如注，乃
是用「複」給「復」注音，故其下「復」字當爲本字，王先謙所說甚確。
按《兩漢博聞》卷三「復道」條引此如注正作「復音複，上下有道，故
謂之復」〔註32〕（頁138），明楊侃所見本亦作「復」，與殿本等合，可爲
旁證。點校本徑改底本，失範。

蕭何治未央宮，立東闕、北闕、前殿、武庫、大倉。（冊1／頁64／行6）
按：大倉，景祐本同王本，而殿本等作「太倉」。按此蕭何所作「大倉」，《史
　　記》、《漢紀》、《通鑒》等皆作「太倉」，楊侃《兩漢博聞》、王益之《西
　　漢年紀》引《漢書》也均作「太倉」。按大、太爲古今字，在無歧義的情
　　況下，整理時可不改，亦可徑改。此處「大倉」實非一般意義上的大倉，
　　援例宜徑改爲「太倉」，免生歧義。此當改而不改，失當。

**師古曰：「未央殿雖南嚮，而上書奏事謁見之徒皆詣北闕，公車司馬亦在
北焉。是則以北闕爲正門，而又有東門、東闕。至於西南兩面，無門闕
矣。蓋蕭何初立未央宮，以厭勝之術，理宜然乎？」（冊1／頁64／行10
～11）**
按：《史記正義》引此顏注「上書」上多一「當」字〔註33〕，語意較足。而
　　《兩漢博聞》卷一「北闕」條所錄顏注則與此小異，「未央殿」作「未央
　　宮」，「上書」作「尙書」，「公車司馬亦在北焉」之「北」作「此」，「術」
　　作「求」〔註34〕。按「宮」、「殿」二字義近，「上」、「尙」二字通用，「求」
　　當爲「術」字之誤排；而「北」、「此」二字則常因形近而致誤，須仔細
　　甄別方能定其是非。車承瑞校記謂《兩漢博聞》各本皆作「此」，「此」
　　指北闕而言，《漢書》注作「北」，疑訛。按車說有理，此異文頗具參校
　　價值。細玩顏注，多就「門闕」生發，若依原文作「北」，則可指未央宮
　　北面，未必即指「北闕」而言，而其上「亦」字並無著落矣。

〔註32〕楊侃《兩漢博聞》，車承瑞點校，黑龍江人民出版社，1990年第1版，第138
　　　　頁。
〔註33〕《史記》，中華書局，1982年第2版，第386頁。
〔註34〕楊侃《兩漢博聞》，車承瑞點校，黑龍江人民出版社，1990年第1版，第1
　　　　頁。

八年冬，上東擊韓信餘寇於東垣。（冊1／頁65／行1）

按：韓信，各本同，而《史記》、《漢紀》皆作「韓王信」。《補注》引王先愼云：「本書上下文俱書『韓王信』，明此脫『王』字。」按王說是。同書卷三十二《張耳陳餘傳》「八年，上從東垣過」下顏師古注曰：「擊韓王信餘寇於東垣，還而過趙。」（頁1840）是其證。蓋顏師古所見本此處即作「韓王信」。同一事，點校本一作「韓信」，一作「韓王信」，前後自相矛盾，訛誤甚明。

又按：韓王信姓韓名信，與淮陰侯韓信姓名相同。爲避二者混淆，史籍常於前者加一「王」字以區分，但亦有處理未盡與單作一「信」字者，有時頗難甄別。史籍中名「韓信」者，多指淮陰侯韓信而言。史載淮陰侯韓信於漢高祖十年始欲與陳豨同反，而此時尚在八年，淮陰侯韓信未反，何來「韓信餘寇」之說？此當指韓王信無疑，上文有「七年冬十月，上自將擊韓王信於銅鞮，斬其將。信亡走匈奴，（與）其將曼丘臣、王黃共立故趙後趙利爲王，收信散兵，與匈奴共距漢」（頁63）云云，是其證。點校本失校，援例應補「王」字。

九年冬十月，淮南王、梁王、趙王、楚王朝未央宮，置酒前殿。上奉玉卮爲太上皇壽，……殿上群臣皆稱萬歲，大笑爲樂。（冊1／頁66／行4～6）

按：據原標點，「置酒前殿」者爲淮南王等，此與事實及情理皆不合。「置酒前殿」者實爲高祖劉邦，淮南王等沒有這個資格。故應在「未央宮」後句斷，而將「置酒前殿」後的句號換成逗號，屬下，文意乃明。點校本誤標。

夏五月，太上皇后崩。秋七月癸卯，太上皇崩，葬萬年。赦櫟陽囚死罪以下。（冊1／頁67／行14）

按：舊注於「太上皇后崩」一事糾纏不清，皆未得實。《補注》引諸家之說而未下斷語。按《漢紀》卷四《高祖皇帝紀》敘此云：「夏五月，太上皇崩。秋七月癸卯，太上皇葬於萬年。」〔註35〕並無「太上皇后崩」之事，與《漢書》相較，少「后」、「崩」二字，文意順暢，了無窒礙。又《通鑒》

〔註35〕《兩漢紀》，張烈點校，中華書局，2002年第1版，上冊，第49頁。

卷十二云：「夏五月，太上皇崩於櫟陽宮。秋七月癸卯，葬太上皇於萬年。楚王、梁王皆來送葬。赦櫟陽囚。」《考異》云：「《漢書》『五月太上皇后崩』、『七月癸卯太上皇崩葬萬年』，《荀紀》五月無『后』字、七月無『崩』字，蓋荀悅之時《漢書》本尙未訛謬故也，今從之。」〔註36〕按此說得實，可袪諸疑。史書慣例，書「崩」必書「葬」，上引之文僅書「太上皇后崩」，未書其「葬」，必有訛誤。又，古代葬俗，頗有停喪不葬之風，西漢末年以後其風更盛，自天子以至百姓皆然。其葬期，亦即自始死至葬，少則數日，多則數十日，亦有長至數百日者。此云「秋七月癸卯，太上皇崩，葬萬年」，始崩即葬，顯與史實及時俗不合，其誤甚明，當據《漢紀》、《通鑒》刪「后」、「崩」二字。又《史記》卷八《高祖本紀》云：「七月太上皇崩，葬櫟陽宮。楚王、梁王皆來送葬。赦櫟陽囚。」〔註37〕卷九十三《盧綰傳》云：「及高祖十年七月，太上皇崩，使人召豨，豨稱病甚。」〔註38〕皆以秋七月爲「太上皇崩」期，復以爲「葬櫟陽宮」，亦非。本書卷三十四《盧綰傳》云：「漢十年秋，太上皇崩，上因是召豨。」（頁1892）蓋沿襲《史記》之誤。按紀文「葬萬年」下顏師古注引《三輔黃圖》云：「高祖初居櫟陽，故太上皇因在櫟陽。十年，太上皇崩，葬其北原，起萬年邑，置長丞也。」又臣瓚曰：「萬年陵在櫟陽縣界，故特赦之。」（頁68）據此，可知「萬年」本爲「櫟陽宮」北原，因葬太上皇而獨立成邑也。綜上所考，太上皇當於十年夏五月崩於櫟陽宮，而於秋七月葬萬年陵。張烈亦說此處《荀紀》無誤〔註39〕，點校本失校。

晉灼曰：「五年，追尊先媼曰昭靈夫人，言追尊，則明其已亡。《史記》十年春夏無事，七月太上皇崩，葬櫟陽宮，明此長『夏五月，太上皇后崩』八字也。又《漢儀注》先媼已葬陳留小黃。」（冊1／頁68／行4～5）
按：「春夏無事」之「夏」，王本、殿本等皆有，獨景祐本無。張元濟《校勘記》謂「殿勝宋」，是。按此「春夏無事」及「七月太上皇崩，葬櫟陽宮」皆爲《史記》原文，點校本未據景祐本刪「夏」字，甚是；但既引《史

〔註36〕 司馬光《資治通鑒》，上海古籍出版社，1987年第1版，第78頁。
〔註37〕 《史記》，中華書局，1982年第2版，第387頁。
〔註38〕 《史記》，中華書局，1982年第2版，第2640頁。
〔註39〕 《兩漢紀》，張烈點校，中華書局，2002年第1版，上冊，第58頁。

記》原文，則新標點宜添加單引號。

又按：「明此長『夏五月，太上皇后崩』八字也」句，王本、景祐本等皆同，獨殿本不同。殿本「明」作「無」，無「長」字。張元濟《校勘記》謂「殿勝宋」。按張說未洽，殿本改「長」爲「無」，蓋不明詞義所致。周壽昌《漢書注校補》云：「案《呂覽・觀世篇》『亂世之所以長也』，注：『長，多也。』《正韻》：『長，直亮切，音仗，多也，冗也，剩也。』《集韻》：『餘也。』《論語》：『長一身有半。』《世說新語》：『生平無長物。』陸機《文賦》：『故無取乎冗長。』即此長字也。不必改作『無』字。」〔註40〕按周說有理，王本等不誤。

今吾以天之靈，賢士大夫定有天下，以爲一家。（冊1／頁71／行2）

按：依原標點，文有歧義，似乎「定有天下」者爲「賢士大夫」，與劉邦無關，實非。楊樹達說：「『賢』上疑脫一『與』字。下十二年詔云『與天下之豪士賢大夫共定天下』，有『與』字，可證。」〔註41〕按楊說有理，但各本均無異文，未敢遽定。張如元定此爲「兼承不夠明確之例」，謂「其本意是我憑天人（天之靈、賢士大夫）而定有天下，『定有天下』的是『吾』。『天之靈』後的逗號宜改作頓號」〔註42〕。所說亦有理，可從。若無脫文，則點校本明顯誤標。

御史大夫昌下相國，相國酇侯下諸侯王，御史中執法下郡守，其有意稱明德者，必身勸，爲之駕，遣詣相國府，署行、義、年。有而弗言，覺，免。（冊1／頁71／行4）

按：「署行、義、年」句，費解。此「義年」二字當連讀，「義」通「議」，載籍多見，而傳世敦煌抄本中「義」、「議」二字常相混，皆其證。王繼如師說：「『署行』與『義年』均爲動賓結構，謂書其行狀、擇其年紀也。……故《文選・王融〈三月三日曲水詩序〉》云：『興廉舉孝，歲時於外府；署行議年，日夕於中旬。』以『署行議年』與『興廉舉孝』對

〔註40〕周壽昌《漢書注校補》，《二十四史訂補》本，北京圖書館出版社，2004年第1版，徐蜀《兩漢書訂補文獻彙編》第一分冊，第572頁。

〔註41〕楊樹達《漢書窺管》，上海古籍出版社，1984年第1版，第25頁。

〔註42〕張如元《〈漢書〉標點中的一些問題》，原載《古籍整理出版情況簡報》第140期，收入國務院古籍整理出版規劃小組《古籍點校疑誤彙錄》一書，中華書局，1989年第1版，第3冊，第274頁。

舉,則『署行議年』爲二事,『議』爲動詞可無疑矣。……劉攽不解此意,遂曰:『義讀曰儀,儀謂儀容,若曰團貌矣。』差無實證。而王先謙《補注》是之,曰:『署行若云本身並無違礙過犯,署儀若云身中面白有無鬚,署年若干歲也。』且誤解蘇林之說而牽爲佐證,甚無謂也,而中華書局點校本從之,不亦惑乎?」〔註43〕按王師所說甚有理,點校本誤標,當從改。

應劭曰:「太上皇思(上)欲歸豐,高祖乃更築城寺市里如豐縣,號曰新豐,徙豐民以充實之。」(冊1/頁72/行15)

> 校勘記云:「殿、局『上』作『土』。景祐本無『上』字。」

按:思上,汲古閣本同王本,而大德本、北監本、汪文盛本皆同殿、局本作「思土」。王先謙謂殿本作「思土」是。按「思土」即思鄉,太上皇思念故鄉豐縣而有「欲歸」之心,高祖乃在關中就地更築新豐,並「徙豐民以充實之」,以慰其父思鄉之情。而底本作「思上」,則於情理不合,太上皇與高祖同住京城,「思上」不必「歸豐」,明「上」乃「土」形近之誤。王說可從,而點校本未採,卻據景祐本刪「上」字,未妥,應據殿本等校改。

吾雖都關中,萬歲之後吾魂魄猶思(樂)沛。(冊1/頁74/行10)

> 校勘記云:「景祐本無『樂』字。」

按:思樂沛,汪文盛本、汲古閣本同王本,而北監本、殿本作「思家沛」,又殿本引宋祁曰:「『家』或作『樂』。」《史記》敘此作「樂思沛」,張烈《商榷》據之認爲「樂」字不可省。按張說是。景祐本無「樂」字雖可通,但「思樂沛」、「思家沛」或「樂思沛」亦可通,且著一「樂」或「家」字,於義爲長;而宋祁所見本即有作「樂」者,故點校本據景祐本刪「樂」字,未妥,可出異文校。

七三頁五行 略取(彊)〔陸〕梁地以為桂林(冊1/頁84/行8)

按:「七三頁五行」應爲「七三頁四行」,校勘記與正文不一致,誤排。

〔註43〕王繼如《〈漢書〉十二紀標點句讀札記》,原載《華中師範大學學報》,1992年第6期,收入《敦煌問學叢稿》,甘肅文化出版社,1999年第1版,第36～37頁。

卷二　惠帝紀第二　2 條

應劭曰：「宦官，閹寺也。尚，主也。舊有五尚。尚冠、尚帳、尚衣、尚席亦是。」（冊 1／頁 86／行 9）

按：陳直說：「應注語意未完，恐有脫文，五尚亦只舉四尚之名。劭著《漢官儀》則云：『省中有五尚，即尚省、尚冠、尚帳、尚衣、尚席。』又尚食監見於《馮唐傳》，尚席見於《周亞夫傳》，尚食疑即尚席之初名，在高惠時名尚食，至文景時改名尚席。」〔註44〕按陳說非。究其致誤之因，蓋據誤本生發也，其引《漢官儀》之「尚省」乃「尚食」之誤，尚食、尚席並爲五尚之一，尚食非尚席之初名可知。又，應注「亦是」云云，正指五尚除「尚食」之外，又有「尚冠、尚帳、尚衣、尚席」四者，語意明白，並無脫文，陳氏蓋偶爾失檢耳。

如淳曰：「知名，謂宦人教帝書學，亦可表異者也。」（冊 1／頁 87／行 5）

按：「亦可表異者也」句，殿本、王本同，而景祐本、汲古閣本、汪文盛本等「亦」皆作「有」。按知名即有名，故原文似以作「有」字於義爲長。

卷三　高后紀第三　3 條

韋昭曰：「熟食曰飱，酒肴曰錢，粟米曰奉。」（冊 1／頁 97／行 12）

按：熟食，殿本同，而王本與景祐本等皆作「孰食」。眾所周知，「熟」乃「孰」之後起字，故王本作「孰」不誤。點校本徑據殿本暗改底本，非。

秋八月，淮陽王彊薨。（冊 1／頁 99／行 1）

按：彊，景祐本、殿本等同，而王本作「強」。按強、彊二字古通，載籍屢見混用，後世「強」行而「彊」廢。而上文有「立孝惠後宮子強爲淮陽王」之語（頁 96），正作「強」，前後統一，可見王本並不誤。點校本徑改底本，失當。

章從勃請卒千人，入未央宮掖門，見產廷中。日餔時，遂擊產。產走。（冊 1／頁 102／行 13～14）

按：日餔時，各本皆同王本，獨景祐本無「日」字。《補注》引宋祁曰：「越

〔註44〕陳直《漢書新證》，天津人民出版社，1979 年第 2 版，第 14～15 頁。

本、邵本並無『日』字。」按景祐本與宋祁所云越本、邵本合，是。古人計時有不少特殊的名稱，如隅中、日中、日昃、餔時、黃昏、人定、雞鳴、昧旦、平明等，其中餔時指日昃之後、日入之前這段時間，也即夕食（晚餐）時間。在「餔時」前多一「日」字，不合古人計時的表達習慣。同書卷六十三《武五子傳》云：「其日中，賀發，餔時至定陶，行百三十五里，侍從者馬死相望於道。」（頁 2764）卷九十九《王莽傳》下：「七月，大風毀王路堂。復下書曰：『乃壬午餔時，有列風雷雨發屋折木之變，予甚弁焉，予甚栗焉，予甚恐焉。』」（頁 4159）又《馬王堆漢墓帛書・五十二病方》云：「朝已食而入湯中，到餔時出休，病即俞（愈）矣。」皆作「餔時」，無「日」字。《史記》卷九、《通鑒》卷十三敘此同誤，應據景祐本等校改。又，卷二十六《天文志》云：「元延元年四月丁酉日餔時，天暒晏，殷殷如雷聲，有流星頭大如缶，長十餘丈，皎然赤白色，從日下東南去。」（頁 1311）按此「日餔時」之「日」字亦當為衍文。古人敘事既無於「餔時」前加一「日」字者，亦無於干支後加添「日」字者。例多不贅。點校本失校。

卷四　文帝紀第四　10 條

高祖十一年，誅陳豨，定代地，立為代王，都中都。（冊 1／頁 105／行 3）
按：立為代王，汲古閣本、殿本同王本，而景祐本、北監本、汪文盛本、大德本等「立」下皆有「子恒」二字。《補注》引宋祁曰：「越本『立』下有『子恒』二字。」又引齊召南云：「監本作『立子恒為代王』，非也。帝紀中例不書名，宋本作『立為代王』，下注『子恒』二字，今從宋本。」按景祐本與宋祁所見越本合，可見宋本原有「子恒」二字，齊說未確。《史記》卷八《高祖本紀》云：「於是乃分趙山北，立子恒以為代王，都晉陽。」〔註 45〕又本書卷一下云：「燕王綰、相國何等三十三人皆曰：『子恒賢知溫良，請立以為代王，都晉陽。』大赦天下。」（頁 70）亦有「子恒」二字，惟彼云「都晉陽」而此云「都中都」也。顏師古注引如淳曰：「《文紀》言都中都，又文帝過太原，復晉陽、中都二歲，似遷都於中都也。」據此，蓋劉恒先都晉陽而後遷中都也。點校本失校，可據景祐本等補。

〔註 45〕《史記》，中華書局，1982 年第 2 版，第 389 頁。

應劭曰：「帑，子也。秦法，一人有罪，并其家室。今除此律。」（冊 1／頁 111／行 1）

按：并其家室，各本同，而語意未完，疑有脫文。陳景雲《兩漢訂誤》謂「『并』下當有『坐』字」〔註 46〕。按陳說是，《史記集解》引應劭此注正有「坐」字〔註 47〕，可爲旁證。點校本失校，當據補。

六月，令郡國無來獻。施惠天下，諸侯四夷遠近驩洽。乃脩代來功。（冊 1／頁 114／行 14）

按：「乃脩代來功」句，各本同，而較費解；《史記》敘此作「乃循從代來功臣」〔註 48〕，語意明白。王先謙說「循、脩因形似而誤」，所言有理。蔣禮鴻《史記校詁》謂「『脩功臣』不可解，『脩』字殆未是；『循』謂『撫循』也，乃『安撫加惠』之意，載籍多有」〔註 49〕。按蔣說有理，可參。點校本失校。

五月，詔曰：「……民或祝詛上，以相約而後相謾，吏以爲大逆，其有他言，吏又以爲誹謗。此細民之愚，無知抵死，朕甚不取。自今以來，有犯此者勿聽治。」（冊 1／頁 118／行 3~4）

按：原標點可商。王繼如師說：「點校本以『祝詛上』爲一讀，大誤。祝詛者，祝神降祟，使人疾病而死也。宮廷之中，亦以此爲爭權之術。祝詛之法，《武五子傳・廣陵王劉胥》中言之甚詳。……竊謂此句當點作：『民或祝詛，上以相約，而後相謾，……』意爲：民有擬深相結納而設盟誓者，既已爲約結矣，後復相欺謾，而吏不察，以爲與祝詛皇帝之事爲一類，遂目爲大逆。」〔註 50〕按王師所說甚是，可從。「祝詛上」即祝詛皇帝，乃謀反之大罪，豈有「勿聽治」之理？以文帝之寬厚，亦斷無坐視

〔註 46〕陳景雲《兩漢訂誤》，《二十四史訂補》本，北京圖書館出版社，2004 年第 1 版，徐蜀《兩漢書訂補文獻彙編》第三分冊，第 1081 頁。
〔註 47〕《史記》，中華書局，1982 年第 2 版，第 419 頁。
〔註 48〕《史記》，中華書局，1982 年第 2 版，第 420 頁。
〔註 49〕蔣禮鴻《史記校詁》，載《蔣禮鴻集》第六卷，浙江教育出版社，2001 年第 1 版，第 12 頁。
〔註 50〕王繼如《〈漢書〉十二紀標點句讀札記》，原載《華中師範大學學報》，1992 年第 6 期，收入《敦煌問學叢稿》，甘肅文化出版社，1999 年第 1 版，第 38 ~39 頁。

不理之可能。《漢書》中載以「祝詛上」而致死者，比比皆是，例多不贅。此處「上以相約」之「上」，非指「皇上」而言。上，初也，前也，與「而後相謾」之「後」字相對，指時間。顏師古注曰：「謾，欺也。初為要約，共行祝詛，後相欺誑，中道而止，無實事也。」知顏氏亦以「上」字屬下讀。點校本《史記》以「民或祝詛上以相約而後相謾」作一句連讀，亦誤。

又按：「此細民之愚無知」當連讀，「抵死」單獨成句。載籍屢見「愚無知」連文，點校本腰斬之，非。同書卷三十一《陳勝傳》云：「客出入愈益發抒，言勝故情。或言：『客愚無知，專妄言，輕威。』勝斬之。」（頁1795）是其例。點校本於彼處連讀，此處卻又誤分，前後標點不一致。

三年冬十月丁酉晦，日有食之。十一月丁卯晦，日有蝕之。（冊1／頁119／行3）

按：日有食之，景祐本、汪文盛本等同王本，而汲古閣本、殿本等「食」作「蝕」；而下「日有蝕之」各本皆同王本，獨景祐本「蝕」作「食」。按食、蝕二字雖可通用，但用在一處，理當一致，景祐本可從，校點本應作統一處理。

如淳曰：「蔡邕云天子車駕所至，民臣以為僥倖，故曰幸。見令長三老官屬，親臨軒作樂，賜以酒食帛葛越巾佩帶之屬，民爵有級數，或賜田租之半，故因謂之幸也。」（冊1／頁119／行11～12）

按：「賜以酒食帛葛越巾佩帶之屬」句，殿本等皆同王本，獨景祐本少「酒」、「葛」二字。《補注》引宋祁曰：「越本無『酒』、『葛』二字。」可知景祐本與越本合。按《史記集解》亦引此蔡邕之說〔註51〕，而「見」上多一「至」字，「佩帶」上多一「刀」字，亦無「酒」、「葛」二字。據此，景祐本少「酒」、「葛」二字較為簡潔，於義為長，點校本失校。

濟北王興居聞帝之代，欲自擊匈奴，乃反，發兵欲襲滎陽。（冊1／頁120／行4）

按：「欲自擊匈奴」者實為文帝，非濟北王；濟北王乃是聽說文帝「欲自擊

〔註51〕《史記》，中華書局，1982年第2版，第425頁。

匈奴」而乘機起兵造反。點校本標點有誤，應去「代」後逗號，將「欲
自擊匈奴」屬上連讀，文意始暢。

師古曰：「與讀曰豫。」（冊1／頁127／行1）

按：「與讀曰豫」，殿本同，而王本作「與讀曰預」，景祐本、汪文盛本、北
監本、汲古閣本等作「與音預」。細檢顏注，「與」字多「讀曰預」或「音
預」，間有「讀曰豫」者，義可兩通。王本不誤，無煩改字。點校本暗改
底本，失當。

詔曰：「間者數年比不登，又有水旱疾疫之災，朕甚憂之。……乃天道有不
順，地利或不得，人事多失和，鬼神廢不享與？何以致此？將百官之奉養
或費，無用之事或多與？何其民食之寡乏也！」（冊1／頁128／行8～10）

按：「將百官之奉養或費」之「費」，北監本、汲古閣本、殿本同王本，而景
祐本、汪文盛本、大德本等作「廢」。按廢、費二字古時可通，用在此處
釋作「用財多」、「靡費」之義。《荀子·議兵》有「奉養必費」之語，與
此略同。不過，「廢」又有「大」義，如：《詩·小雅·四月》：「廢爲殘
賊，莫知其尤。」毛傳：「廢，大也。」又《列子·楊朱》：「凡此諸闕，
廢虐之主。」張湛注：「廢，大也。」按「廢」之「大」義用在此處亦可
通，指奉養百官的費用等太大了，與下文的「多」、「寡乏」等相呼應。
故作「費」或「廢」，義可兩通。《通鑑》卷十五引此詔正作「廢」。點校
本可出異文校。嶽麓本據諸本改「廢」爲「費」，可商。

贊曰：……羣臣袁盎等諫說雖切，常假借納用焉。（冊1／頁135／行2）

按：袁盎，景祐本、殿本等同，而王本作「爰盎」。按「爰盎」同「袁盎」，
與「朝錯」同「晁錯」類似，《史記》、《漢書》等史籍多混用而兩存之，
故無煩改字。點校本暗改底本，非，且不合古籍整理規範。

卷五　景帝紀第五　6條

然后祖宗之功德，施于萬世，永永無窮，朕甚嘉之。（冊1／頁138／行2）

按：然后，景祐本、汪文盛本、大德本、汲古閣本等皆同王本，而北監本、
殿本作「然後」。按后、後二字古時通用，而用於「君主」、「帝王」、「皇
后」等義時則必作「后」。但古人用字不規範，有時用於「然後」、「前後」、

「先後」等義時亦多有作「后」字者。此處點校本從底本未作校改，本亦不誤；但從追求科學和古籍整理規範的角度出發，「然后」一詞的規範繁體字應作「然後」，故此處點校本宜作統一處理，據殿本等校改爲「然後」，並出校記予以說明。

遣御史大夫青翟至代下與匈奴和親。（冊 1／頁 140／行 1）

按：御史大夫青翟，各本同。舊注於此「青翟」說法不一。文穎曰：「姓嚴，諱青翟。」臣瓚曰：「此陶青也。莊青翟乃自武帝時人，此紀誤。」師古曰：「後人傳習不曉，妄增翟字耳，非本作紀之誤。」王先謙說：「《通鑑》作『青』。胡注：『青，陶舍子。青以文後二年爲御史大夫，景二年爲丞相，見《百官表》。』」按核之《史》、《漢》等書，知莊青翟即嚴青翟，乃班固避漢明帝劉莊諱而改，武帝時官御史大夫，封丞相，非文帝時人。顏注與王說是，可從，點校本應據以校改，刪「翟」字。

如淳曰：「《漢儀注》太僕牧師諸苑三十六所，分布北邊、西邊。以郎為苑監，官奴婢三萬人，養馬三十萬疋。」（冊 1／頁 150／行 2）

按：疋，北監本、殿本、汲古閣本等皆同王本，獨景祐本作「頭」。按作「疋」或作「頭」，義可兩通。《兩漢博聞》卷四「苑馬」條〔註 52〕引此，各本俱作「頭」，可見楊侃所見本《漢書》亦作「頭」，與景祐本暗合。點校本宜出異文校。

五月，詔曰：「……今訾算十以上乃得宦，廉士算不必眾。有市籍不得宦，無訾又不得宦，朕甚愍之。訾算四得宦，亡令廉士久失職，貪夫長利。」（冊 1／頁 152／行 7～9）

應劭曰：「古者疾吏之貪，衣食足知榮辱，限訾十算乃得為吏。十算，十萬也。賈人有財不得為吏，廉士無訾又不得宦，故減訾四算得宦矣。」（冊 1／頁 152／行 10～11）

按：上引正文及應劭注文 6 處「得宦」二字，汲古閣本同王本，而景祐本、北監本、殿本等皆作「得官」。《補注》云：「何焯曰：『董仲舒所謂「選

〔註 52〕楊侃《兩漢博聞》，車承瑞點校，黑龍江人民出版社，1990 年第 1 版，第 261 頁。

郎吏以貲訾」，指此訾算也。司馬相如以訾算爲郎。』姚鼐曰：『此所云宦，謂郎也。漢初郎須有衣馬之飾乃得侍上，故以訾算。張釋之云「久宦減仲之產」，衛將軍青令舍人「具鞍馬絳衣玉具劍」是也。漢之仕進，大抵郎侍及仕州郡及卿府辟召三途，郎乃宦於皇帝者也。無訾不得宦於皇帝，自可仕郡縣及卿府也。至武帝建學校、舉孝廉後，則郎不必訾算而後登，而入羊入粟補郎，更甚於昔之訾算，皆景帝前所未有。應謂「限訾十算乃得爲吏」，不悟此制不通行於凡吏也。』先謙曰：官本、監本正文、注『宦』俱作『官』，下並同。」周壽昌《漢書注校補》卷三云：「殿本及監本注『宦』字俱作『官』。壽昌案：正文則從『宦』字爲是。又案：正文『宦』亦作『官』，或別一宋本也。」〔註53〕按王先謙引諸家之說而未下斷語，周壽昌之說又模棱兩可，皆未得實。按《通鑒》卷十六、《通典》卷十三引此詔正作「得官」，是其證。又《兩漢博聞》卷二有「訾算得官」條〔註54〕，引此詔文及注文亦皆作「得官」，且傳世各本皆同，明楊侃所見本《漢書》正作「得官」，可爲旁證。故此「得宦」疑爲「得官」之誤。

又按：「訾」讀與「貲」同，通「資」，指貨物、錢財。《史記》卷一百一十七《司馬相如列傳》云：「司馬相如者，蜀郡成都人也，字長卿。……以貲爲郎，事孝景帝，爲武騎常侍，非其好也。」〔註55〕《漢書》本傳引此文作「訾」，顏師古注曰：「訾讀與貲同。貲，財也。以家財多得拜爲郎也。」又卷五十《張釋之傳》云：「張釋之字季，南陽堵陽人也。與兄仲同居，以貲爲騎郎，事文帝，十年不得調，亡所知名。釋之曰：『久宦減仲之產，不遂。』欲免歸。」（頁2307）顏注引蘇林曰：「雇錢若出穀也。」又引如淳曰：「《漢注》貲五百萬得爲常侍郎。」此皆以訾爲郎之例，與後世的買官性質大致相同，只不過形式及對象有特殊的規定而已。史載漢高祖時令賈人不得衣絲乘車、市井子孫不得宦爲吏，而取得職位的官員則應常常衣絲乘車、講求禮儀，姚鼐所謂的「漢初郎須有衣馬之飾乃得侍上」，就是這個道理。但姚鼐稱「此

〔註53〕周壽昌《漢書注校補》，《二十四史訂補》本，北京圖書館出版社，2004年第1版，徐蜀《兩漢書訂補文獻彙編》第一分冊，第579頁。
〔註54〕楊侃《兩漢博聞》，車承瑞點校，黑龍江人民出版社，1990年第1版，第131頁。
〔註55〕《史記》，中華書局，1982年第2版，第2999頁。

所云『宦』謂郎也」，又駁應劭注「限訾十算乃得爲吏」，謂其「不悟此制不通行於凡吏也」，則未免失之拘泥。事實上，「以訾爲郎」與上引詔文所述的「訾算」（資產稅）也不是一回事。按「算」本爲數目、計算之義，後來因爲徵收賦稅要計數，又引申成爲「算賦」（成年人人口稅）的省稱。徵收賦稅稱算，因之稅額單位在漢代也就以「算」名，如一算、二算、五算，猶今言一份、二份、五份，或一個單位、二個單位、五個單位。一算多少錢，其基數往往因稅收性質、稅率大小、起徵點高低而不同。漢高祖四年（前 203）始行「算賦」，規定不論男女老少，凡民年十五以上至五十六，每人每年須出賦錢一百二十爲一算，賈人與奴婢倍算，亦即加倍徵收。至於「訾算」，顏注引服虔曰：「訾萬錢，算百二十七也。」據此可知資產稅一算爲一百二十七錢，十算訾十萬，與上引「《漢注》訾五百萬得爲常侍郎」差距甚大。又卷六《武帝紀》載元狩四年（前 119）「初算緡錢」（頁 178），顏注引李斐曰：「緡，絲也，以貫錢也。一貫千錢，出算二十也。」按此武帝時算收緡錢（對商人、手工業主、高利貸和車船所有者徵收的工商稅或營業稅），又與景帝時的「訾算」略有不同。清雷濬編《學古堂日記·漢書》引吳縣朱錦綬《讀漢書日記》云：「案《武紀》元狩四年『初算緡錢』，是元狩前緡錢無算。武帝以用度不足，緡錢亦算之。李斐所謂『一貫千錢，出算二十』者是。此所謂算，則每萬錢出算百二十七，當是舊例訾算十以上者。」〔註 56〕所言有理。實際上，各稅稅率並不一致，而同一種稅在不同時期稅率又不盡相同。姚鼐把資產稅與出資買官混爲一談，稱「此所云『宦』謂郎也」，實非，反可見此文「宦」字有誤。

又按：從構詞上來考察，上引詔文及應劭注文 6 處「得宦」二字亦皆當爲「得官」之誤。按載籍屢見「得官」二字單獨使用，原意謂取得官職、官位、官銜、官爵等，已由動賓詞組「得＋官」的形式漸成習見之詞，引申之亦即當官、做官之義。如《左傳·襄公三年》云：「解狐得舉，祁午得位，伯華得官。建一官而三物成，能舉善也。」又《史記》卷二十《建元以來侯者年表》云：「趙充國。以隴西騎士從軍得官，侍中，

〔註 56〕雷濬《學古堂日記》，《二十四史訂補》本，北京圖書館出版社，2004 年第 1 版，徐蜀《兩漢書訂補文獻彙編》第二分冊，第 144 頁。

事武帝。」〔註57〕同書卷九十九《劉敬傳》云：「上怒，罵劉敬曰：『齊虜！以口舌得官，今乃妄言沮吾軍！』」〔註58〕《漢書》中亦不乏其例，除卷四十三《婁敬傳》同《史記》外，如卷二十四下《食貨志》云：「弘羊自以爲國興大利，伐其功，欲爲子弟得官，怨望大將軍霍光，遂與上官桀等謀反，誅滅。」（頁1176）卷六十六、卷六十八敘此同作「得官」。又《論衡·自紀篇》：「得官不欣，失位不恨。處逸樂而欲不放，居貧苦而志不倦。」《說苑》卷十六：「下士得官以死，上士得官以生。禍福非從地中出，非從天上來，己自生之。」皆其例，不贅。有時「得官」後綴「爵（位）」等字，則成爲短語「得＋官爵（位）」的形式，如《商君書·農戰篇》云：「凡人主之所以勸民者，官爵也；國之所以興者，農戰也。……善爲國者，其教民也，皆從壹空而得官爵。是故不以農戰，則無官爵。……今境內之民，皆曰：『農戰可避，而官爵可得也。』是故豪傑皆可變業，務學詩書，隨從外權，上可以得顯，下可以得官爵；要靡事商賈，爲技藝：皆以避農戰。」又本書卷五十五《衛青霍去病傳》：「青故人門下多去，事去病，輒得官爵，唯獨任安不肯去。」（頁2488）例多不贅。按「得」字作動詞時，爲「獲得」、「取得」之義；而作助動詞時，表示客觀情況容許，通常用在動詞的前面，也可用在動詞的後面，爲「得以」、「可以」、「能（夠）」之義。助動詞「得」的前面常常加否定副詞「不」、「未」等，表示客觀情況不容許。但短語「不（未）得官」在無後綴的情形時實爲「不（未）＋得官」的形式，並非「不（未）得＋官」的形式，「得」爲動詞，非助動詞，「不（未）得官」意謂不（未）能夠取得官職、官位、官銜、官爵等，並非「不（未）可以做官」之義。如本書卷三十一《項籍傳》：「梁乃召故人所知豪吏，諭以所爲，遂舉吳中兵。使人收下縣，得精兵八千人，部署豪傑爲校尉、候、司馬。有一人不得官，自言。」卷六十四下《賈捐之傳》：「捐之數召見，言多納用。時中書令石顯用事，捐之數短顯，以故不得官，後稀復見。」（頁2835）又袁宏《後漢紀》卷三《光武皇帝紀》：「於是馮衍未得官。」〔註59〕卷四：「（馬）援才略兼

〔註57〕《史記》，中華書局，1982年第2版，第1063頁。
〔註58〕《史記》，中華書局，1982年第2版，第2718頁。
〔註59〕《兩漢紀》，張烈點校，中華書局，2002年第1版，下冊，第47頁。

人，又好縱橫之畫，故未得官，待詔而已。」〔註60〕皆其例，不贅。
據考察，「不（毋）得官」三字只有在加部門、地點、場所或區域等後
綴的情形下才是「不（毋）得＋官」的形式，「得」作助動詞用，與否
定詞連用表示客觀情況不容許。如《宋史》卷十九《徽宗本紀》：「丙
子，詔司馬光等二十一人子弟毋得官京師。」同書卷三百七十四《廖
剛傳》：「時朝廷推究章惇、蔡卞誤國之罪，追貶其身，仍詔子孫毋得
官中朝。」卷四百七十二《蔡京傳》：「凡名在兩籍者三百九人，皆錮
其子孫，不得官京師及近甸。」又《明史》卷七十一《選舉三》：「洪
武間，定南北更調之制，南人官北，北人官南。其後官制漸定，自學
官外，不得官本省，亦不限南北也。」同書卷二百六十五：「祖制，浙
人不得官戶部。」皆其例。而「得宦」二字不成詞，不能單獨使用，
常常有「不」、「毋」等否定副詞前綴與「為吏」等動賓結構後綴，其
形式則為「不（毋）得＋宦＋為吏」，且「得」作助動詞用；宦，仕也，
為「授官」之義。如《史記》卷一百一十八《淮南衡山列傳》：「膠西
王臣端議曰：『……宗室近幸臣不在法中者，不能相教，當皆免官削爵
為士伍，毋得宦為吏。』」〔註61〕又《後漢書》卷二十八上《桓譚傳》：
「夫理國之道，舉本業而抑末利，是以先帝禁人二業，錮商賈不得宦
為吏，此所以抑併兼長廉恥也。」李賢注云：「高祖時，令賈人不得衣
絲乘車，市井子孫不得宦為吏。」〔註62〕皆其例。按本書卷四十四《衡
山王賜傳》：「膠西王端議曰：『……宗室近幸臣不在法中者，不能相教，
皆當免，削爵為士伍，毋得官為吏。』」（頁2152）與上引《史記》之
文雷同，顯為抄襲而成。比較而言，《漢書》刪「當皆免官削爵為士伍」
之「官」字，又改「當皆免」為「皆當免」，作兩句讀，尚可通；而改
「毋得宦為吏」為「毋得官為吏」，則非，既已「免官削爵為士伍」，
又怎能再度為「官」、「為吏」？「官」與「為吏」語意重複累贅，疑
此「毋得官為吏」為「毋得宦為吏」之誤，應據《史記》校改。又《後
漢書》卷十四《宗室四王三侯列傳》云：「及莽篡立，劉氏為侯者皆降
稱子，食孤卿祿，後皆奪爵。及敞卒，祉遂特見廢，又不得官為吏。」

〔註60〕《兩漢紀》，張烈點校，中華書局，2002年第1版，下冊，第69頁。
〔註61〕《史記》，中華書局，1982年第2版，第3094頁。
〔註62〕《後漢書》，中華書局，1965年第1版，第958～959頁。

〔註63〕與此例同，蓋亦誤。點校本失校，應據景祐本等校改。而《漢語大詞典》等辭書失收「得官」一詞，亦當補。

師古曰：「訾讀與貲同。他皆類此。」（冊1／頁152／行11）

按：他，殿本同，王本及景祐本等皆作「它」。按「它」、「他」通用，顏注常常混用，無煩改字。王本不誤，點校本暗改底本，失當。

師古曰：「樹，殖也。」（冊1／頁153／行3）

按：殖，景祐本、殿本等同，而王本作「植」。按「植」、「殖」二字皆有「種植」義，古時通用，王本不誤，無煩改字。點校本暗改底本，失當。

卷六　武帝紀第六　9條

臣瓚曰：「以長星見，故爲元光。」（冊1／頁160／行8）

按：長星，景祐本、殿本等同，而王本作「三星」。《補注》引錢大昭曰：「『三』當作『長』。」按錢說甚是。同書卷二十五上《郊祀志》云「二元以長星曰『光』」，顏師古注引蘇林曰：「以有長星之光，故曰元光元年。」（頁1221）是其證。點校本徑改底本，未出校改符號與校勘記，失範。

臣瓚曰：「《孔子三朝記》云『北發渠搜，南撫交阯』，此舉北以南爲對也。《禹貢》渠搜在雍州西北。渠搜在朔方。」（冊1／頁161／行14～15）

按：「西北」之「北」，北監本、殿本等同王本，而景祐本、汲古閣本作「此」。張元濟《校勘記》說「殿勝宋」。按張說未確。上文顏注引應劭曰：「《禹貢》析支、渠搜屬雍州，在金城河關之西，西戎也。」不作「西北」，是其證。按此《禹貢》所載「渠搜」實爲西域之國，在雍州之西，與《地理志》所載朔方之渠搜縣有別。臣瓚注即爲辨此而設，謂「《禹貢》渠搜在雍州西，此渠搜在朔方」，語意明白無誤；若作「北」，則注文捍格難通矣。故此「北」當爲「此」字之誤。點校本失校，當據景祐本等校改，且將「此」字屬下讀。

如淳曰：「《三輔黃圖》云有龍淵宮，今長安城西有其處。《溝洫志》救河決亦起龍淵宮於其傍。」（冊1／頁163／行11～12）

〔註63〕《後漢書》，中華書局，1965年第1版，第561頁。

按：傍，景祐本、殿本等同，而王本作「旁」。「傍」、「旁」二字古時通用，
　　王本不誤，無煩改字。點校本暗改底本，失當。

元朔元年冬十一月，詔曰：「公卿大夫，所使總方略，壹統類，廣教化，美
風俗也。夫本仁祖義，襃德祿賢，勸善刑暴，五帝三王所繇昌也。朕夙興
夜寐，嘉與宇內之士臻於斯路。故旅耆老，復孝敬，選豪俊，講文學，稽
參政事，祈進民心，深詔執事，興廉舉孝，庶幾成風，紹休聖緒。夫十室
之邑，必有忠信；三人並行，厥有我師。今或至闔郡而不薦一人，是化不
下究，而積行之君子雍於上聞也。二千石官長紀綱人倫，將何以佐朕燭幽
隱，勸元元，厲蒸庶，崇鄉黨之訓哉？且進賢受上賞，蔽賢蒙顯戮，古之
道也。其與中二千石、禮官、博士議不舉者罪。」（冊 1 / 頁 166 / 行 11～
頁 167 / 行 2）

按：陳直《漢書新證》云：「直按：《居延漢簡釋文》卷一，五頁，有『□幾
　　成風，紹休聖緒，傳不云乎，十室之邑，必有忠信。□子雍於上聞也，
　　二千石長官，綱紀人倫』殘簡文。勞幹氏《釋文考證》謂此即元朔元年
　　之殘詔，是也。」並稱「此簡與《漢書》異者，……『綱紀人倫』《漢書》
　　作『紀綱人倫』，當以簡文為正」〔註64〕。仔細比勘，勞幹所說有理，而
　　陳直謂「紀綱人倫」當作「綱紀人倫」，甚是。按載籍中評孔子或「六經」
　　常有「綱紀人倫」之語，如卷六十二《司馬遷傳》：「《禮》綱紀人倫，故
　　長於行。」（頁 2717）又《周書》卷四十一《王襃庾信傳》：「史臣曰：是
　　以曲阜多才多藝，鑒二代以正其本；闕里性與天道，修《六經》以維其
　　末。故能範圍天地，綱紀人倫。窮神知化，稱首於千古；經邦緯俗，藏
　　用於百代。至矣哉！斯固聖人之述作也。」而詔文「十室之邑，必有忠
　　信」與「三人並行，厥有我師」皆引自《論語》，與簡文「傳不云乎，十
　　室之邑，必有忠信」如出一轍，其中之「傳」即指《論語》而言（按自
　　漢初以來，通稱《論語》、《孝經》為「傳」）。細玩文意，可見武帝此詔
　　正是要求臣子「紹休聖緒」，學習孔子「綱紀人倫」，以為己佐，二者密
　　合無間。

師古曰：「麟，麕身，牛尾，馬足，黃色，圓蹄，一角，角端有肉。」（冊

〔註64〕陳直《漢書新證》，天津人民出版社，1979 年第 2 版，第 29 頁。

1 / 頁 174 / 行 3）

按：麕身，各本同。《補注》云：「據京房《易傳》『麟腹下黃耳』云，白麟非黃可知，顏說非也。『麕身』當作『麕身』，形近致誤。」楊樹達說：「《論衡・講瑞篇》云：『周獲麟，似麕而角。武帝之麟亦如麕而角。』又云：『武帝時，西巡狩，得白麟，一角五趾。』按《終軍傳》亦云『一角而五趾』，與《論衡》同。《說文》云：『麕，麕也。』故或云麕身，或云似麕，其義同也。」按王、楊二家所說甚是，可從。點校本未採，失校。

三年春，作角抵戲，三百里內皆（來）觀。（冊 1 / 頁 194 / 行 5）

按：來，汪文盛本、汲古閣本、北監本等同王本，而殿本作「採」，景祐本無。按殿本作「採」，顯爲「來」字形近之誤，而此「來」字當亦爲衍文。王念孫說：「案『來』字後人所加，景祐本無。《太平御覽・工藝部十二》引此亦無。《漢紀》作『三百餘里內人皆觀』。」而張烈《商榷》說省「來」字語義不明，校記以出異文爲佳，故其《漢書注譯》一書未刪「來」字。按王說是，張說非，點校本從王說刪「來」字，可謂有見。據考，角抵戲始於戰國時之講武雜技，秦時更名角抵，至漢時娛樂性增強，影響亦廣，後世相沿，日漸奢靡。《北史》卷七十七《柳彧傳》云：「彧見近代以來，都邑百姓每至正月十五日，作角抵戲，遞相誇競，至於糜費財力，上奏，請禁絕之，曰：『竊見京邑，爰及外州，每以正月望夜，充街塞陌，鳴鼓聒天，燎炬照地，人戴獸面，男爲女服，倡優雜伎，詭狀異形。外內共觀，曾不相避。竭貲破產，競此一時。盡室並孥，無問貴賤，男女混雜，緇素不分。穢行因此而生，盜賊由斯而起。非益於化，實損於人。請頒天下，並即禁斷。』詔可其奏。」按「爰及外州」、「外內共觀」云云，可見場面之大，本不必「皆來」而始「觀」也。此傳文或可爲《漢書》「三百里內皆觀」一語作注腳，王氏未及，特爲補苴以申證之。

師古曰：「集江淮之神，會大海之氣，合致於太山，然後修封，總祭饗也。」（冊 1 / 頁 197 / 行 8）

按：太山，景祐本、殿本等同，而王本作「泰山」。按太、泰二字古時通用，載籍中「太山」、「泰山」屢見混用，故無所謂正誤。此處正文作「泰山」，注文最好能夠一致。點校本暗改底本，失當。

如淳曰：「軍法，行逗留畏懦者要斬。懦音如掾反。」（冊 1／頁 204／行15）

按：畏懦，景祐本、殿本等同，而王本、汲古閣本等作「畏愞」。按「愞」同「儒」，而正文作「畏愞」，且如淳注音亦出「愞」字，故當統一作「愞」。點校本暗改底本，失當。

師古曰：「音峻雞。」（冊 1／頁 210／行 1）

按：峻雞，景祐本、殿本等皆同，而王本作「濬雞」。按此「峻雞」乃顏師古對正文中「濬稽」的注音。上文顏注分注二字云：「濬，音峻。稽，音雞。」（頁 201）此處乃合注二字之音，不當有異，王本蓋誤刻。點校本徑改底本，未出校改符號與校勘記，失範。

卷七　昭帝紀第七　4 條

師古曰：「倢，接幸也。伃，美稱也。故以名宮中婦官。倢音接。伃音余。字或並從女。」（冊 1／頁 217／行 9）

按：美稱，北監本、汪文盛本、汲古閣本、殿本等皆同王本，獨景祐本作「美貌」。按二者文義皆可通，未知孰是。《兩漢博聞》卷三「倢伃」條引顏注作「美貌」〔註65〕，與景祐本合，明楊侃所見本《漢書》有作「美貌」者，可參校。

詔曰：「朕以眇身獲保宗廟，戰戰栗栗，夙興夜寐，修古帝王之事，通《保傅傳》、《孝經》、《論語》、《尚書》，未云有明。」（冊 1／頁 223／行 1～2）

　　校勘記云：「舊注以『保傅傳』連讀，以爲是賈誼所作書名。李慈銘說，帝自謂雖通接保傅，傳授《孝經》、《論語》、《尚書》，皆未能有明，當以『傅』字絕句。」王先謙、楊樹達都從李讀。」（頁 233～234）

按：此詔文及注解，歷來《漢書》研究者聚訟紛紜，莫衷一是。文穎曰：「賈誼作《保傅傳》，在《禮大戴記》。言能通讀之也。」晉灼曰：「帝自謂通《保傅傳》，未能有所明也。」臣瓚曰：「帝自謂雖通舉此四書，皆未能有所明，此帝之謙也。」師古曰：「晉、瓚之說皆非也。帝自言雖通《保傅傳》，而《孝經》、《論語》、《尚書》猶未能明也。」《補注》引李慈銘

〔註65〕楊侃《兩漢博聞》，車承瑞點校，黑龍江人民出版社，1990 年第 1 版，第 156頁。

曰：「賈所作《保傅傳》，漢世未聞有傳授者，昭帝安得習之？且冠於《孝經》諸書之上乎？」按李慈銘以「保傅傳」非書名，而將詔文讀作「通保傅，傳《孝經》、《論語》、《尚書》，未云有明」，張烈《漢書注譯》從之。從點校本的校勘記來看，似乎以李慈銘及王先謙、楊樹達之說爲是，但正文卻還是保留了舊讀，明顯自相矛盾。細玩文意，諸家之所以皆未得實，乃是因上文「通」和下文「未云有明」有矛盾，且各本皆同底本，並無異文，故而糾纏不清。按吳恂《漢書注商》云：「『通』蓋『誦』字之誤，詔謂誦此四書，均未能明也。諸家咸就『通』字爲說，宜其都齟齬難入也。《保傅傳》爲教太子禮儀之書，自當童而習之，范書《張皓傳》云：『今皇太子春秋方始十歲，未見保傅九德之義。』可證。《漢書‧蕭望之傳》『爲太傅，以《論語》、《禮服》授皇太子。』亦其比也。時孝昭即位雖已五年，而齒僅舞勺，故尚誦所教太子之書也；又受業有先後，烏能以《保傅傳》冠於經傳之上爲嫌乎？李氏之說固矣。」〔註66〕吳氏解「通」爲「誦」字之誤，給人以撥雲見日之感，使原文之疑點渙然冰釋。吳書的整理者沈北宗先生於此條考證下特加按語說：『『通』與『誦』形似易淆，『通』或爲『誦』之誤，此說宜信。」誠哉斯言！嶽麓本及施丁主編《漢書新注》即取吳說，可謂有見。點校本亦當從之。

令郡縣常以正月賜羊酒。（冊1／頁225／行7）

按：正月賜羊酒，各本同，但與史實不符。「正月」當爲「八月」之誤。楊樹達《漢書窺管》已有說〔註67〕，而點校本未採。吳金華師撰《〈漢書〉『正月賜羊酒』校議》一文〔註68〕，詳加考辨，申證楊說，堪稱的解，文繁不錄，可參看。而《兩漢博聞》卷八列有「八月賜羊酒」專條，亦可爲旁證。點校本失校。

如淳曰：「更有三品，有卒更，有踐更，有過更。古者正卒無常人，皆當迭爲之，一月一更，是謂卒更也。貧者欲得顧更錢者，次直者出錢顧之，月二千，是謂踐更也。天下人皆直戍邊三日，亦名爲更，律所謂繇戍也。雖

〔註66〕吳恂《漢書注商》，上海古籍出版社，1983年第1版，第31～32頁。
〔註67〕楊樹達《漢書窺管》，上海古籍出版社，1984年第1版，第65、568頁。
〔註68〕吳金華《古文獻研究叢稿》，江蘇教育出版社，1995年第1版，第308～315頁。

丞相子亦在戍邊之調。不可人人自行三日戍，又行者當自戍三日，不可往便還，因便住一歲一更。諸不行者，出錢三百入官，官以給戍者，是為過更也。律說，卒踐更者，居也，居更縣中五月乃更也。後從尉律，卒踐更一月，休十一月也。《食貨志》曰：『月為更卒，已復為正，一歲屯戍，一歲力役，三十倍於古。』此漢初因秦法而行之也。後遂改易，有謫乃戍邊一歲耳。謫，未出更錢者也。」（冊 1／頁 230／行 2～6）

按：上引如注，《史記正義》、《後漢書》李賢注及《通典》卷四、《兩漢博聞》卷三等皆引之，互有異文，可資參校。如「是謂」，諸書多作「是為」，景祐本同，按「為」、「謂」二字古時通用，用在此處均無歧義，無煩改字。又，「亦名為更」，各本及諸書皆同，獨《史記正義》引作「亦各為更」〔註69〕，見此「各」字乃「名」字形近之誤，或係點校本誤排。又，「因便住一歲一更」之「便」字，各本及諸書皆同，獨《兩漢博聞》引作「使」，車承瑞謂「作『使』字義勝」〔註70〕，按車說未確，上文也作「便」。又，「後遂改易，有謫乃戍邊一歲耳」句，《史記正義》引作「後遂改為謫，乃戍邊一歲」，改「易有」二字為「為」字，少「耳」字，「謫」字屬上讀，明顯與原意有乖，不如《漢書》義勝，疑有脫誤。

又按：點校本原標點可商。如「古者正卒無常人」句，「人」字當屬下與「皆當迭為之」連讀，否則便有歧義。原文是說擔任「正卒」（師古注：「正卒，謂給中都官者也。」）者沒有固定對象，人人皆當輪流為之，下文「天下人皆直戍邊三日」亦可為證。又，「已復為正」作一句連讀亦有歧義，「已」字後當點斷，單獨為句，文意始暢，點校本《史記》與此誤同〔註71〕。而本書卷二十四上《食貨志》原文點校本標點又與此不同，雖於「已」字後點斷，但卻將下文標為：「復為正一歲，屯戍一歲，力役三十倍於古」（頁 1137），而彼處師古注云：「率計今人一歲之中，屯戍及力役之事三十倍多於古也。」按顏注甚確，此「三十倍於古」理當包括「屯戍」在內，整理者失察，明顯誤標。點校本《漢書》成於眾手，前後標點不一以致互相矛盾者甚多，於此亦可見一斑。

〔註69〕《史記》，中華書局，1982 年第 2 版，第 2824 頁。

〔註70〕楊侃《兩漢博聞》，車承瑞點校，黑龍江人民出版社，1990 年第 1 版，第 134～135 頁。

〔註71〕《史記》，中華書局，1982 年第 2 版，第 324 頁。

卷八　宣帝紀第八　10 條

望氣者言長安獄中有天子氣，上遣使者分條中都官獄繫者，輕重皆殺之。
（冊 1／頁 236／行 8～9）

按：「輕重皆殺之」句，各本同；又各本「獄」字下有顏師古注，明顏師古
　　以「繫者」二字屬下讀，王本仍之。楊樹達說：「此文當於『繫者』斷句，
　　顏置注於『官獄』下，誤。『輕重』上當有『亡』字。《丙吉傳》云：『亡
　　輕重，一切皆殺之。』可證。」〔註72〕按卷七十四《王吉傳》敘此作「望
　　氣者言長安獄中有天子氣，於是上遣使者分條中都官詔獄繫者，亡輕重
　　一切皆殺之」（頁 3142），《後漢書》卷四十五李賢注引亦同，均有「亡」
　　字，楊說甚是。而點校本僅標點從楊說，並未校添「亡」字，仍有可商。
　　按「亡」通「無」，原文作「輕重皆殺之」，索然寡味，且不合常理：罪
　　重者固然可殺，罪輕者豈可濫殺？若多一「亡」字，則成「無（亡）……
　　皆……」的結構，相當於現在的「不論……都……」句式，文意截然不
　　同，凸顯帝王之薄情寡義、草菅人命，於義爲長。按此句式結構載籍不
　　乏其例，如《舊唐書》卷五十六《杜伏威傳》云：「進用人士，大修器械，
　　薄賦斂，除殉葬法，其犯奸盜及官人貪濁者，無輕重皆殺之。」《新五代
　　史》卷三十《蘇逢吉傳》：「逢吉入獄中閱囚，無輕重曲直悉殺之。」皆
　　其比。又《後漢書》卷六《孝順帝紀》云：「京師諸獄，無輕重皆且勿考
　　竟，須得澍雨。」《宋史》卷四百《吳柔勝傳》云：「出知隨州。時再議
　　和好，尤戒開邊隙，旁塞之民事與北界相涉，不問法輕重皆殺之。」亦
　　相類似，可爲旁證。

韋昭曰：「中國爲內郡，緣邊有夷狄障塞者爲外郡。成帝（侍）〔時〕，內郡
舉方正，北邊二十二郡舉勇猛士。」（冊 1／頁 241／行 17）

按：韋昭，景祐本、殿本等同，而王本作「師古」，未知孰是。點校本據殿本
　　等逕改底本，未出校改符號與校勘記，失範。又，成帝，景祐本等皆作
　　「武帝」，惟殿本與王本同。按作「成帝」是，同書卷十《成帝紀》載有
　　相同詔文（頁 326），此注蓋即本之；而彼處有師古注「令公卿與內郡各
　　舉一人」云云，與此注互相發揮，疑此注亦出師古之手。

〔註72〕楊樹達《漢書窺管》，上海古籍出版社，1984 年第 1 版，第 67 頁。

六月，詔曰：「故皇太子在湖，未有號諡。歲時祠，其議諡，置園邑。」（冊
1／頁 242／行 7）

按：點校本標點有誤。張如元說：「故皇太子，指武帝的兒子劉據。他是宣帝
的祖父，因巫蠱之禍自殺。宣帝因祖父還沒有『號諡』，所以要給他『議
諡』；還沒有享受『歲時祠』，所以要給他『置園邑』。『歲時祠』後的逗
號同『號諡』的句號要對調。」〔註73〕按張說有理，但標點未臻完善。「歲
時祠」固當屬上，其後的逗號宜改爲句號；但「未有」統下「歲時祠」
而言，故「號諡」後的句號以改頓號爲宜。同書卷六十三《武五子傳》
載有相同詔文（頁 2748），點校本亦誤標。

二年春，以水衡錢為平陵，徙民起第宅。（冊 1／頁 242／行 11）

按：「以水衡錢爲平陵徙民起第宅」應作一句讀，點校本腰斬之，大誤。按
宣帝在位所修乃杜陵，非平陵，平陵乃昭帝之陵。上文云：「本始元年春
正月，募郡國吏民訾百萬以上徙平陵。」（頁 239）而此次以「水衡錢」
爲平陵所徙之民「起第宅」，正如應劭注所謂「言宣帝即位爲異政也」，
乃體恤民生之意，實非重修平陵也。點校本誤標，橫生歧義。

應劭曰：「水衡與少府皆天子私藏耳。縣官公作，當仰給司農，今出水衡
錢，言宣帝即位為異政也。」（冊 1／頁 242／行 12）

按：仰給，景祐本、殿本等皆同，而王本作「仰結」。按「仰結」不辭，當爲
「仰給」形近之誤。點校本暗改底本，未出校改符號與校勘記，失範。

師古曰：「《尚書‧堯典》云：『克明俊德，以親九族。九族既睦，平章百姓。
百姓昭明，協和萬邦。』故詔引之。」（冊 1／頁 246／行 10）

按：克明俊德，景祐本、殿本等皆同，而王本作「克明峻德」。按作「克明俊
德」與今本《尚書》合，於義爲長。點校本徑改底本，未出校改符號與
校勘記，失範。

夏四月，鳳皇集魯郡，羣鳥從之。大赦天下。（冊 1／頁 247／行 9）

按：鳳皇集魯郡，各本皆同王本，獨景祐本無「郡」字。按史書記此「鳳皇

〔註73〕張如元《〈漢書〉標點中的一些問題》，原載《古籍整理出版情況簡報》第 140
期，收入國務院古籍整理出版規劃小組編《古籍點校疑誤彙錄》一書，中華
書局，1989 年第 1 版，第 3 冊，第 273 頁。

集」與「甘露降」等祥瑞之事，皆直書郡（國）、州、縣名或具體地點、處所等，有時於「鳳皇」或「甘露」後綴加數量，但例無於郡（國）、州、縣名後加「郡（國）」、「州」、「縣」等建制名稱後綴的情形，故此「魯（郡國名）」下「郡」字頗爲可疑。又史載兩漢多鳳凰，而最多者，西漢則宣帝之世，東漢則章帝之世。同卷其例甚多，如：「五月，鳳皇集膠東、千乘。」（頁 242）「五月，鳳皇集北海安丘、淳于。」（頁 246）「三月，詔曰：『乃者，鳳皇集泰山、陳留，甘露降未央宮。』」（頁 253）「冬十月，鳳皇十一集杜陵。……十二月，鳳皇集上林。」（頁 264）「詔曰：『乃者鳳皇集新蔡，羣鳥四面行列，皆鄉鳳皇立，以萬數。』」（頁 272）又如卷七云：「冬十月，鳳皇集東海，遣使者祠其處。」（頁 221）卷二十五下云：「上自幸河東之明年正月，鳳皇集祋祤，於所集處得玉寶，起步壽宮，乃下詔赦天下。後間歲，鳳皇神爵甘露降集京師，赦天下。其冬，鳳皇集上林，乃作鳳皇殿，以答嘉瑞。」（頁 1252）皆其證，例多不贅。據此，原文應無「郡」字，蓋涉下「羣」字而衍。點校本失校，當據景祐本刪。

幸萬歲宮，神爵翔集。（冊 1／頁 259／行 12）

按：萬歲宮，景祐本、殿本等皆同，而王本作「萬壽宮」。服虔曰：「萬歲宮在東郡平陽縣，今有津。」晉灼曰：「《黃圖》汾陰有萬歲宮，是時幸河東。」按服、晉二注皆作「萬歲宮」，明二人所見本作「萬歲宮」，不作「萬壽宮」。王本正文與注文不一致。點校本徑改底本，未出校改符號與校勘記，失範。

應劭曰：「天有羽林大將軍之星。林，喻若林木之盛。羽，羽翼鷙擊之意。故以名武官焉。」（冊 1／頁 261／行 7）

按：喻，北監本、殿本同，而王本及景祐本、汪文盛本、汲古閣本等皆作「諭」。《補注》云：「官本『諭』作『喻』，是。」張元濟《校勘記》謂「殿勝宋」。按王、張二家之說未確。古時從言、從口之字常通用，喻、諭二字用於曉諭、比喻、明白等義時完全相通；「諭」字可以替代「喻」字，但「喻」字卻不可替代「諭」字（如「諭」用於文告、指示、詔令、教諭等義項時）。載籍常見，例多不贅。據此，王本等作「諭」乃通假字，未必有誤。點校本暗改底本，失當。

朕之不德，屢獲天福，祗事不怠，其赦天下。（冊1／頁262／行1～2）

按：屢，各本皆同。《補注》引錢大昭曰：「『屢』，《漢書》皆作『婁』，此獨不然，誤。」按錢說雖有理，卻失之拘泥。細檢顏注，凡遇「屢」義之「婁」字，師古必然加注：「婁，古屢字。」而此處師古無注，明師古所見本即作「屢」，不作「婁」。古人用字不規範，常常古今字混用，班固亦當不例外。

卷九　元帝紀第九　8 條

六月，以民疾疫，令大官損膳，減樂府員，省苑馬，以振困乏。（冊1／頁280／行11）

按：大官，北監本、殿本同王本，而景祐本、大德本、汪文盛本、汲古閣本及《通鑑》等皆作「太官」。如上所述，大、太爲古今字，二字古時通用，在無歧義時可以徑改，亦可以不改。但「大官」與「太官」卻有很大差別，此「大官」當指隸屬少府之太官令，職主飲酒，與一般意義上的大官不同。卷八《宣帝紀》本始四年春正月詔曰：「蓋聞農者興德之本也，今歲不登，已遣使者振貸困乏。其令太官損膳省宰，樂府減樂人，使歸就農業。」（頁245）文意與此基本相同，而正作「太官」。又卷五《景帝紀》詔書有「減太官，省繇賦」（頁151）云云，亦其例。點校本前後不統一，援例當改作「太官」，免生歧義。

百姓仍遭凶阸，無以相振，加以煩擾虖苛吏，拘牽乎微文，不得永終性命，朕甚閔焉。（冊1／頁284／行1～2）

按：「拘牽乎微文」之「乎」，北監本、殿本同王本，而景祐本、大德本、汪文盛本、汲古閣本等皆作「虖」。殿本欄內有批語云：「上文對舉，亦作『乎』。」按「虖」同「乎」，但此處上下對舉，自當統作「虖」。點校本失校。

蓋聞唐虞象刑而民不犯，殷周法行而姦軌服。（冊1／頁288／行10）

按：法行，各本皆同。《補注》引宋祁曰：「法行，唐本作『行法』。」按二者義皆可通。但此處上下文對舉，互文見義，「象刑」與「行法」結構同，故以作「行法」於義爲長。

師古曰：「《虞書・咎繇謨》云『慎厥身修思永』，言當慎修其身，思爲長久
之道。故此詔云『慎身修永』也。今流俗書本永上有職字者，後人不曉，
妄加之耳。」（冊1／頁292／行6～7）

按：字，景祐本、殿本等皆同，而王本作「事」。《補注》引錢大昭曰：「『事』，
　　南監、閩本並作『字』。」又云：「官本作『字』，是。」按正文詔文云「慎
　　身修永」，實係化用《尙書》之文，且與其上「勉思天戒」對舉，故作「慎
　　身修職」或「慎身修職事」皆非。點校本徑改底本，未出校改符號與校
　　勘記，失範。

服虔曰：「元帝初置陵，未有名也，故曰初。」（冊1／頁292／行16）

按：此服虔解釋「初陵」之注文，北監本、殿本同，而王本與景祐本、汪文
　　盛本、大德本、汲古閣本等皆作「元帝所置陵也，未有名，故曰初」。點
　　校本改首句「所」字爲「初」字，又移上句「也」字至下句「未有名」
　　後，雖然可通，但未出任何校改符號，不合古籍整理規範，且掩蓋了底
　　本的眞實面貌。按此注文與殿本一致，並非巧合，實爲點校本暗用殿本
　　之明證。

二年春正月，行幸甘泉，郊泰畤。三月，行幸河東，祠后土。益三河〔大〕
郡太守秩。戶十二萬爲大郡。（冊1／頁294／行4～5）

　　校勘記云：「景祐本有『大』字。」（頁300）

按：點校本據景祐本校補「大」字，是，其下「戶十二萬爲大郡」云云，正
　　爲上文而設，若無「大」字，則下文頓成無根之辭矣。按殿本亦有「大」
　　字，而《漢紀》卷二十三、《漢舊儀》卷下、《通典》卷三十三亦載此增
　　秩之事，皆有「大」之，是其證。據此，點校本未詳考，僅據景祐本校
　　改，顯有疏漏。依本書校勘慣例，此條校勘記似應改爲「景祐本、殿本
　　都有『大』字。《漢紀》、《通典》等引同」，否則極易使人誤解爲僅景祐
　　本有「大」字。點校本校勘記類似情況不少。

四年春正月，以誅郅支單于告祠郊廟。赦天下。羣臣上壽置酒，以其圖書
示後宮貴人。（冊1／頁295／行9）

按：點校本標點大誤，「上壽」後當加句號。羣臣僅「上壽」而已，而「置酒」、
　　「以其圖書示後宮貴人」的都是元帝，羣臣沒有這種資格。

少而好儒，及即位，徵用儒生，委之以政，貢、薛、韋、匡迭為宰相。（冊
1／頁298／行14～頁299／行1）

按：上引《元帝紀》贊，出自班彪之手，其「貢、薛、韋、匡迭為宰相」句
　　顏師古注曰：「貢禹、薛廣德、韋賢、匡衡迭互而為丞相也。」（頁299）
　　按此注未確。薛廣德、匡衡二人曾任丞相，而貢禹僅官至御史大夫，
　　並未任丞相，但漢時御史大夫副丞相事，位比丞相；而成帝綏和元年改
　　御史大夫為大司空，與大司馬等皆金印紫綬，比丞相，則三公俱為宰
　　相，故顏注差近之。惟此「韋」指「韋賢」則有誤，當指韋賢之子韋玄
　　成。同書卷七十三《韋賢傳》云：「本始三年，代蔡義為丞相，封扶陽
　　侯，食邑七百戶。時賢七十餘，為相五歲，地節三年，以老病乞骸骨，
　　賜黃金百斤，罷歸，加賜弟一區。丞相致仕自賢始。年八十二薨，諡曰
　　節侯。」（頁3107）又云：「及元帝即位，以玄成為少府，遷太子太傅，
　　至御史大夫。永光中，代于定國為丞相。貶黜十年之間，遂繼父相位，
　　封侯故國，榮當世焉。」（頁3113）據此，可知宣帝本始三年（前71）
　　至地節三年（前67）韋賢曾為相五年；而元帝永光（前43～前39）中韋
　　賢早已作古，此時「繼父相位，封侯故國」者實為韋玄成，顏注誤，殆
　　未深考耳。

卷十　成帝紀第十　9條

孝成皇帝，元帝太子也。母曰王皇后，元帝在太子宮生甲觀畫堂，為世嫡
皇孫。（冊1／頁301／行3）

按：甲觀畫堂，各本同。應劭曰：「甲觀在太子宮甲地，主用乳生也。畫堂畫
　　九子母。」如淳曰：「甲觀，觀名。畫堂，堂名。《三輔黃圖》云太子宮
　　有甲觀。」師古曰：「甲者，甲乙丙丁之次也。《元后傳》言見於丙殿，
　　此其例也。而應氏以為在宮之甲地，謬矣。畫堂，但畫飾耳，豈必九子
　　母乎？霍光止畫室中，是則宮殿中通有彩畫之堂室。」《補注》引周壽昌
　　曰：「蓋漢制多以干支立名，如律令有甲令、乙令、丙令，計簿有甲帳、
　　乙帳，漏刻稱甲夜、乙夜，甲觀可類推，顏注是。」按周說甚是，《後漢
　　書》等史籍載宮中又有「甲舍」、「乙舍」等名稱，可為證。而同書卷九
　　十八《元后傳》云：「甘露三年，生成帝於甲館畫堂，為世適皇孫。」
　　（頁4016）《通鑑》卷二十七引同，是「甲觀」又有「甲館」之稱。吳

恂說：「至如《成紀》之『甲觀』，當依《元后傳》作『甲館』。漢家故事，後宮生子，咸在別館，故有就館之稱。班婕妤賦曰『痛陽祿與柘館兮，仍襁褓而離災』是也。」〔註 74〕按「陽祿」與「柘館」二者皆為館名，吳說有理，點校本失校。又，點校本於如注「甲觀」與「畫堂」標專名線，實非，此「甲（觀）〔館〕」與「畫堂」乃普通場所名，並非專名；而點校本於其它各處均未標專名線，明顯自相矛盾。又，「元帝在太子宮生甲觀畫堂」句，原標點可商，宜於「太子宮」後點斷，否則易生歧義。

上嘗急召，太子出<u>龍樓門</u>，不敢絕馳道，西至<u>直城門</u>，得絕乃度，還入<u>作室門</u>。（冊 1 / 頁 301 / 行 5～6）

按：點校本於「龍樓門」、「作室門」標專名線，非。按二者乃普通場所，與作為都城城門的直城門不一樣。據張晏注，龍樓門因「門樓上有銅龍」而得名，類似於白鶴觀、飛廉觀等天子觀覽校獵及馳逐走馬之所，並非固定的城門，故不當標專名線。又《三輔黃圖》卷六「雜錄」云：「作室，尚方工作之所。」顧炎武《歷代宅京記》卷五引同。據此可知作室門實為尚方工作場所之門，亦非城門名。本書「鈎盾（署）」、「弄田」等場所皆未標專名線，是，「作室門」亦應同樣處理。此二者與上文「甲觀」、「畫堂」非專名正相類似，皆不應加專名線。又，同書卷九十九下《王莽傳》云：「二日己酉，城中少年朱第、張魚等恐見鹵掠，趨讙並和，燒作室門，斧敬法闥，呼曰：『反虜王莽，何不出降？』」（頁 4190）其中之「作室門」未標專名線，甚是。按點校本《漢書》原係出於西北大學歷史系眾人之手，後雖經傅東華先生整理加工，但仍有許多前後不一、互相矛盾之處，於此「作室門」之標點處理亦可見一斑。

師古曰：「孜孜，不怠之意。孜音茲。」（冊 1 / 頁 304 / 行 1）

按：「孜音茲」之「孜」，各本皆同，而王本作「致」。按此乃顏注訓釋「孜孜」二字，與「致」無涉，王本明顯誤刻。點校本徑改底本，未出校改符號與校勘記，失範。

師古曰：「掖門在兩傍，言如人臂掖也。」（冊 1 / 頁 307 / 行 4）

〔註 74〕吳恂《漢書注商》，上海古籍出版社，1983 年第 1 版，第 34 頁。

按：臂披，景祐本、殿本等同，而王本作「背披」。按「背披」不辭，王本明
顯誤刻。點校本徑改底本，未出校改符號與校勘記，失範。

三年春三月壬戌，隕石東郡，八。（冊 1／頁 314／行 1）

按：三月，各本皆同底本。據陳垣《二十史朔閏表》等載，本年三月丙寅朔，
無壬戌。同書卷二十七下《五行志》云：「陽朔三年二月壬戌，隕石白馬，
八。」（頁 1521）顏師古注謂白馬為「東郡之縣名」，則二者所述實為同
一事。點校本失校。

其罷昌陵，及故陵勿徙吏民，令天下毋有動搖之心。（冊 1／頁 320／行 4
～5）

按：「及故陵勿徙吏民」，語焉不詳。《補注》引陳景雲曰：「『及』當作『反』。
先是劉向諫昌陵事有『還復故陵』之請，而次年詔言『侍中衛尉長數白
宜早止，徙家反故處』，故處即故陵也。反故陵，謂仍還渭城延陵。」又
王益之《西漢年紀》卷二十六《考異》云：「今見行本、監本皆作『罷昌
陵，及故陵勿徙吏民』，唯汪彥章用南唐本校證，作『反故陵』，義最深
長，今從之。」〔註 75〕按陳、王二家之說甚是。同書卷七十《陳湯傳》
云：「初，湯與將作大匠解萬年相善。自元帝時，渭陵不復徙民起邑。成
帝起初陵，數年後，樂霸陵曲亭南，更營之。……果起昌陵邑，後徙內
郡國民。萬年自詭三年可成，後卒不就，羣臣多言其不便者。下有司議，
皆曰：『昌陵因卑為高，積土為山，……宜還復故陵，勿徙民。』上乃下
詔罷昌陵，語在《成紀》。」（頁 3024～3025）此傳與紀同記一事，詳略
互見，是其證。點校本不採《補注》之說，仍作「及」，失校；應校改為
「反」，並於「故陵」後點斷，文意始暢。

夏四月，立廣陵孝王子守為王。（冊 1／頁 327／行 1）

按：守，殿本等及《通鑒》皆同王本，景祐本作「宇」，《漢紀》作「憲」。
《補注》引宋祁曰：「『子守為王』，景德本、史館本、唐本並作『子宇為
王』。」《通鑒考異》及《西漢年紀·考異》並謂作「守」是，《漢紀》
誤。而張元濟《校勘記》則稱景祐本與宋祁說暗合。按宋祁（998～1061）

〔註 75〕王益之《西漢年紀》，王根林點校，中州古籍出版社，1993 年第 1 版，第 550
頁。

所見本與景祐本同作「宇」，司馬光（1019～1086）所見本則作「守」，蓋二字相混已久。而同書表、傳均作「守」，並無異文，故仍以作「守」爲是。

封中山王舅諫大夫馮參爲宜鄉侯，益中山國三萬戶，以慰其意。（冊 1／頁 328／行 5～6）

按：宜鄉侯，景祐本、殿本等同，而王本作「宜卿侯」。《補注》引錢大昭曰：「卿當作鄉。」按錢說是，同書卷八十《宣元六王傳》、卷九十七下《外戚傳》等皆作「宜鄉侯」，見此「卿」乃「鄉」形近之誤。點校本徑改底本，未出校改符號與校勘記，失範。

丙戌，帝崩于未央宮。皇太后詔有司復長安南北郊。四月己卯，葬延陵。（冊 1／頁 330／行 1）

按：此記成帝崩、葬時日干支，各本皆同，而與《漢紀》有出入。《漢紀》卷二十七《孝成皇帝紀》云：「三月丙午，帝崩於未央宮。……夏四月己卯，皇帝葬延陵。自崩及葬三十四日。延陵在扶風，去長安六十二里。」〔註76〕顏注引臣瓚曰：「自崩至葬凡五十四日。延陵在扶風，去長安六十二里。」（頁 330）臣瓚注蓋即本之《荀紀》。兩相比較，二者所記葬日同，而崩日及自崩至葬計數則不一致。《西漢年紀·考異》謂當是《荀紀》誤，而楊樹達《窺管》據《荀紀》「自崩及葬三十四日」，謂「己卯」當爲「己未」〔註77〕。按楊說未確。據陳垣《二十史朔閏表》等載，綏和二年三月己巳朔，無丙午，丙戌爲是月十八日；四月己亥朔，無「己卯」，是月初八爲丙午，二十一日爲己未；五月戊辰朔，是月十二日爲己卯。可知上文「四月己卯」與「三月丙午」皆有誤。若以三月丙戌至五月己卯計，則與臣瓚注所云「五十四日」相合；若以四月丙午至五月己卯計，則又合於《漢紀》「三十四日」之數。而《漢紀》所記崩、葬日干支皆誤，則其「三十四日」之計數亦未必可信。故此「四月己卯」當爲「五月己卯」之誤，而《漢紀》「三月丙午」當爲「四月丙午」之誤，「三十四」爲「五十四」之誤。點校本失校。

〔註76〕《兩漢紀》，張烈點校，中華書局，2002 年第 1 版，上冊，第 480～481 頁。
〔註77〕楊樹達《漢書窺管》，上海古籍出版社，1984 年第 1 版，第 88 頁。

卷十一 哀帝紀第十一 4條

師古曰：「《大雅・假樂》之詩曰『干祿百福，子孫千億』。言成王宜眾宜人，天所保祐，求得福祿，故子孫眾多也。十萬曰億。故此謝書引以為言。」（冊1／頁334／行12～13）

按：「天所保祐」之「祐」，景祐本、殿本等與王本皆作「佑」。按祐、佑二字通用，載籍多混用，無煩改字。點校本暗改底本，非，且不合古籍整理規範。又，此處正文作「宜蒙福祐子孫千億之報」，注文亦有可能涉上誤排。

詔曰：「漢興二百載，曆數開元。皇天降非材之佑，漢國再獲受命之符，朕之不德，曷敢不通！夫基事之元命，必與天下自新，其大赦天下。以建平二年為太初元將元年。號曰陳聖劉太平皇帝。漏刻以百二十為度。」（冊1／頁340／行2～5）

按：此詔文又見同書卷七十五《李尋傳》（頁3193），較此為詳，可參校。兩相比勘，發現異文3處，標點處理失當3處，誤校1處。如「曆數」作「曆紀」，「佑」作「右」，「基事」作「受天」。按此3處異文，「佑」、「右」二字可通，「曆數」與「曆紀」、「基事」與「受天」二者皆義近，並無訛文。標點處理失當者，如「自新」後逗號與「天下」後句號二者互易，當以傳為是；「漢國」二字，《李尋傳》連標專名線，此紀則僅在「漢」字下標專名線，不統一，按全書「漢國」二字多連標，此誤；「曷敢不通！夫基事之元命」，《李尋傳》作「曷敢不通夫受天之元命」一句連讀，是，此處「不通」後感歎號當去掉。又，「太初元將」，汲古閣本、大德本等皆同王本，景祐本、殿本則較王本少「元將」二字。按「太初」為武帝年號，「太初元將」為哀帝年號，二者截然不同；此紀及《李尋傳》皆記哀帝時事，應作「太初元將」無疑，「元將」二字不可少，點校本於此紀未作校改，是；而於《李尋傳》卻據景、殿二本刪去「元將」二字，前後不一，自相矛盾。

八月，詔曰：「（時）〔待〕詔夏賀良等建言改元易號，增益漏刻，可以永安國家。朕過聽賀良等言，冀為海內獲福，卒亡嘉應。皆違經背古，不合時宜。六月甲子制書，非赦令也，皆蠲除之。賀良等反道惑眾，下有司。」

皆伏辜。（冊 1 ／頁 340 ／行 14～16）

　　校勘記云：「錢大昭說『時』當作『待』。按景祐、殿、局本都作『待』。」

按：點校本據景祐本、殿本等將「時」校改爲「待」，是，上文及《李尋傳》
　　均作「待詔夏賀良」，皆其證。又《李尋傳》敍此云：「上以其言亡驗，
　　遂下賀良等吏，而下詔曰：『朕獲保宗廟，爲政不德，變異屢仍，恐懼戰
　　慄，未知所繇。待詔賀良等建言改元易號，增益漏刻，可以永安國家。
　　朕信道不篤，過聽其言，幾爲百姓獲福。卒無嘉應，久旱爲災。以問賀
　　良等，對當復改制度，皆背經誼，違聖製，不合時宜。夫過而不改，是
　　爲過矣。六月甲子詔書，非赦令也，皆蠲除之。賀良等反道惑眾，奸態
　　當窮竟。』皆下獄，光祿勳平當、光祿大夫毛莫如與御史中丞、廷尉雜
　　治，當賀良等執左道，亂朝政，傾覆國家，誣罔主上，不道。賀良等皆
　　伏誅。尋及解光減死一等，徙敦煌郡。」兩相比較，敍事有乖。細玩文
　　意，紀文「下有司」三字似非詔書中語，當移至引號外。點校本失察，
　　以致自相矛盾。

六月戊午，帝崩于未央宮。秋九月壬寅，葬義陵。（冊 1 ／頁 344 ／行 12）

按：此記哀帝崩、葬時日干支，各本皆同，而與《漢紀》有出入。臣瓚曰：「自
　　崩至葬凡百五日。義陵在扶風，去長安四十六里。」《漢紀》卷二十九《孝
　　哀皇帝紀》云：「六月戊午，帝崩於未央宮。……九月壬辰，皇帝葬義陵。」
　　〔註78〕兩相比較，二者所記葬日同，而崩日則異。楊樹達《窺管》據《荀
　　紀》，謂「九月蓋八月之誤」。按元壽二年六月癸巳朔，戊午爲是月二十
　　六日；九月辛酉朔，無「壬寅」，亦無「壬辰」。是年八月壬辰朔；而八
　　月與十月皆有「壬寅」，分別爲八月十一日與十月十二日。若以六月戊午
　　至十月壬寅計，凡 105 天，恰與臣瓚注所云「自崩至葬凡百五日」暗合，
　　故此「九月」當爲「十月」之誤。楊樹達《漢代婚喪禮俗考》一書第二
　　章「喪葬」第七節引此作「冬十月壬寅葬義陵」〔註79〕。按此書較《窺
　　管》面世早 20 餘年，蓋其時楊先生尙以「九月」爲「十月」之誤，不知
　　何故此後又另造新說？

───────────────

〔註78〕《兩漢紀》，張烈點校，中華書局，2002 年第 1 版，上冊，第 516 頁。
〔註79〕楊樹達《漢代婚喪禮俗考》，王子今導讀，上海古籍出版社，2000 年第 1 版，
　　　　第 93 頁。

卷十二　平帝紀第十二　6 條

及選舉者，其歷職更事有名之士，則以為難保，廢而弗舉，甚謬於赦小過舉賢材之義。對諸有臧及內惡未發而薦舉者，皆勿案驗。（冊1／頁348／行3～5）

按：「對諸有臧」之「對」字，王本及諸本皆無，實為衍文，應刪。究其致誤之因，蓋整理者抄錄時誤涉注文而添，並非排版之誤。按底本「甚謬於赦小過舉賢材之義」下原有顏師古注曰：「《論語》云仲弓問政，孔子對曰『赦小過，舉賢材』，故此詔引之。」其下緊接王先謙補注云：「先謙曰：官本無『對』字。」王先謙之意本是指出殿本無顏注「孔子對曰」之「對」字，而整理者失察，誤將注文中的「對」字抄入《漢書》正文。如此「移花接木」，令人啼笑皆非！點校本影響至巨，後出各本皆本之，如《漢書注譯》、《漢書新注》等亦皆有「對」字，可見貽害之深。

其明敕百寮，婦女非身犯法，及男子年八十以上七歲以下，家非坐不道，詔所名捕，它皆無得繫。（冊1／頁356／行6～7）

按：百寮，景祐本、殿本等同，而汲古閣本與王本作「百僚」。按「寮」同「僚」，王本不誤，無煩改字。點校本暗改底本，失當。

應劭曰：「……上帝謂五時帝太昊之屬。黃帝曰合宮，有虞曰總章，殷曰陽館，周曰明堂。」（冊1／頁357／行12）

按：五時，王本及景祐本、殿本等皆誤刻作「五時」。點校本徑改底本，未出校改符號與校勘記，失範。

如淳曰：「律，諸當乘傳及發駕置傳者，皆持尺五寸木傳信，封以御史大夫印章。其乘傳參封之。參，三也。有期會累封兩端，端各兩封，凡四封也。乘置馳傳五封也，兩端各二，中央一也。軺傳兩馬再封之，一馬一封也。」（冊1／頁359／行16～頁360／行1）

按：「乘置馳傳五封也」之「也」，北監本、汪文盛本、汲古閣本、殿本皆同王本，而景祐本、大德本作「之」。細玩文意，作「之」於義為長。按如淳注自「其乘傳」至注末實為四個層次，今重新校理、標點如下：「其乘傳參封之，參，三也；有期會累封兩端，端各兩封，凡四封也；乘置

馳傳五封（也）〔之〕，兩端各二，中央一也；軺傳兩馬再封之，一馬一封也。」如此標點，文義順暢。四個層次皆以「也」字煞句，中間除第二層次未用「之」字外，一、四兩個層次皆用「之」字停頓；而第三層次句式相同，援例亦當用「之」字停頓。《兩漢博聞》卷二「一封軺傳」條引此正作「之」〔註80〕，可爲旁證。點校本失校，可據景祐本等校改。

冬十二月丙午，帝崩于未央宮。（冊1／頁360／行4）

按：此記平帝崩日干支，各本皆同王本，而《漢紀》卷三十《孝平皇帝紀》記作「丙子」。按是年十二月辛酉朔，無「丙午」，丙子爲是月十六日。顏師古注引《漢注》云：「帝春秋益壯，以母衛太后故怨不悅。莽自知益疏，篡殺之謀由是生，因到臘日上椒酒，置藥酒中。故翟義移書云『莽鴆弑孝平皇帝』。」若《漢注》所記可信，則平帝當崩於臘日後。楊樹達《窺管》謂「是年十一月丙申多至，則十二月二日壬戌即臘日。《荀紀》以爲丙子崩，則臘後十四日也」〔註81〕，所說有理，可從。點校本失校。

師古曰：「《大雅・文王有聲》之詩曰：『自（東）〔西〕自（西）〔東〕，自南自北，亡思不服。』言武王於鎬京行辟雍之禮，自四方來觀者皆感其德化，心無不歸服。故此贊引之。」（冊1／頁360／行15～頁361／行1）

按：顏師古注引《詩經》之「亡思不服」，殿本同，而景祐本、王本等皆作「無思不服」。按無、亡二字古通用，而阮刻《十三經注疏》本即作「無」，見此王本等並不誤。點校本暗改底本，失當。

卷三十一　陳勝項籍傳第一　9條

勝乃立爲王，號（爲）張楚。（冊7／頁1788／行2）

　　校勘記云：「景祐、殿本都無『爲』字。」

按：《補注》引錢大昭曰：「閩本『號』下無『爲』字。」知閩本與景祐本、殿本合，而王本與汲古閣本、汪文盛本、大德本等皆有「爲」字。按《史

〔註80〕楊侃《兩漢博聞》，車承瑞點校，黑龍江人民出版社，1990年第1版，第98頁。

〔註81〕楊樹達《漢書窺管》，上海古籍出版社，1984年第1版，第96頁。

記》卷四十八《陳涉世家》敘此亦有「爲」字，文意清楚，並無錯誤，故點校本刪「爲」字可商，張烈《商榷》亦說「爲」字不可省。

章邯又進擊陳西張賀軍。勝出臨戰，軍破，張賀死。（冊 7 / 頁 1793 / 行 7）

按：臨戰，各本同，而《史記》作「監戰」。王先謙說「《史記》『臨』作『監』於義爲長，疑字形相近而誤」。細玩文意，臨戰爲督戰、參戰之義，「臨」亦「監」也，故原文未必有誤。考《補注》引錢大昭曰：「閩本『軍』下有『敗』字。」蓋張賀軍先敗歸，陳勝乃親自「臨戰」，後軍破，張賀戰死。點校本未從王說校改，較爲審愼。

晉灼曰：「《漢儀注》令（史）〔吏〕曰令史，丞（史）〔吏〕曰丞史。」（冊 7 / 頁 1798 / 行 8）

校勘記云：「據《史記集解》改。」

按：點校本據《史記集解》改晉注上兩「史」字爲「吏」，是。吳恂說：「《漢儀注》曰：『更令吏曰令史，丞吏曰丞史，尉吏曰尉史。』據此，晉注引《漢儀注》下脫一『更』字，上兩『史』字，乃『吏』字之誤。」〔註82〕按核之《漢官六種》本，吳氏所引「尉史」下尚有「捕盜賊得捕格」句，知晉注乃節引《漢儀注》之文，故無所謂脫文，但有「更」字則語意明白無誤，吳說可參。

孟康曰：「半，五升器名也。」（冊 7 / 頁 1803 / 行 14）

按：升，各本同，而王本作「斗」。《補注》云：「《史記》作『芊菽』。《集解》引徐廣云：『芊，一作半。半，五升器也。』《索隱》引王劭云：『半，量器名，容五升也。』是半本器名。……孟注『斗』字乃『升』之訛。」按王說是。點校本徑改底本，未出校改符號與校勘記，失範。

於是韓生說羽曰：「關中阻山帶河，四塞之地，肥饒，可都以伯。」（冊 7 / 頁 1808 / 行 9）

按：敦煌殘卷《項羽傳》抄本（伯5009）無「帶」、「之」二字，而各本皆有。按《史記》卷七《項羽本紀》敘此云：「人或說項王曰：『關中阻山河四

〔註82〕吳恂《漢書注商》，上海古籍出版社，1983 年第 1 版，第 72 頁。

塞，地肥饒，可都以霸。』」〔註83〕與殘卷暗合。按載籍屢見「阻山帶河」
或「阻山河」之文，故二者義皆可通。但《史記》以「地肥饒」連讀，
說明關中除了「阻山河四塞」的險要地形外，又加土地肥沃的優越條件，
因此「可都以霸」，語意完足，於義爲長，故殘卷似可從。

陳餘使張同、夏說說齊王榮，曰：「項王爲天下宰不平，今盡王故王於醜
地，而王羣臣諸將善地，逐其故主趙王，乃北居代，餘以爲不可。」（冊7
/頁1811/行9～10）

按：上文標點有誤。依原標點，文有歧義，且與史實不合。當於「宰」字後
點斷，「不平」單獨爲句。陳餘原意是說項王主持天下大局而行事不公
平，並非說項王主管天下不平之事。又，「故主」後當點斷，「趙王」屬
下與「乃北居代」連讀，文意始暢。按項羽所逐「故主」實非趙王歇一
人，原六國之後多在內；而陳餘替趙王歇抱不平，故欲向齊王榮借兵收
復趙地，下文「使擊常山，以復趙王」、「陳餘迎故趙王歇反之趙，趙王
因立餘爲代王」云云，皆可證。點校本《史記》於此標點不誤。

四年，羽擊陳留、外黃，外黃不下。數日降，羽悉令男子年十五以上詣城
東，欲阬之。（冊7/頁1815/行1）

按：外黃不下，王本與殿本、北監本、汲古閣本等皆同，而景祐本、汪文盛
本、大德本無此「外黃」二字。《補注》引錢大昭曰：「閩本不重『外黃』
二字。」可知閩本與景祐本等合。按《史記》敘此亦重「外黃」二字。
細玩上下文意，知項羽大軍一到便「下」陳留，而外黃守城軍民則堅持
「數日」後方降，故項羽怒而「欲阬之」。據此，原文當重「外黃」二字，
景祐本等誤脫。點校本未據錢說及景祐本等刪二字，甚是。

於是羽遂上馬，戲下騎從者八百餘人，夜直潰圍南出馳。平明，漢軍乃覺
之，令騎將灌嬰以五千騎追羽。（冊7/頁1818/行2～3）

按：夜直，各本同，而《史記》作「直夜」，《漢紀》卷三、《通鑒》卷十一、
《御覽》卷八十七引亦皆作「直夜」。按作「夜直」義晦，當以《史記》
作「直夜」義勝。直，當也，意謂項羽乘著夜色突圍而出，「直夜」與下
文「平明」呼應，是其證。點校本失校，當據《史記》乙正。

〔註83〕《史記》，中華書局，1982年第2版，第315頁。

秦人開關延敵，九國之師遁巡而不敢進。（冊 7 / 頁 1822 / 行 1）

按：遁巡，各本同。師古曰：「遁巡，謂疑懼而卻退也。遁音千旬反。流俗書
　　本『巡』字誤作『逃』，讀者因之而為遁逃之義。潘岳《西征賦》云『逃
　　遁以奔竄』，斯亦誤矣。」《補注》引沈欽韓云：「《新書》作『逡遁』是
　　也。遁、巡、循皆一字。《鄉射禮》『賓少退』鄭注：『少逡遁。』《釋言》：
　　『逡，退也。』郭注：『逡巡，卻去也。』《管子‧戒篇》亦作『逡遁』，
　　《晏子‧問篇》作『逡循』，《莊子‧至樂篇》『蹲循而爭』，無作『遁巡』
　　者，師古所妄改也。」又張文虎《校刊史記集解索隱正義札記》卷一「逡
　　巡遁逃」條按語云：「《周禮‧司士注》『士皆逡遁』，《鄭固碑》『逡遁退
　　讓』，『逡遁』即『逡巡』之異文。疑本文或作『巡』，或作『遁』，後人
　　兩存之，讀者不察，又增『逃』字於下耳。世家、《文選》作『遁逃』，《漢
　　書》作『遁巡』，疑皆傳寫誤，師古遂音『遁』為『千旬反』，《集韻》收
　　入『逡』字下，恐未必然。」〔註84〕按沈氏謂「遁巡」當依《新書》作
　　「逡遁」，張氏疑「遁巡」乃傳寫之誤，所言甚是；而沈氏謂「遁巡」為
　　師古所妄改，蓋偶失檢耳。事實上，顏師古對此誤文早有匡正，今本《漢
　　書》作「遁巡」係後人傳抄顏注時所誤改，且訛誤已久。考顏師古別有
　　《匡謬正俗》一書，其中卷五《漢書》下專列有「逡遁」條，引此文正
　　作「逡遁」〔註85〕，不作「遁巡」。顏氏云：『『遁』者，蓋取『盾』之聲；
　　以為『巡』字，當音詳遵反。此言九國地廣兵強，相率而西，仰形勝之
　　地，訴函谷之關，欲攻秦室；秦人恃其險固，無拒敵之心，不加拒閉，
　　開關而待。然九國畏慄，自度無功，持疑不進，坐致敗散耳。後之學者，
　　既不知『遁』為『巡』字，遂改為『遁逃』，因就釋云：『九國之初見秦
　　人閉關，謂其可勝，所以率兵來攻。忽見秦人開關，各懷恐懼，遂即奔
　　走。』若見秦開關，遁逃而走，則應大被追躡，覆軍殺將，豈得但言『不
　　敢進』而已乎？潘安仁《西征賦》云『逃遁以奔竄』，斯已誤矣。且本書
　　好者，今猶為『逡遁』，不作『遁逃』也。」按《匡謬正俗》成書早於《漢
　　書注》，顏氏注《漢書》時多節引之。兩相比較，上引顏注即本之，而師
　　古彼處早已明言「本書好者今猶為『逡遁』」，知其所見善本尚作「逡遁」

〔註84〕張文虎《校刊史記集解索隱正義札記》，中華書局，1977 年第 1 版，第 78 頁。
〔註85〕顏師古《匡謬正俗》，影印《四庫全書》文淵閣本，上海古籍出版社，1987
　　　　年版。

不誤；以顏校顏，可知此處顏注亦當作「逡遁」無疑。按此論贊乃截取賈誼《過秦論》之文而成，今賈誼《新書》世傳善本正作「逡遁」，是其證。方向東《賈誼集彙校集解》引盧文弨曰：「『遁』與『巡』同，建本尚不誤，潭本則從《始皇本紀》訛本作『逡巡遁逃』。案《陳涉世家》但作『遁逃』，亦誤。」〔註86〕所言甚是。按「逡遁」乃疊韻連綿詞，亦寫作「逡巡」、「逡循」，但不可寫作「遁巡」；而作「遁逃」、「逃遁」或「逡巡遁逃」皆非，點校本失校。遍檢秦漢典籍，屢見「逡遁」、「逡巡」、「逡循」用例；而「遁巡」僅此 1 見，故十分可疑。本書卷七十一《雋疏于薛平彭傳》贊云：「薛廣德保縣車之榮，平當逡遁有恥，彭宣見險而止，異乎『苟患失之』者矣。」（頁 3053）師古注曰：「遁，讀與巡同。」故於後文注中亦引作「逡巡」（頁 4260），明二者乃同詞異構。又卷五十七上《司馬相如傳》云：「於是二子愀然改容，超若自失，逡巡避席……」（頁 2575）卷九十二《萬章傳》：「章逡循甚懼。其後京兆不復從也。」（頁 3705）卷九十七下《外戚傳》云：「時議郎耿育上疏言：『……然大伯見歷知適，逡循固讓，委身吳粵……』」（頁 3996）卷一百《敘傳下》云：「不疑膚敏，應變當理，辭霍不婚，逡遁致仕。」（頁 4260）皆其例。劉保明《〈漢書〉「遁巡」校正》一文〔註87〕於此亦有說，稱此「遁巡」爲「逡遁」之誤，而顏注「遁音千旬反」乃「逡音千旬反」之訛，皆爲後人傳抄所致。按劉文羅列秦漢典籍眾多用例，結合古代辭書所載注音，證成其說，可參，文繁不錄。

卷三十二　張耳陳餘傳第二　4 條

耳、餘復說陳王曰：「大王興梁、楚，務在入關，未及收河北也。臣嘗遊趙，知其豪桀，願請奇兵略趙地。」（冊 7／頁 1831／行 4～5）

按：興，各本同，而《史記》卷八十九《陳餘張耳列傳》敘此作「舉」。按二者義皆可通，但細玩文意，謂陳勝興楚則有徵，興梁則未必；陳勝攻佔梁、楚，向西進發，目的在直入關中，故當以作「舉」義勝，「興」字或爲「舉」字形近之誤。

〔註86〕方向東《賈誼集彙校集解》，河海大學出版社，2000 年第 2 版，第 8 頁。

〔註87〕劉保明《〈漢書〉「遁巡」校正》，載《晉中師專學報》，1991 年第 2 期，第 76～82 頁。

又按：豪桀，景祐本、殿本等同，而王本與汲古閣本等作「豪傑」。《補注》
　　云：「官本『傑』皆作『桀』。」如前所說，「桀」、「傑」乃古今字，書
　　中二字常常混用，故王本不誤，無煩改字。點校本徑改底本，失當。
　　下文「豪桀皆然其言」與此例同。點校本於本紀部分改「桀」為「傑」
　　（頁 317），又於此處改「傑」為「桀」，前後處理不一。

師古曰：「言張建大楚之國，而王於陳也。」（冊 7／頁 1832／行 11）
按：也，北監本、殿本同，而王本與景祐本、汲古閣本、汪文盛本等皆作「地」。
　　《補注》云：「官本注『地』作『也』。」知王先謙僅錄殿本異文而未下
　　斷語。事實上，王本等作「陳地」並不誤，點校本徑改底本，失當。此
　　亦點校本暗用殿本之明證。

七年，高祖從平城過趙。趙王旦暮自上食，體甚卑，有子壻禮。高祖箕踞
罵詈，甚慢之。（冊 7／頁 1839／行 14）
按：體，各本同，而《史記》敘此作「禮」。按體、禮二字形近易訛，或謂此
　　「體」乃「禮」之誤，實非。若作「禮甚卑」，則與「有子壻禮」句語意
　　重複，故班固改「禮」為「體」未必有誤。《通鑒》卷十一敘此作「趙王
　　敖執子壻禮甚卑」，僅用一「禮」字，蓋亦為避《史記》兩「禮」字重複
　　之嫌。

孝文即位，復封故魯王偃為南宮侯。薨，子生嗣。（冊 7／頁 1843／行 2～
3）
按：生，各本同，而卷十六《高惠高后文功臣表》作「王」（頁 596）。按《史
　　記》卷十八《高祖功臣侯者年表》敘此同作「生」〔註 88〕，而此傳下文
　　亦作「生」，當是表誤。

卷三十三　魏豹田儋韓〔王〕信傳第三　4 條

項羽已破秦兵，降章邯，豹下魏二十餘城，立為魏王。（冊 7／頁 1846／行
5）
按：己，各本皆作「已」。據文意，當作「已」。點校本誤排，簡體字本同
　　誤。

〔註 88〕《史記》，中華書局，1982 年第 2 版，第 950 頁。

榮以負項梁，不肯助楚攻秦，故不得王。（冊 7／頁 1849／行 2）

按：楚，景祐本、殿本等同，而王本及汲古閣本等作「漢」。《補注》引王先
　　愼曰：「『漢』當作『楚』。齊不出兵，章邯果殺項梁，破楚兵，是不肯助
　　楚，非不肯助漢也。《史記》作『不肯助楚、趙攻秦』，『楚』字是，而
　　『趙』字亦誤。」按王說有理。點校本徑改底本，未出校改符號與校勘
　　記，失範。

陛下在雒陽，今斬吾頭，馳三十里間，形容尚未能敗，猶可知也。（冊 7／
頁 1851／行 15）

按：知，各本同。《補注》引錢大昭曰：「閩本『知』作『觀』。」又云：「先
　　謙曰：閩本是，《史記》作『觀』。」按王說有理，《通鑒》卷十一敘此亦
　　作「觀」，是其證。細玩文意，班固改「觀」爲「知」，雖亦可通，但不
　　如《史記》作「觀」義勝。田橫令使者斬其頭後急「馳三十里」，正欲乘
　　其「形容尚未能敗」而使高祖「觀」而知之也。點校本失校。

今王以敗亡走胡，非有大罪，急自歸。（冊 7／頁 1855／行 15）

按：以，景祐本、殿本等同，而王本與汲古閣本等作「已」。王先謙說：「『已』
　　即『以』也。《史記》作『以』。」按以、已二字通用，王本未必誤。點
　　校本徑改底本，失當。

卷三十四　韓彭英盧吳傳第四　18 條

漢王以爲治粟都尉，上未奇之也。（冊 7／頁 1862／行 10）

按：未奇之，各本同，而《史記》卷九十二《淮陰侯列傳》作「未之奇」。按
　　《通鑒》卷九敘此亦作「未之奇」。史籍中屢見「未之奇」句式，乃否定
　　句中賓語前置的慣用形式，而「未奇之」僅此 1 見。細玩文意，此處作
　　「未奇之」雖亦可通，但仍不如《史記》義勝，疑爲後人傳抄時誤乙。

漢王舉兵東出陳倉，定三秦。二年，出關，收魏、河南，韓、殷王皆降。
令齊、趙共擊楚彭城，漢兵敗散而還。（冊 7／頁 1866／行 7～8）

按：「令齊、趙共擊楚彭城」句，各本同。《補注》引王念孫曰：「令，當依
　　《史記》作『合』，謂漢與齊、趙合而共擊楚也。」又引王益之《西漢年
　　紀·考異》云：「楚方擊齊於城陽，齊安得助漢入彭城？意『齊』字後人

妄加耳。」又云：「先謙案：《史記》作『合齊、趙共擊楚，四月至彭城，漢兵敗散』，各為一事，未嘗不合；若擊楚彭城，則齊不與，是班氏改並《史記》偶未及檢處。」按考之史實，此處必有訛誤。若「令」字為「合」形近之誤，則其下「彭城」二字當衍，而「漢兵敗散而還」句亦無根，王念孫說未確。史載漢王二年「劫五諸侯兵」，遂有楚漢彭城之戰。按「五諸侯」之說，據顏注及《補注》所引凡 9 說，此外又有梁玉繩、趙紹祖等不同說法。上文所載魏、河南、韓、殷四者皆無疑；齊嘗與漢共抗楚，卻未助漢入彭城，故齊當不在「五諸侯」之列。其時常山王張耳兵敗歸漢，手下無兵，亦非「五諸侯」之一；而是時陳餘遣兵助漢，兼「趙」為「五」耳。據此，則此「齊」字當為衍文，王益之說是。點校本失校。

塞王欣、翟王翳亡漢降楚，齊、趙、魏亦皆反，與楚和。（冊 7 / 頁 1866 / 行 10）

按：王先謙說：「齊未嘗與楚和，此及《史記》並衍『齊』字。又《史記》作『欲反漢與楚和』，此時諸侯皆反漢而與楚，非但『欲反』也。此班氏刪正。」考之史實，王說是，點校本未採，失校。

魏盛兵蒲坂，塞臨晉。（冊 7 / 頁 1866 / 行 12）

按：坂，北監本、殿本同，而景祐本、汲古閣本、大德本等皆同王本作「反」。按蒲坂屬河東縣，或作「蒲反」，蓋借同音字為之，載籍屢見其例，王本等未必誤。點校本徑改底本，失當。

信使間人窺知其不用，還報，則大喜，乃敢引兵遂下。（冊 7 / 頁 1868 / 行 8）

按：原文多處承前省略主語，點校本標點有歧義，「還報」者非韓信，當於「窺」下點斷，文意始暢。

於是用廣武君策，發使燕，燕從風而靡。（冊 7 / 頁 1871 / 行 8）

按：發使燕，各本同，而《史記》卷九十二、《漢紀》卷二、《通鑒》卷十敘此皆作「發使使燕」。按多一「使」字，語意完足，此處蓋誤脫一字。上文成安君策有「然後發一乘之使，奉咫尺之書，以使燕，燕必不敢不聽」

云云，此既用其策，當作「發使使燕」無疑。點校本失校。

師古曰：「百里奚，本虞臣也。後事於秦，遂為大夫，穆公用其言，以取霸。」（冊 7／頁 1871／行 12）

按：事，殿本同，而景祐本、汲古閣本等皆同王本作「仕」，張元濟《校勘記》失校。據文意，此處作「事」或「仕」均可通，王本不誤。點校本徑改底本，失當。此亦暗用殿本之明證。

師古曰：「八寸曰咫。咫尺者，言其簡牘或長咫，或長尺，喻輕率也。今俗言尺書，或言尺牘，蓋其遺語耳。」（冊 7／頁 1872／行 5）

按：或長尺，景祐本、殿本等同，而王本作「或短尺」。據文意，此處當作「或長尺」，王本蓋誤刻。點校本徑改底本，未出校改符號與校勘記，失範。

漢王奪兩人軍，即令張耳備守趙地，拜信為相國，發趙兵未發者擊齊。（冊 7／頁 1872／行 9～10）

按：兩人軍，北監本、殿本、汲古閣本等皆同王本，而景祐本「軍」下多一「印」字，大德本「軍」下有空格。《補注》引宋祁曰：「學官、景德本作『兩人軍印』，浙本無『印』字。」據此，景祐本與宋祁所見學官本、景德本合，王本與浙本合，蓋早有訛誤。上文云漢王「晨自稱漢使，馳入壁。張耳、韓信未起，即其臥，奪其印符，麾召諸將易置之」，知漢王不僅「奪其印符」，而且以印符「麾召諸將易置之」，明顯控制了韓、張二人之軍隊，亦即「奪兩人軍」。若下文作「奪兩人軍印」，則與上文事實不符，且語意有重複之嫌，故此處當無「印」字，景祐本非。究其致誤之因，蓋涉上「印符」而誤加，或涉下「即」字形近之訛。《史記》卷九十二《淮陰侯列傳》敘此亦無「印」字，是其證。

漢兵遠鬬，窮寇〔久〕戰，鋒不可當也。（冊 7／頁 1873／行 2）

校勘記云：「宋祁說一本『戰』上有『久』字。按景祐本有。」

按：點校本據景祐本校補「久」字，可商。據張元濟《校勘記》，各本均無「久」字，獨景祐本有；又，大德本「寇」下有空格，汪文盛本無「寇」字。《補注》引錢大昭曰：「閩本『戰』作『其』。」按《史記》卷九十二《淮陰

侯列傳》敍此作「漢兵遠鬬窮戰，其鋒不可當也」〔註89〕，亦無「寇」、「久」二字，《通鑑》卷十亦同。張烈《商榷》一文說此處加「久」字妨害原意，所言有理。窮寇不可能久戰，故欲避其鋒也。又「窮寇戰」不辭，故當作「窮寇」或「窮戰」。蓋班固改《史記》「窮戰」二字爲「窮寇」，意謂漢兵乃遠來決鬬之窮寇，文意明白無誤；而後人不曉，先據《史記》加「戰」字；繼而又以「窮寇戰」不辭，或刪「寇」字，或復增「久」字，遂致刻本相亂，以訛傳訛，失卻原貌。閩本與《史記》暗合，或另有所本。

漢王之敗固陵，用張良計，徵信將兵會陔下。（冊 7 / 頁 1875 / 行 8）

按：陔下，景祐本等同，而王本、殿本等作「垓下」。按陔、垓二字古通用，載籍多兩存之，《漢書》亦不例外。王本不誤，無煩改字。點校本徑改底本，失當。下文云「越乃引兵會垓下」（頁 1880），殿本同，而王本與景祐本等皆作「陔下」，點校本暗改底本，前後不一，失當。其例甚多，不贅。

項籍入關，王諸侯，還歸，越眾萬餘人無所屬。齊王田榮叛項王，漢乃使人賜越將軍印，使下濟陰以擊楚。（冊 7 / 頁 1879 / 行 7～8）

按：「漢乃使人賜越將軍印」句，各本同。考之史實，此時「使人賜越將軍印」者非「漢」，實爲齊王田榮，故此「漢」字乃衍文。《史記》卷七《項羽本紀》敍此云：「榮因自立爲齊王，而西擊殺濟北王田安，并王三齊。榮與彭越將軍印，令反梁地。」〔註90〕卷八《高祖本紀》及《漢紀》卷二等略同。又本書卷一上《高帝紀》云：「六月，田榮殺田市，自立爲齊王。時彭越在巨野，眾萬餘人，無所屬。榮與越將軍印，因令反梁地。越擊殺濟北王安，榮遂并三齊之地。」（頁 31）卷三十一《項籍傳》云：「諸侯各就國。田榮聞羽徙齊王市膠東，而立田都爲齊王，大怒，不肯遣市之膠東，因以齊反，迎擊都。都走楚。市畏羽，乃亡之膠東就國。榮怒，追殺之即墨，自立爲齊王。予彭越將軍印，令反梁地。越乃擊殺濟北王田安。田榮遂并王三齊之地。」（頁 1811）。仔細比勘，數處記載雖於「擊殺濟北王田安」一事上有異，但皆以彭越之將軍印爲田榮所給

〔註89〕《史記》，中華書局，1982 年第 2 版，第 2620 頁。
〔註90〕《史記》，中華書局，1982 年第 2 版，第 320 頁。

則無異，與「漢」無涉，是其證。點校本失校，當刪「漢」字。

又按：本書卷三十三《田儋傳》云：「榮怒，追擊殺市於即墨，還攻殺濟北王安，自立爲王，盡并三齊之地。」（頁1849）亦以「擊殺濟北王田安」一事屬之田榮，與《項羽本紀》同，而與《項籍傳》等自相矛盾。細考史實，「擊殺濟北王田安」者應爲彭越，其事亦當發生在「榮與越將軍印」之後，《項羽本紀》敘事失序。按《通鑑》卷九敘此云：「田榮聞項羽徙齊王市於膠東，而以田都爲齊王，大怒。五月，榮發兵距擊田都，都亡走楚。榮留齊王市，不令之膠東。市畏項羽，竊亡之國。榮怒，六月，追擊殺市於即墨，自立爲齊王。是時，彭越在巨野，有眾萬餘人，無所屬。榮與越將軍印，使擊濟北。秋，七月，越擊殺濟北王安。榮遂并王三齊之地，又使越擊楚。項王命蕭公角將兵擊越，越大破楚軍。」較諸書爲詳，彭越受榮將軍印擊、殺濟北王以及田榮并王三齊、使越擊楚諸事環環相扣，明白無誤，可見司馬光是經過精心剪裁的。事實上，「擊殺濟北王田安」乃彭越報答田榮知遇之舉，但因彭越之將軍印乃田榮所賜，故史籍或以其事屬之田榮，類此張冠李戴之事，載籍屢見不鮮。

漢王敗，使使召越并力擊楚。（冊7／頁1880／行4）

按：敗，各本同。《補注》引劉攽曰：「漢王敗，此時漢未敗，其『敗』字疑是『數』字。」又云：「先謙曰：劉說是也。《史記》亦誤。」考之史實，劉說有理。成皋之戰後，項羽自知少助食盡，乃以鴻溝爲界，與漢中分天下，並引兵東歸。漢王兵勢漸盛，遂用張良、陳平計，東出追擊楚兵，並多次派使者召請彭越、韓信聯合擊楚，但均未果；後用張良計，許封彭越爲梁王、韓信爲楚王，彭越、韓信乃引兵會戰垓下，遂一舉破楚。下文「於是漢王發使使越，如留侯策」云云，是其證。又本書中屢見「數使使」連文句式，例多不贅，可爲旁證。此處「敗」字當爲「數」字之誤，宜從劉說校改，並去字後逗號。點校本失校。

黥布，六人也，姓英氏。少時客相之，當刑而王。（冊7／頁1881／行8）

按：原標點有誤。「當刑而王」爲「客相之」的預言內容，並非有什麼事實約定，故二者應連讀，並將「之」字後逗號移至「少時」後，「少時」單獨爲句，與下文「及壯」對舉，文意順暢。又下文「人相我當刑而王」句，

正承上而言，是其證。

臣請與大王杖劍而歸漢王，漢王必裂地而分大王。（冊 7／頁 1884／行 8～9）

按：分，各本同。《補注》云：「《史記》『分』作『封』，是。」細玩文意，此「分」字即分地封王之義，蓋班固有意改之。王先謙說失之拘泥，未確。

師古曰：「高祖以布先久為王，恐其意自尊大，故峻其禮，令布折服。已而美其帷帳，厚其飲食，多其從官，以悅其心，此權道也。」（冊 7／頁 1886／行 8～9）

按：已而，景祐本、殿本等同，而王本作「以而」。按以、已二字雖可通用，但此處據文意當作「已而」。點校本逕改底本，未出校改符號與校勘記，失範。

遂西，與上兵遇蘄西，會甀。（冊 7／頁 1890／行 2）

按：遇，景祐本、殿本等同，而王本作「過」。《補注》云：「過，《史記》作『遇』，是。官本同，此形近致誤。」按王說是。點校本逕改底本，未出校改符號與校勘記，失範。

又按：會甀，各本同，而卷一下《高帝紀》作「會缶」（頁 74）。《補注》引周壽昌曰：「甀，《史記》作『甄』。一作『甀』，蘄之鄉名，音與此同。」據此可知「會甀」乃蘄縣之地名，當連標專名線。點校本於本紀正文及注文「會缶」下均連標專名線，而此處僅在「甀」下標專名線，前後不統一，自相矛盾，明顯誤標。又「西」字後逗號應去掉，「會甀」屬蘄縣，當連上讀，點校本誤標。

孝景帝時，縮孫它人以東胡王降，封為惡谷侯。傳至曾孫，有罪，國除。（冊 7／頁 1894／行 1）

按：它人，各本同，而卷十七《景武昭宣元成功臣表》作「它之」（頁 641）。《補注》引齊召南曰：「它人，《史記》及本書表作『它之』，則『人』字誤也。又此及《史記》並云『縮孫』，而本書及《史》表並云『縮子』，必有一誤。」按今本《史記》卷十九作「它父」，《索隱》作「他父」，而

卷十一《孝景本紀》《正義》引表及卷九十三《韓信盧綰列傳》皆作「他之」，他、它二字古通用，見此「父」字與「人」字皆當爲「之」字之誤，齊說是。又，《史》、《漢》盧綰本傳上文皆云「高后時綰妻與其子亡降」，故景帝時「以東胡王降」者當是綰孫無疑，表作「綰子」，實誤。點校本未採齊說，失校。

又按：惡谷，各本同，而同書表作「亞谷」。《補注》引齊召南曰：「惡谷，《史記》及本書表作『亞谷』，則『惡』字亦誤。」又引周壽昌曰：「惡、亞古字通。《易·繫辭》『而不可惡也』，《釋文》：『荀爽本作亞。』《書大傳》『鐘鼓惡』注：『惡當作亞。』亞，次也。」按周說是。《史記》卷十九《索隱》曰：「一作亞父。」此「亞父」與上述「它父」同誤，「父」乃「谷」形近之訛。

卷三十五　荊燕吳傳第五　11 條

已而楚兵擊之，賈輒避不肯與戰，而與彭越相保。（冊 7／頁 1899／行 8～9）

按：已而，景祐本、殿本等同，而王本作「以而」。如前所述，此處據文意亦當作「已而」。點校本徑改底本，未出校改符號與校勘記，失範。

又按：避，各本同。《補注》引齊召南曰：「《史記》作『賈輒壁不肯與戰』，是堅守壁壘意；此作『避』，是避其鋒也。」又引王念孫曰：「『避』本作『壁』。『壁不肯與戰』，謂築壘壁也，《吳王濞傳》『條侯壁不肯戰』，是其證。《後書·耿弇傳》注：『壁，謂築壘壁也。』後人不知其義，而改『壁』爲『避』，其失甚矣。《荊燕世家》正作『壁不肯與戰』。」按齊、王二家所說甚是，當以《史記》作「壁」爲是。今有「堅壁清野」之語，亦其比。點校本未採，失校。

定國自殺，立四十二年，國除。（冊 7／頁 1903／行 5）

按：四十二年，各本同。《補注》云：「宋祁曰：『四十二年』當作『二十四年』。周壽昌曰：『表作二十四年。』錢大昭曰：『高后七年至元朔二年，凡五十四年。表、傳俱誤。』」考之史實，此傳積年有誤而表不誤。據同書卷十四《諸侯王表》載，燕敬王澤高后七年以營陵侯立爲琅邪王，孝文元年徙燕，二年薨。三年，子康王嘉嗣，二十六年薨。孝景六年，孫定國嗣，二十四年，坐禽獸行，自殺。自景帝六年（前 151）至武帝元朔

二年（前 127），計 24 年，此乃定國嗣位時間；而「五十四年」乃指劉澤封侯立國至國除之總時間。諸家之說角度不同，故有異，宋祁說是。點校本失校。此「四十二年」當校改爲「二十四年」，並將「年」後逗號改爲句號。「國除」二字單獨成句，統上而言。

七國之發也，吳王悉其士卒，下令國中曰：「寡人年六十二，身自將。少子年十四，亦為士卒先。諸年上與寡人同，下與少子等，皆發。」二十餘萬人。南使閩、東越，閩、東越亦發兵從。（冊 7／頁 1909／行 9～12）

按：「二十餘萬人」句，文意欠明，而各本皆同。按《史記》卷一百六《吳王濞列傳》敍此「二十」上多一「發」字，語意完足，是，此處當誤脫一「發」字。究其致誤之因，蓋涉上下文而誤脫。上文有「發」字，故下「發」字抄本原作重字符「＝」，與「二」相似；而「二十」古時抄本多作「廿」，今傳世晉、唐寫本等屢見，而刻本多作「二十」。後人不察，誤以重文號「＝」爲「二」字，又因與其下「二十」相重而刪一「二」字，遂輾轉而誤脫一「發」字。古籍中此類因分一字爲二字、誤符號爲字而致衍、脫者，其例甚多，不贅。點校本失校。

它封賜皆倍軍法。（冊 7／頁 1910／行 13）

按：軍法，各本同。服虔曰：「封賜倍漢之常法。」《補注》引王先愼曰：「『軍』是『常』形近誤字。據服注，所見本尚不誤。《史記》正作『常』。」細玩文意，《史記》作「常法」義勝，王說有理，可從。點校本失校。

將軍深溝高壘，使輕兵絕淮泗口，塞吳饟道。使吳、梁相敝而糧食竭，乃以全制其極，破吳必矣。（冊 7／頁 1913／行 5～6）

按：下「使」字，各本皆同，而《史記》作「彼」。細玩文意，《史記》作「彼」義勝，此「使」字蓋涉上「使」字而誤。按此「彼吳、梁相敝而糧食竭，乃以全制其極，破吳必矣」云云，與《左傳》曹劌所云「彼竭我盈，故克之」正相類，蓋即本之，是其證。

師古曰：「蘇說非也。……下乃云『多它利害』，謂分兵而去，前事不測，或有利害，難可決機耳，非重云畏其降漢者。」（冊 7／頁 1914／行 1～2）

按：多它利害，景祐本、殿本等同，而王本「它」作「他」。按它、他二字古

通用，但正文各本皆作「它」，故宜一致。點校本徑改底本，未出校改符
號與校勘記，失範。

初，吳王之度淮，與楚王遂西敗棘壁，乘勝而前，銳甚。（冊 7／頁 1916
／行 1）

按：敗，各本同。王先謙說：「『敗』當爲『破』字之誤也，《史記》亦誤。《元
　　王世家》正作『攻梁，破棘壁』，《通鑑》同。」按本書卷三十六《楚元
　　王傳》云：「起兵會吳西攻梁，破棘壁，至昌邑南，與漢將周亞夫戰。」
　　（頁 1924）亦作「破」，王說是。此處「敗」字並非使動用法，與其下「乘
　　勝」、「銳甚」文意有乖，顯誤。點校本未採王說，失校。

梁數使使條侯求救，條侯不許。又使使愬條侯於上，上使告條侯救梁，又
守便宜不行。（冊 7／頁 1916／行 2～3）

按：「上使告條侯救梁」句，景祐本、殿本同，而王本與汲古閣本等「使」
　　字下皆有「人」字。《補注》云：「先謙曰：官本『使』下無『人』字，
　　引宋祁曰：『上使告』當作『上使人告』。」按動詞「使」下有「人」字，
　　語意完足，與上文兩處「使使」相類，是。《史記》敘此有「人」字，《漢
　　書評林》亦有「人」字，皆其證。點校本據殿本等徑刪底本「人」字，
　　失當。

於是吳王乃與其戲下壯士千人夜亡去，度淮走丹徒，保東越。（冊 7／頁
1916／行 5～6）

按：千人，各本同。王先謙說：「《史記》作『數千人』，《通鑑》同。此脫『數』
　　字。」考之史實，王說有理，可從。點校本未採。

又按：淮，各本同。《補注》引王念孫曰：「『淮』當爲『江』。丹徒即在江南，
　　故曰『度江走丹徒』；若『度淮』，則去丹徒尙遠。此涉上文『吳王之
　　度淮』而誤。《史記》正作『度江走丹徒』，《漢紀》亦云『吳王亡走江
　　南，保丹徒』。」按王說有理，可從。點校本未採。

王太子德曰：「漢兵還，臣觀之以罷，可襲。」（冊 7／頁 1917／行 3）

按：還，各本同。《補注》引王念孫曰：「案此時漢兵尙未還，不得言『漢兵
　　還』也，『還』當依《史記》作『遠』，字之誤也。行遠則兵罷，故曰『已

罷，可襲』。」按王說是，可從。《左傳》載秦穆公「勞師襲遠」，蹇叔以
爲不可，即其比。又下文有「乃苦將軍遠道至於窮國」云云，亦其證。
此蓋因遠、還二字形近而致誤。點校本失校。

又按：以，汲古閣本、殿本等同王本，而景祐本、大德本作「已」。按已、以
　　　二字古通用，無煩改字。

乃出詔書爲王讀之，曰：「王其自圖之。」（冊 7／頁 1917／行 10）

按：自圖之，各本皆同王本，獨景祐本作「自圖」，無「之」字。《補注》引
　　王念孫曰：「案下『之』字後人所加，景祐本及《史記》並無。」按作「王
　　其自圖」，語意已完足，不必加「之」字煞句，王說有理。《通鑒》卷十
　　六敘此亦無「之」字，是其證。點校本未採。

卷三十六　楚元王傳第六　19 條

師古曰：「醴，甘酒也。少麴多米，一宿而熟，不齊之。」（冊 7／頁 1924
／行 2）

按：麴，景祐本、殿本等皆同，而王本作「鞠」。按「鞠」通「麴」，亦作「麯」。
　　王本不誤，無煩改字。點校本徑改底本，失當。

又按：「不齊之」句，各本皆同，而文意費解，疑有訛誤。《兩漢博聞》卷四
　　　「置醴」條引此顏注作「味齊也」〔註 91〕，於義爲長，可資參校，蓋
　　　此「不」字乃「味」字之爛文。

二人諫，不聽，胥靡之，衣之赭衣，使杵臼雅舂於市。（冊 7／頁 1924／行
9～10）

按：雅舂，景祐本、殿本等同王本，而殿本、汪文盛本等皆作「碓舂」。《補
　　注》引宋祁曰：「碓，一作『椎』，一本改『碓』字作『雅』。古語相、雅
　　皆助樂者，此『雅』謂舂而雅歌以相舂也。」按「雅舂」不辭，舊注亦
　　皆語焉不詳。晉灼注云「高肱舉杵，正身而舂之」，以「正身」釋「雅」，
　　說近迂；而宋祁「助樂」、「雅歌」云云，亦未達。載籍屢見「碓舂」一
　　詞，意謂用杵臼舂米或搗物，例多不贅。碓，或作「椎」，蓋同音通假。
　　陸德明《經典釋文》云：「碓，音對。本又作椎，直追反。」但「碓」與

〔註 91〕楊侃《兩漢博聞》，車承瑞點校，黑龍江人民出版社，1990 年第 1 版，第 241
　　　　頁。

「雅」則未見通用之例，載籍亦鮮見「雅春」用例。《通鑑》卷十六作「雅春」，蓋即沿襲《漢書》之誤。

師古曰：「爲木杵而手春，即今所謂步臼者耳，非碓臼也。」（冊 7／頁 1924／行 16）

按：碓臼，王本同，而景祐本、殿本等皆作「碓春」。按「碓臼」一詞罕見，用於此處文意捍格難通，疑當作「碓春」。

漢已平吳楚，景帝乃立宗正平陸侯禮爲楚王，奉元王後，是爲文王。四年薨，子安王道嗣。二十二年薨，子襄王注嗣。十四年薨，子節王純嗣。（冊 7／頁 1925／行 3～4）

按：四年，北監本、汲古閣本同王本，而景祐本、汪文盛本、殿本等皆作「三年」。《補注》云：「宋祁曰：『一本作三年。』先謙曰：表及《三王世家》作『三年』，一本爲合。」按王說是，點校本失校。

又按：十四年，各本同。《補注》云：「《史記》注作『經十四年』，同；表作『十二年』，依表計之，『十二年』是，『四』字誤。」按王說不確。《史記》卷十七《漢興以來諸侯王表》亦作「十四」，當是本書卷十四《諸侯王表》作「十二」（頁 398）誤。

傳至孫慶忌，復爲宗正太常。（冊 7／頁 1928／行 3～4）

按：原標點將「宗正太常」連讀，大誤。宗正、太常乃不同之職官，宗正是管理皇族和外戚事務之官，掌宗室名籍；而太常職掌宗廟禮儀，兼管文化教育。二者之間當點斷。據本書卷十九下《百官公卿表》載，陽城侯劉慶忌竟寧元年（前 33）爲宗正，三年後亦即建始二年（前 31）遷爲太常，五年後以病免。其子劉岑亦曾官至太常。點校本當斷而未斷，易使人以爲另有「宗正太常」一官，明顯誤標。

上復興神僊方術之事，而淮南有《枕中鴻寶苑秘書》。書言神僊使鬼物爲金之術，及鄒衍重道延命方，世人莫見，而更生父德武帝時治淮南獄得其書。（冊 7／頁 1928／行 14～15）

按：點校本將「枕中鴻寶苑秘書」七字連標書名專名線，可商。師古曰：「《鴻寶》《苑秘書》，並道術篇名。臧在枕中，言常存錄之不漏泄也。」（頁 1929）

《補注》引宋祁曰：「浙本注文『篇名』上有『書』字。」據此，可知「鴻寶」、「苑秘」二者皆當為道術書篇名；浙本是，今本顏注或為後人據正文而誤移「篇名」上之「書」字至「苑秘」二字下。又，本書卷二十五下《郊祀志》云：「大夫劉更生獻淮南枕中洪寶苑秘之方。」（頁 1250）師古曰：「洪，大也。苑秘者，言秘術之苑囿也。」按洪、鴻二字古通用，「洪寶」即「鴻寶」。兩相比較，顏注前後矛盾，而點校本志、傳標點亦異，皆非。考之典籍，此「枕中」、「鴻寶」、「苑秘」皆當為道術書之篇名，三者皆當單獨標書名號，不宜連標。載籍中述及神僊黃白之事，或單言「枕中」，或單言「鴻寶」，或單言「苑秘」，均取其神秘可寶藏之意，顏注未達。而點校本整理者不察，遂失校並誤標。此處正文當標點為：「上復興神僊方術之事，而淮南有《枕中》、《鴻寶》、《苑秘》書。」顏注亦當校改為：「《鴻寶》、《苑秘》（書），並道術〔書〕篇名。」

師古曰：「《尚書》禹作司空，棄后稷，契司徒，咎繇作士，垂共工，（作）〔益〕朕虞，伯夷秩宗，夔典樂，龍納言，凡九官也。」（冊 7／頁 1934／行 2）

按：原標點在「后稷」二字下標專名線，非。此「后稷」為農官，非人名。虞舜命棄為農官，教民耕稼，後世遂稱棄為「后稷」。點校本明顯誤標，與上下文亦不協調，當單標「棄」字，去掉「后稷」下專名線。

師古曰：「……哀哉今人，何為會莫創乂也！」（冊 7／頁 1936／行 6～7）

按：會，各本與王本皆作「曾」。按顏注上文有「憯，曾也」云云，見此「會」字乃「曾」形近之誤，係點校本誤排。

火災十四。（冊 7／頁 1937／行 1）

按：火災，景祐本、殿本等同，而王本作「大災」。按考之顏注及有關史籍，作「火災」是；王本作「大災」文意不明，誤刻。點校本徑改底本，未出校改符號與校勘記，失範。

如淳曰：「……文三年秋雨螽於宋，……」（冊 7／頁 1939／行 15）

按：三年，景祐本、殿本等同，而王本作「二年」。按《春秋經》亦作「三年」，見此王本作「二年」乃誤刻。點校本徑改底本，未出校改符號與校

勘記，失範。

師古曰：「一時，三月也。」（冊 7／頁 1945／行 2）

按：一時，景祐本、汲古閣本等同王本，而殿本作「踰時」，張元濟《校勘記》失校。《補注》云：「官本『一』作『踰』，《通鑑》注引同。」按此處正文各本皆作「踰時」，故注文援例當作「踰時」；王本等作「一時」，實誤。點校本徑改底本，未出校改符號與校勘記，失範。

如淳曰：「二府，丞相、御史也。」（冊 7／頁 1945／行 4）

按：上引如注，各本皆同，而《兩漢博聞》卷四「二府」條引此如注作：「二府，謂丞相、御史大夫府也。亦曰『兩府』也。」〔註 92〕較此詳明，可參校。蓋楊侃別有所本，或其所見本即如此。

會城門校尉諸葛豐亦言堪、猛短，上因發怒免豐。（冊 7／頁 1947／行 14～15）

按：因，景祐本、殿本等皆同，而王本作「言」。據文意，此處當作「因」，王本作「言」，蓋涉上下文兩「言」字而誤。點校本徑改底本，未出校改符號與校勘記，失範。

張晏曰：「一曰天統，爲周十一月建子爲正，天始施之端也。二曰地統，謂殷以十二月建丑爲正，地始化之端也。三曰人統，謂夏以十三月建寅爲正，人始成之端也。」（冊 7／頁 1951／行 5～7）

按：爲周，汲古閣本、王本等同，而景祐本、殿本等作「謂周」。《補注》云：「官本『爲周』作『謂周』，字同。」按謂、爲二字古通用，王說是。但此注下文兩作「謂」，且句式相同，故景祐本、殿本等作「謂」，上下一致，於義爲長，可從改。又，據下文，「爲周」後疑脫一「以」字。

師古曰：「二家之說皆不備也。言王者象天地人之三統，故存三代也。」（冊 7／頁 1951／行 7）

按：二家，汲古閣本、王本等同，而景祐本、殿本等作「諸家」。王先謙說作「諸家」是。按此處顏注上引有應劭、孟康、張晏三家之說，見此「二

〔註 92〕楊侃《兩漢博聞》，車承瑞點校，黑龍江人民出版社，1990 年第 1 版，第 240 頁。

家」有誤，「二」字或爲「三」字之誤。而景祐本等作「諸家」亦通，王
說有理，可從。點校本失校。

如淳曰：「列，隴也。墨子曰：『禹葬會稽之山，既葬，收餘壤其上，壟若
參耕之畝，則止矣。』」（冊 7／頁 1952／行 16）

按：壟，殿本同，而景祐本、汲古閣本、王本等皆作「隴」。檢今本《墨子》
卷六敘此兩作「壟」。按「壟」通「隴」，故王本不誤，無煩改字。點校
本據殿本徑改底本，失當。此亦整理者暗用殿本之明證。

師古曰：「東西南北，言周遊以行其道，不得專在本邦，故墓須表識，音式
志反。」（冊 7／頁 1954／行 2）

按：音式志反，景祐本等同王本，而殿本「音」上多一「識」字。《補注》云：
「官本注『識』下更有『識』字，引宋祁曰：注文『識』下當更有『識』
字。」按宋說是。此處單作「音式志反」，缺注音對象「識」字，頗顯突
兀。蓋寫本原作重字符號「＝」，而後人不察，於鋟板時誤脫之。點校本
失校，當據宋說及殿本校補。

師古曰：「《論語》孔子弟子子貢之言。志，識也，一曰記。」（冊 7／頁
1971／行 15）

按：「子貢之言」後，景祐本與王本等皆有「也」字。王先謙說：「官本『言』
下無『也』字。」按有無「也」字，義皆可通，王本不誤。點校本據殿
本徑刪底本「也」字，失當。

劉氏《洪範論》發明《大傳》，著天人之應；《七略》剖判藝文，總百家之
緒。（冊 7／頁 1972／行 14～頁 1973／行 1）

按：洪範論，殿本、北監本同，而景祐本、汲古閣本、王本等皆作「鴻範論」。
按鴻、洪二字古通用，載籍不乏其例，故王本等作「鴻」不誤，無煩改
字。點校本據殿本暗改底本，失當。

又按：總，殿本同，而王本、汲古閣本作「綜」，景祐本作「摁」。按《漢書
評林》亦作「綜」，旁注：「一本『綜』作『摁』。」據此，知淩稚隆所
見一本與景祐本合。按「摁」同「總」，與「綜」字均有總集、聚合之
義，用在此處義皆可通，故王本不誤，無煩改字。點校本據殿本暗改
底本，失當。

卷三十七　季布欒布田叔傳第七　5 條

李奇曰：「持權屬以請人，顧以金錢也。」（冊 7／頁 1978／行 9）

按：屬以請人，殿本同，而景祐本、汲古閣本、王本等「屬」下皆無「以」
　　字，張元濟《校勘記》失校。《補注》云：「官本注『屬』下有『以』
　　字。」按「屬請」爲請託之義，用在此處，文意明白，加一「以」字，
　　語意欠明，且有歧義。點校本據殿本暗改底本，徑增「以」字，失當。

數歲別去，而布為人所略，賣為奴於燕。（冊 7／頁 1980／行 1～2）

按：原標點有誤。「略賣」二字當連讀，乃常見詞，爲劫掠販賣之義，點校本
　　腰斬之，大誤，當移「略」字後逗號至「賣」字後。《史記》卷一百《季
　　布欒布列傳》於此標點不誤。本書卷九十七上《外戚傳》云：「竇后兄長
　　君。弟廣國字少君，年四五歲時，家貧，爲人所略賣，其家不知處。」（頁
　　3944）又卷九十九中《王莽傳》云：「奸虐之人因緣爲利，至略賣人妻子，
　　逆天心，悖人倫，繆於『天地之性人爲貴』之義。」（頁 4110）皆以「略
　　賣」連讀，是其證。點校本出於眾手，前後標點不一甚至互相矛盾者亦
　　復不少，於此可見一斑。

趙王敖事白，得出，廢王為宣平侯，乃進言叔等十人。（冊 7／頁 1982／行
7～8）

按：廢王，殿本同，而景祐本、大德本、汲古閣本、王本等「廢」下皆無「王」
　　字。《補注》云：「先謙曰：官本『廢』下有『王』字，引宋祁云：一本
　　無『王』字。」按景祐本等與宋祁所云「一本」合，是。「廢爲宣平侯」
　　承上而言，知所廢即趙王，無須贅言，故下「王」字實爲衍文，蓋後人
　　所加。點校本據殿本暗改底本，徑增「王」字，失當。

贊曰：以項羽之氣，而季布以勇顯名楚，身履軍搴旗者數矣，可謂壯士。
（冊 7／頁 1984／行 12）

按：履軍，各本皆同，而文義費解，疑有訛誤。鄧展曰：「履軍，戰勝蹈履之。」
　　師古曰：「謂勝敵拔取旗也。……今流俗書本改履謂屢，而加典字，云身
　　屢典軍，非也。」《補注》引宋祁曰：「注文『謂屢』當作『爲屢』。」又
　　云：「先謙曰：爲、謂古字通。『身屢典軍』，即用《史記》文。」據此可
　　知王先謙不從顏說而以《史記》作「身屢典軍」爲是，實非。按《史

記》敘此作「身屢典軍搴旗者數矣」〔註93〕，《集解》引徐廣曰：「屢，一作『屨』，一曰『覆』。」並云：「駰案：孟康曰『屢，履蹈之也』，瓚曰『屢，數也』。」又《索隱》曰：「身履軍。按：徐氏云一作『覆』，按下云『搴旗』，則『覆軍』爲是，勝於『屢』之與『履』。」細玩文意，《索隱》說是。徐廣所見《史記》六朝異本頗具參校價值，此處「履」字當作「覆」，作「屢」或「屨」皆非。載籍屢見「斬將搴旗」與「覆軍殺將」等連文，如本書卷四十三《叔孫通傳》云：「漢王方蒙矢石爭天下，諸生寧能鬪乎？故先言斬將搴旗之士。」（頁 2125）卷六十二《司馬遷傳》云：「外之，不能備行伍，攻城野戰，有斬將搴旗之功。」（頁 2727）又卷二十九《溝洫志》云：「如此，關東長無水災，北邊不憂匈奴，可以省堤防備塞，士卒轉輸，胡寇侵盜，覆軍殺將，暴骨原野之患。」（頁 1686）卷六十四上《主父偃傳》云：「秦常積眾數十萬人，雖有覆軍殺將，繫虜單于，適足以結怨深仇，不足以償天下之費。」（頁 2801）皆其例。按斬將即殺將，「搴旗」與「覆軍」互文見義，當亦可連用，是其證，點校本失校。又朱東潤《史記考索·〈史記〉徐廣本異文考證》云：「案《集解》、《索隱》皆不解『典』字，『典』字衍。《索隱》曰：『按下云「搴旗」，則「覆軍」爲是。』」〔註94〕亦以當作「覆軍」爲是，「典」字衍。而點校本《史記》僅刪「典」字，於「履」字則未加校改，亦未確，明顯失校。

晉灼曰：「揚雄《方言》曰『俚，聊也』，許慎曰『賴也』。此爲其計畫無所聊賴，至於自殺耳。」（冊 7 / 頁 1985 / 行 6～7）

按：方言曰，景祐本、殿本等皆同，而王本無「曰」字。按有無「曰」字，義皆可通，王本不誤。點校本據殿本等逕增「曰」字，失當。

卷三十八　高五王傳第八　3 條

太后曰：「試爲我言田意。」章曰：「深耕穊種，立苗欲疏；非其種者，鉏而去之。」（冊 7 / 頁 1992 / 行 2）

按：「試爲我言田意」句，各本同。《補注》云：「《史記》作『試爲我言田』，

〔註93〕《史記》，中華書局，1982 年第 2 版，第 2735 頁。
〔註94〕朱東潤《史記考索》（外二種），華東師範大學出版社，1996 年第 1 版，第 115 頁。

不須加『意』字也。此『意』字即下文『章』字誤衍。」按王先謙所說
有理，作「試爲我言田」語意已足，多一「意」字，反覺累贅，當是涉
下「章」字而衍。點校本未採王說，失校。

又按：鉏，景祐本、殿本等皆同，而王本、汲古閣本等作「鋤」。按在作農具
　　與鋤草等義時，「鉏」同「鋤」。此處王本作「鋤」不誤，無煩改字。
　　點校本徑改底本，失當。

琅邪王劉澤既欺，不得反國。（冊 7 / 頁 1993 / 行 15）

按：既欺，各本皆同，但與上下文意不合，疑有脫誤。《補注》引王念孫曰：
　　「既欺，本作『既見欺』，謂見欺於齊王而不得反其國也。今本脫『見』
　　字，則文不成義。《燕王劉澤傳》注引此有『見』字，《悼惠王世家》
　　同。」按王說是。本書卷三十五顏師古注引此傳正作「既見欺」（頁
　　1902），明師古所見本即有「見」字。又《西漢年紀·考異》引此作「琅
　　邪王劉澤既爲齊王所欺，不得反國」云云〔註 95〕，「爲……所……」句
　　式與「見」字皆表被動，文意明白，亦其證。整理者未採王念孫說，
　　失校。

王年少，懼以罪爲吏所執誅，乃飲藥自殺。（冊 7 / 頁 2000 / 行 13）

按：以罪，殿本、北監本、汪文盛本同，而景祐本、大德本、汲古閣本、王
　　本等皆作「大罪」。《補注》云：「官本『大』作『以』，引宋祁曰：『越本
　　以作大。』朱一新曰：『大，監本作以。』」按《史記》卷五十二敘此亦
　　作「大」，宋祁所見越本亦作「大」，皆與景祐本等合。又，上文有「王
　　因與其姊翁主奸」云云（頁 1999），而類此姊弟通姦之罪漢時以爲「禽獸
　　行，亂人倫，逆天道」，常常「論死」，處罰相當重，此即「大罪」之義，
　　是其證；若僅爲普通罪行，則無「飲藥自殺」之必要。故此處當以作「大」
　　義勝，王本不誤。點校本徑改底本，失當。

卷三十九　蕭何曹參傳第九　17 條

師古曰：「走謂趣嚮之，音奏。」（冊 7 / 頁 2006 / 行 9）

按：音奏，北監本、殿本同，而景祐本、大德本、汲古閣本、王本等「音」

〔註95〕王益之《西漢年紀》，王根林點校，中州古籍出版社，1993 年第 1 版，第 72
　　頁。

上皆有「走」字。《補注》云：「官本『音』上無『走』字。」如前所說，顏師古訓解「走」字之注文形式多樣，有無「走」字，義皆可通，王本等並不誤。點校本據殿本暗改底本，徑刪「走」字，失當。

師古曰：「填音竹刃反。」（冊 7／頁 2007／行 12）

按：竹刃反，景祐本、殿本等同，而王本作「竹忍反」。王先謙說：「官本注『忍』作『刃』，是。」按「填」同「鎮」，顏注屢見「竹刃反」之音，而「竹忍反」之音僅此一見，故作「忍」誤，王說是。點校本徑改底本，未出校改符號與校勘記，失範。

上以何功最盛，先封為酇侯，食邑八千戶。（冊 7／頁 2008／行 7～8）

按：今本「酇侯」下有顏師古等注，而敦煌殘卷伯 2973B 號（題「漢書蕭何曹參張良傳殘文」）無，卻於「酇」字下另有「才何反」三字注文，與傳世刻本異。按王重民先生定此殘卷為大顏注本〔註 96〕，其說大致可信。大顏即顏遊秦，為顏師古之叔父，撰有《漢書決疑》一書，唐高祖時仍健在。據殘卷，知大顏以為「瓚」當音「才何反」，而舊注於此「酇」字的讀音及屬地眾說紛紜，莫衷一是。文穎曰：「音贊。」師古曰：「先封何者，謂諸功臣舊未爵者，何最在前封也。酇屬南陽，解在《高紀》。」（頁 2008）臣瓚曰：「《茂陵書》何封國在南陽。酇音贊。」師古曰：「瓚說是也。而或云何封沛郡酇縣，音才何反，非也。案《地理志》南陽酇縣云侯國，沛酇縣不云侯國也。又南陽酇者，本是春秋時陰國，所謂遷陰於下陰者也。今為襄州陰城縣，有酇城，城西見有蕭何廟。彼土又有築水，築水之陽古曰築陽縣，與酇側近連接。據何本傳，何薨之後，子祿無嗣，高后封何夫人同為酇侯，小子延為築陽侯。孝文罷同，更封延為酇侯。是知何封酇國兼得築陽，此明驗也。但酇字別有虘音，是以沛之虘縣，《史記》、《漢書》皆作酇字，明其音同也。班固《泗水亭碑》以蕭何相國所封，與何同韻，於義無爽。然其封邑實在南陽，非沛縣也。且《地理志》云：王莽改沛酇曰贊治，然則沛酇亦有贊音。虘、酇相亂，無所取信也。說者又引江統《徂淮賦》以為證，此乃統之疏謬，不可考覈，亦猶潘岳《西征》以陝之曲沃為成師所居耳。斯例甚多，不

〔註 96〕王重民《敦煌古籍敘錄》，中華書局，1979 年第 1 版，第 82 頁。

可具載。」（頁 71～72）據此，知顏師古不取其叔父鄷音「才何反」之說，而以蕭何所封鄷地在南陽。考《史記集解》引瓚曰：「今南鄉鄷縣也。孫檢曰『有二縣，音字多亂。其屬沛郡者音嵯，屬南陽者音贊』。按《茂陵書》，蕭何國在南陽，宜呼贊。今多呼嵯，嵯舊字作『酇』，今皆作『鄷』，所由亂也。」《索隱》引鄒氏云：「屬沛郡音嵯，屬南陽音贊。」〔註97〕與顏注稍異。按清佚名撰《漢書疏證》卷十四「先封爲鄷侯」條引宋陸游《老學庵筆記》云：「《漢書》鄷侯音『贊』，今亳州鄷縣乃音『才何反』。而字書『酇』字亦『才何反』，云邑名，一作鄷；而『贊』字部有『鄷』字，亦云邑名……是字二音，顏注未必是也。」並云：「愚按：鄭康成《周禮》『酒正』注云：『盎如今鄷白。』陸德明《釋文》云：『鄷白即今之曰醝酒也，宜作醝；作鄷，假借也，在何反。』孔疏云：『漢時蕭何所封南陽，地名鄷。』陸氏精於小學，亦讀從『才何』之音，諸說紛紜可以折中矣。」〔註98〕其說有理。按古時凡封功臣，多就本土，如張良封留，是爲成例；而蕭何起沛，故應先封於沛郡之鄷縣，而後其子孫改封南陽鄷縣也。《說文》云：「酇，沛國縣，從邑，虘聲。」清顧祖禹《讀史方輿紀要·河南五·歸德府》云：「鄷縣城在縣西南，本秦縣，屬泗水郡，陳勝初起，攻鄷，下之。漢亦爲鄷縣，屬沛郡。本作酇。」知沛郡之鄷本作「酇」，當音「才何反」。按「才何反」同「在何反」，與「嵯」、「醝」、「酇」等讀音相近。中古以後，「酇」字多借「鄷」字爲之，遂致相亂。敦煌殘卷保留了「鄷」音「才何反」的注語，彌足珍貴，可補今本注文之缺。

上曰：「夫獵，追殺獸者狗也，而發縱指示獸處者人也。今諸君徒能走得獸耳，功狗也；至如蕭何，發縱指示，功人也。且諸君獨以身從我，多者三兩人；蕭何舉宗數十人皆隨我，功不可忘也！」（冊 7 / 頁 2008 / 行 10～12）

按：上文兩處「發縱」，各本皆同，而伯 2973B 殘卷作「發蹤」。師古曰：「發縱，謂解緤而放之也。指示者，以手指示之，今俗言放狗。縱音子用反，

〔註97〕《史記》，中華書局，1982 年第 2 版，第 2016 頁。

〔註98〕佚名《漢書疏證》，《續修四庫全書》本，上海古籍出版社，2002 年第 1 版，第 265 冊，第 517～518 頁。

而讀者乃爲蹤迹之蹤，非也。書本皆不爲蹤字。自有逐蹤之狗，不待人發也。」《補注》引錢大昭曰：「《說文》無『蹤』字，蹤迹字古作『縱』。《隸釋》《郭仲奇碑》云『有山甫之縱』，又云『徽縱顯』，《魯峻碑》云『比縱豹產』，《趙圉令碑》云『羨其縱高』，《外黃碑》云『莫與比縱』，《夏承碑》云『紹縱先軌』，皆是也。小顏乃疑非蹤迹之蹤，誤矣。」又云：「先謙曰：《史記》作『蹤』，足證縱、蹤通用，顏注非是。」按錢、王二說是。漢時縱、蹤二字多通用，漢碑中亦有作「發蹤」者，如《隸釋》卷六《漢敦煌長史武斑碑》云：「受天休命，積祉所鍾。其在孩提，岐嶷發蹤。」此「發蹤」猶言顯示迹象。而《史記》卷五十三《蕭相國世家》敘此正作「發蹤」，與殘卷合，見此顏注「書本皆不爲蹤字」非事實；得此殘卷，益證其說不確。

又按：「多者三兩人」句，伯 2973B 殘卷作「多者兩三人」。《史記》正作「多者兩三人」，與殘卷暗合。按《漢書》前部分內容多來自《史記》，文字亦多原文抄錄，故此處殘卷作「多者兩三人」或許更接近《漢書》原貌。

關內侯鄂（千）秋時爲謁者，進曰……（冊 7 / 頁 2009 / 行 2～3）

於是因鄂（千）秋故所食關內侯邑二千戶，封爲安平侯。（冊 7 / 頁 2009 / 行 9）

校勘記云：「景祐、殿本都無『千』字，下同。」

按：以上所引兩處「鄂千秋」，王本、汲古閣本等同，而景祐本、殿本無「千」字。按伯 2973B 殘卷亦作「鄂千秋」，與王本等合；點校本據景祐本、殿本刪「千」字，可商。按《史記》卷五十三《蕭相國世家》敘此作「關內侯鄂君」，《索隱》云：「按《功臣表》，鄂君即鄂千秋，封安平侯。」〔註99〕卷一百一十八《淮南衡山列傳》「淮南王有女陵……爲中詗長安」《集解》引徐廣曰：「詗，伺候採察之名也。音空政反。安平侯鄂千秋玄孫伯與淮南王女陵通而中絕，又遺淮南王書稱臣盡力，故棄市。」〔註100〕皆作「鄂千秋」。又《漢紀》卷三、《通鑑》卷十一敘此亦皆作「鄂千秋」，是其證。按古人爲了達到修辭等目的，常有割裂姓名的現

〔註99〕　《史記》，中華書局，1982 年第 2 版，第 2016 頁。
〔註100〕《史記》，中華書局，1982 年第 2 版，第 3083 頁。

象，從漢魏到五代，其例甚多，梁玉繩《漢書人表考》、錢大昕《十駕齋養新錄》等書列舉了大量的例證。有截去一字者，如介之推稱「介推」、宮之奇稱「宮奇」、酈食其稱「酈其」、申包胥稱「申包」、鄭當時稱「鄭當」、段干木稱「干木」等；亦有將一人名字割裂爲多種稱呼者，如唐代詩人李商隱爲遷就字數或平仄而稱司馬相如爲「相如」、「馬相如」、「馬卿」等，例多不贅。不過，這種割裂姓名的現象多見於詩文與書信中，而史籍中則較爲罕見，故不可以彼例此。又漢時多有以「千秋」爲名者，著名的如武帝時丞相車千秋（田千秋）、宣帝時諫大夫給事中蔡千秋、元帝時太常弋陽侯任千秋以及張良六世孫張千秋、西漢名儒夏侯建之子夏侯千秋等，史籍皆全稱其名。據考，西漢武、昭、宣、元四朝，人名喜取延年、延壽、千秋、彭祖、萬年等詞爲之，此類人名用字反映了人們延年益壽、長生不老的願望，它與漢初的黃老思想及武帝、宣帝喜好神僊方術有很大的關係。據此，知王本等有「千」字並不誤，不當刪；景祐本、殿本等無「千」字，蓋誤脫。同書卷十六《高惠高后文功臣表》作「安平敬侯鄂秋」（頁575），亦誤脫「千」字，應據《史記》等校補。敦煌殘卷抄於刻本行世前，足資參校，並多可證點校本校改之是非。

夫曹參雖有野戰略地之功，此特一時之事。……陛下雖數亡山東，蕭何常全關中待陛下，此萬世功也。今雖無曹參等百數，何缺於漢？漢得之不必待以全。奈何欲以一旦之功（而）加萬世之功哉！（冊7／頁2009／行3～7）

校勘記云：「景祐、殿本都無『而』字。」

按：點校本據景祐本、殿本刪「而」字，可商。《史記》卷五十三《蕭相國世家》敘此亦有「而」字。張烈《商榷》說省「而」字則語氣不順，所言甚是。事實上，「一旦之功」與「萬世之功」本不可相提並論，此處加「而」字轉折，乃起強調作用，故此「而」字不當刪。考伯2973B殘卷亦有「而」字，可證點校本校改之非。

又按：「此萬世功也」句，《史記》「功」字上有「之」字，而各本皆無。按下文亦作「萬世之功」，而伯2973B殘卷亦有「之」字，與《史記》合。此「萬世之功」與上文「一時之事」對舉，文意顯豁，是，殘卷可補通行本之缺。

高祖崩，何事惠帝。何病，上親自臨視何疾，因問曰：「君即百歲後，誰可代君？」對曰：「知臣莫如主。」（冊 7／頁 2012／行 7～8）

按：伯 2973B 殘卷「疾」字下多一「困」字，而各本皆無。按《史記》卷五十三《蕭相國世家》敘此云：「及何病，孝惠自臨視相國病，因問曰……」〔註 101〕用了兩個「病」字。從行文來看，上文已言「何病」，則下文不當再重出一「病」字，語意重複。而此處贅加一「疾」字，亦有疊床架屋、語意累贅之嫌。以馬、班之史才，駕馭文字得心應手，當不至有此疏失，或有脫漏。按《漢紀》卷五敘此作「何病，上自臨問」，《通鑒》卷十二敘此作「鄷文終侯蕭何病，上親自臨視，因問曰」，皆僅用一個「病」字，言簡意賅，蓋荀悅、司馬光二人亦有見於此而作刪改也。考之史籍，類此記載帝王探視臣下之病，諸書多於「上（或作『帝』）自（或作『親自』）臨視（或作『臨』、『臨候』、『臨問』）」句式前交待某人「病」或「病篤」、「病甚」等情形，鮮有於該句式後贅加「病」字者。本書中亦不乏其例，如：卷六十六《陳萬年傳》云：「及吉病甚，上自臨，問以大臣行能。吉薦于定國、杜延年及萬年。」（頁 2900）卷九十七上《外戚傳》：「初，李夫人病篤，上自臨候之，夫人蒙被謝曰……」（頁 3951）皆其比。又卷七十四《丙吉傳》云：「五鳳三年春，吉病篤。上自臨問吉，曰：『君即有不諱，誰可以自代者？』吉辭謝曰：『羣臣行能，明主所知，愚臣無所能識。』」（頁 3147～3148）遣詞造句，簡直與此如出一轍！所不同的是，此處未在前面交待探視對象的病重情形，只是簡單著一「病」字，而在後面加以補充說明。殘卷多一「困」字，層次分明，語意完整，了無窒礙，只是標點應略作改動而已。正確的標點為：「何病，上親自臨視，何疾〔困〕，因問曰……。」從上下文意來看，蕭何此次患「病」非同尋常，而惠帝可能仍如往常一樣前去探視；待發覺蕭何已經病得不輕，亦即到了「疾困」的地步，遂以後事相問。按「疾困」與上引「病篤」、「病甚」等意思相近，「困」字有生命垂危之義，這也正是惠帝向蕭何咨詢繼任者的真正原因。如果是一般的「疾病」，探病的惠帝便不應以後事相問，否則即與情理不合，故此「困」字實不可少。傳世刻本脫漏「困」字，蓋因與其下「因」字形近而誤刪。得此殘卷，可補通行本史文之缺。

〔註 101〕《史記》，中華書局，1982 年第 2 版，第 2019 頁。

又按：「誰可代君」下，伯 2973B 殘卷有「者」字，而各本皆無。按《史記》
卷五十三、《漢紀》卷五、《通鑑》卷十二等敘此皆有「者」字，與殘
卷合；又上引《丙吉傳》之文亦以「者」字煞句，可爲旁證。點校本
當據補。

又按：莫如，汲古閣本、王本等同，而伯 2973B 殘卷與景祐本、殿本等皆作
「莫若」。按「莫若」、「莫如」雖可通用，但《史記》卷五十三、《漢
紀》卷五等敘此亦皆作「莫若」；有此殘卷等爲證，頗疑《漢書》本作
「莫若」，而「莫如」乃後人臆改。

何買田宅必居窮辟處，爲家不治垣屋。（冊 7／頁 2012／行 9）

按：「何買田宅必居窮辟處」句，各本皆同，而伯 2973B 殘卷「買」上多一
「置」字，「辟」作「僻」。按《史記》卷五十三《蕭相國世家》敘此云：
「何置田宅必居窮處，爲家不治垣屋。」〔註 102〕「買」作「置」，無「辟」
字。而《漢紀》卷五敘此作「何買田宅必居窮僻處」，《通鑑》卷十二敘
此作「何置田宅必居窮僻處」，前者「買」字與《漢書》同，後者「置」
字與《史記》同，兩「僻」字則與殘卷合。按載籍中屢見「置田宅」、「買
田宅」、「置買田宅」等連文，例多不贅，故此處作「置」、「買」或「置
買」，義皆可通。而辟、僻二字乃古今字。師古曰：「辟讀曰僻。僻，隱
也。」（頁 2012）蓋師古所見本即作「辟」。《漢書》喜用古字，故當以作
「辟」義勝。殘卷作「僻」字，與傳世敦煌抄本好用今字、通假字或俗
字的風格正相符合。又，《史記》作「窮處」，文義晦澀，當有脫漏，可
據此殘卷等校補。

高祖爲沛公也，參以中涓從。擊胡陵、方與，攻秦監公軍，大破之。（冊 7
／頁 2013／行 8～9）

按：原標點於「從」字句斷，可商。檢顏師古於「從」字後施注，明顏氏亦
以「從」字絕句，點校本即從之。楊樹達說：「今按『從擊胡陵方與』當
連讀。《高紀》：『秦二年十月，沛公攻胡陵、方與。』時參從沛公，故云
『從擊』也。《周勃傳》云：『勃以中涓從攻胡陵，下方與。』《樊噲傳》
云：『噲以舍人從攻胡陵、方與。』《夏侯嬰傳》云：『從攻胡陵。』與此

〔註 102〕《史記》，中華書局，1982 年第 2 版，第 2019 頁。

是同一事，故句例相同，顏誤讀。」〔註103〕按楊說是，可從，而點校本未採。按史籍屢見「從擊」、「從攻」連文，此處亦當連讀，點校本腰斬之，明顯誤標。

參自漢中為將軍中尉，從擊諸侯，及項王敗，還至滎陽。（冊 7／頁 2015／行 14～15）

按：原標點以「將軍中尉」及「項王敗」連讀，與史實不符。按是時項羽未敗，敗者乃劉邦也。此數句乃總括上文而言，上文云：「漢王封參為建成侯。從至漢中，遷為將軍。……以將軍引兵圍章邯廢丘；以中尉從漢王出臨晉關。……擊項籍軍，漢軍大敗走。參以中尉圍取雍丘。……還攻武強，因至滎陽。」是其證。點校本整理者失察，誤標。其正確標點為：參自漢中為將軍、中尉，從擊諸侯及項王，敗，還至滎陽。

高祖以長子肥為齊王，而以參為相國。（冊 7／頁 2017／行 11）

按：相國，景祐本、殿本等同，而汲古閣本、王本等作「齊相國」。《補注》云：「官本無『齊』字，引宋祁曰：『相國』字上當有『齊』字。」按此「相國」承前而言，前文既已明言「齊王」，則此「相國」當為「齊相國」無疑；又上文有「參歸相印焉」云云，亦可證此「相國」非「漢」之「相國」。宋說未確，王本當衍一「齊」字。點校本徑刪底本，未出校改符號與校勘記，失範。

參代何為相國，舉事無所變更，壹遵何之約束。……吏言文刻深，欲務聲名，輒斥去之。（冊 7／頁 2019／行 3～5）

按：「吏言文刻深」句，各本皆同，而伯 2973B 殘卷「吏」字下多一「之」字。按《史記》卷五十四《曹相國世家》敘此亦有「之」字，與殘卷合。按作「吏之言文刻深」，乃是在一個分句的主語和謂語之間用「之」字，取消句子獨立性，表示語意未完，讓讀者或聽者等待下文；若單說「吏言文刻深」，則是一個獨立而完整的句子，而「輒斥去之」的主語亦由曹參變成了「吏」，明顯有歧義，故「之」字不可省。得此殘卷，可補史文之缺漏。

〔註103〕楊樹達《漢書窺管》，上海古籍出版社，1984 年第 1 版，第 313 頁。

日夜飲酒。卿大夫以下吏及賓客見參不事事，來者皆欲有言。至者，參輒飲以醇酒，度之欲有言，復飲酒，醉而後去，終莫得開說，以爲常。（冊 7 / 頁 2019 / 行 5～7）

按：「復飲酒」句，景祐本、汲古閣本、殿本等皆同王本，而伯 2973B 殘卷無「酒」字。按上文已有「酒」字，則此處不宜重出，殘卷少一「酒」字，義勝。而《史記》卷五十四《曹相國世家》敘此作「復飲之」，「飲」字活用爲使動用法，「復飲之」意謂曹參又使來客飲酒，直至其「醉而後去」，如此描寫，與古人行文習慣相合，則又較殘卷作「復飲」爲勝。此處或涉上衍一「酒」字，或「酒」字乃「之」字之訛，點校本失校。

參見人之有細過，掩匿覆蓋之，府中無事。（冊 7 / 頁 2020 / 行 5）

按：掩匿，各本皆同，而伯 2973B 殘卷其上多一「專」字。按殘卷有「專」字是。《史記》卷五十四、《漢紀》卷五、《通鑑》卷十二敘此皆有「專」字，與殘卷合，是其證。多一「專」字，語意較足，突出了曹參的人物形象。通行本蓋誤脫，可據殘卷校補。

參曰：「陛下觀參孰與蕭何賢？」上曰：「君似不及也。」（冊 7 / 頁 2020 / 行 10～11）

按：「陛下觀參孰與蕭何賢」句，各本皆同，而伯 2973B 殘卷作「陛下觀臣能孰與蕭何賢」，與《史記》暗合。《補注》云：「宋祁曰：『浙本「觀參」字下有「能」字。』先謙曰：《史記》亦有『能』字。與，如也；賢，優也。言才能孰優。浙本是。」按《通鑑》卷十二敘此也與《史記》同，王說有理，可從。點校本未採，失校。得此殘卷，可補通行本之缺漏。

百姓歌之曰：「蕭何爲法，講若畫一；曹參代之，守而勿失。載其清靖，民以寧壹。」（冊 7 / 頁 2021 / 行 6～7）

按：清靖，景祐本、殿本等同，而伯 2973B 殘卷及汲古閣本、王本等皆作「清靜」。又《史記》卷五十四、《漢紀》卷五、《通鑑》卷十二敘此皆作「清淨」。按「清靖」、「清淨」、「清靜」三者義通，王本作「清靜」不誤，無煩改字。點校本據殿本等暗改底本，失當。得此殘卷，益證點校本暗改之非。

淮陰、黥布等已滅，唯何、參擅功名，位冠羣臣，聲施後世，為一代之宗臣，慶流苗裔，盛矣哉！（冊 7／頁 2022／行 1～2）

按：羣臣，王本、北監本、汲古閣本、殿本等與《史記》皆同，而伯 2973B 殘卷與景祐本、汪文盛本、大德本等皆作「羣后」。按作「羣臣」或「羣后」雖皆可通，但從上下文意來看，則以作「羣后」於義爲長。「羣后」指眾諸侯，本書卷七十三《韋賢傳》有「庶尹羣后，靡扶靡衛，五服崩離，宗周以隊」云云（頁 3101）師古曰：「庶尹，眾官之長也。羣后，諸侯也。」而「羣臣」則指眾臣子，其中當有未封侯者。蕭何本傳謂其「功第一」，故得先封侯，位在眾諸侯之上，此即所謂「位冠羣后」也。又，載籍屢見「位冠羣后」連文，而鮮見「位冠羣臣」連文。如：《太平御覽》卷五百六十二禮儀部四十一引干寶《晉紀》云：「太尉魯公賈充薨。……及議諡，博士秦秀曰：『充位冠羣后，惟民之望。而悖禮溺情，以亂大倫。案諡法：昏亂紀度曰「荒」。充宜諡「荒」。』上弗從，賜諡曰『武』。」又《梁書》卷一《武帝本紀》云：「相國位冠羣后，任總百司，恒典彝數，宜與事革。」《南史》卷六同。又《周書》卷十九《達奚武傳》云：「或謂武曰：『公位冠羣后，功名蓋世，出入儀衛，須稱具瞻，何輕率若是？』《北史》卷六十五亦同，皆其證。據此，頗疑《史記》、《漢書》通行本之「羣臣」二字乃後人所妄改，得此殘卷，可爲佐證。

卷四十　張陳王周傳第十　23 條

良（年）少，未宦事韓。（冊 7／頁 2023／行 4）

　　校勘記云：「景祐、殿本都無『年』字。」

按：點校本據景祐本、殿本刪「年」字，可商。伯 2973B 殘卷與汲古閣本、王本等皆有「年」字。按《史記》卷五十五《留侯世家》敘此亦有「年」字，點校本未刪改，是。張烈《商榷》謂「刪『年』字語義不明」，所說甚是，「年」字不當刪。得此殘卷，可證點校本校改之非。

又按：《補注》云：「宋祁曰：『「宦」疑是「嘗」字。』錢大昭曰：『閩本「宦」作「嘗」。』……先謙曰：淩稚隆云一本『未』下有『嘗』字。案《史記》作『未宦事韓』。」按「宦」字與「嘗」字及其異體「甞」書體字形相近，極易混淆，但此處伯 2973B 殘卷作「宦」甚爲明晰，與其後文「嘗」字書體極不相類。殘卷與《史記》暗合，得此殘卷爲證，可

知宋祁說非。

良嘗閒從容步游下邳圯上，有一老父，衣褐，至良所，直墮其履圯下，顧謂良曰：「孺子下取履！」（冊7／頁2024／行6～7）

按：上文中的兩個「圯」字，景祐本、殿本、北監本等與《史記》皆同，而汲古閣本、王本等前一字作「圯」，後一字作「汜」。核之伯2973B殘卷，後一字作「汜」甚明，與王本等同；而上一字僅存右半部「巳」，左半部模糊不清，但其下有「音怡」二字注，據此讀音，當是「圯」字。按舊注於此二字眾說紛紜，莫衷一是。服虔曰：「圯，音頤，楚人謂橋曰圯。」應劭曰：「汜水之上也。」文穎曰：「沂水上橋也。」師古曰：「下邳之水，非汜水也，又非沂水。服說是矣。」《補注》云：「張伾曰：『案從水乃《詩》云「江有汜」及今有汜水縣字，音詳里反。據許愼《說文》云「東楚謂橋爲圯」，在土部，本從土，傳寫蓋誤從「汜」，合從土，作「頤」音，與下文「直墮其履汜下」並作「圯」字校定。』劉攽曰：『予謂若本實作「圯」，則應劭無緣解作汜上，疑「汜」亦自爲「頤」音而釋爲橋也，譬如「瞻辭」作「澹辭」矣。然則「汜」字從水亦未爲誤，而校定亦未宜從土也。』宋祁曰：『舊本「汜」從水，張伾改作土，謂從水者是「江有汜」之「汜」，音詳里反。余謂伾說非也。近胡旦作《圯橋贊》，字從水。旦，碩儒也。予嘗問之，旦曰：「汜從水，何所疑憚？《說文》從圯，蓋本字。原後人從水，未容無義。伾改從土，奈應注爲汜水之汜，又何以辨應之誤也？用此尤見張伾之率爾也。」』王念孫曰：『《沂水注》：沂水於下邳縣北西流分爲二水，一水逕城東屈從縣南注泗，謂之小沂水，水上有橋，徐、泗間以爲圯，昔張子房遇黃石公於圯上，即此處也。據此，則文穎以「汜爲沂水上橋」是也。師古不審地望而非之，誤矣。』沈欽韓曰：『《淮南·道應訓》：「公孫龍至於河上，而航在一汜，使善呼者一呼而航來。」注：「汜，水厓也。」此汜上者，亦謂下邳之水邊也。』先謙曰：……『汜』字當從水，有二解：如服說讀『汜』爲『圯』，則訓爲橋；如沈引《淮南》注，則訓爲水厓。予疑『汜』字古本或作『沂』，故《敘傳》云『漢良受書於邳沂』，顏注引晉灼曰：『沂，崖也。下邳水之崖也。此注文穎云『沂水上橋』，蓋所見有沂、汜兩本，因而立注。《水經注》『小沂水』之名，又後人沿傳文及文說爲之附會，流傳以成典實，

究之古訓不如此也。『沂』與『圻』通，『圻』又與『垠』同，故宋祁於《敘傳》引韋昭『本作垠』。《文選》載班此文亦作『邳垠』。『垠』字本訓崖岸，足證班氏於此傳文必解爲『下邳水崖之上』、不以爲『橋圯』，沈氏『汜』爲水崖之說爲不可易也。韋昭於作『垠』之本釋曰：『垠，限也。謂橋。』《文選‧大將軍讌會詩》李注引文穎『沂水上橋』之說以釋『垠』字，則妄爲牽引而愈不可通矣。」按：王先謙謂「『汜』字當從水，有二解」，甚有理，可從；但以《水經注》及文穎說爲附會，則未免武斷。清王峻《漢書正誤》卷三亦謂「文穎之說爲最當，不當與應氏一例非之也」〔註104〕。事實上，此處兩個「圯」字原本不一致，一則從土，一則從水，且由來已久，自宋時張佖校定爲從土之「圯」，遂致傳世刻本多作『圯』而鮮作『汜』，反而泯滅了原貌。而殘卷抄於雕版印刷盛行以前，輾轉傳抄的次數較刻本爲少，故多能保存原貌。得此殘卷，可袪諸疑，益見敦煌寶藏之珍貴！點校本不採王先謙之善說，暗改底本之「汜」字而未作任何說明，不合古籍整理規範。

又按：如前所述，伯2973B殘卷前一個「圯」字下有「音怡」二字注文，而傳世《漢書》各本皆無此注語，而有「音頤」之服注。按《史記集解》引徐廣曰：「圯，橋也，東楚謂之圯。音怡。」《索隱》曰：「李奇云：『下邳人謂橋爲圯。音怡。』文穎曰：『沂水上橋也』。應劭云：『沂水之上也』。姚察見《史記》本有作土旁者，乃引今會稽東湖大橋名爲靈圯。圯亦音夷，理或然也。」〔註105〕殘卷注音與徐廣、李奇暗合，彌足珍貴，可補通行本注文之缺漏。

又按：「孺子下取履」句，點校本《史記》標作：「孺子，下取履！」〔註106〕於「孺子」後點斷，語意清晰，是。下文亦以「下取履」爲句，宜統一處理。

良愕然，欲毆之。爲其老，乃彊忍，下取履，因跪進。（冊7／頁2024／行7）

按：毆，各本皆同，而伯2973B殘卷作「歐」，《史記》作「殴」。按古時「歐」、

〔註104〕王峻《漢書正誤》，《二十四史訂補》本，北京圖書館出版社，2004年第1版，徐蜀《兩漢書訂補文獻彙編》第一分冊，第422頁。

〔註105〕《史記》，中華書局，1982年第2版，第2035頁。

〔註106〕《史記》，中華書局，1982年第2版，第2034頁。

「毆」、「歐」三字同音通用，載籍多混用，無煩改字。

又按：「乃彊忍」句，各本皆同，而伯 2973B 殘卷無「乃」字，「彊」作「強」。按《史記》敘此亦作「彊」，無「乃」字。古時「彊」、「強」二字混用，義可兩通，後世「強」行而「彊」廢。殘卷無「乃」字，與《史記》暗合，疑此「乃」字爲後人所加。

父以足受之，笑去。（冊 7／頁 2024／行 7～8）

按：笑去，各本皆同，而伯 2973B 殘卷作「笑而去」。《史記》敘此亦作「笑而去」。《補注》引宋祁曰：「浙本作『笑而去』。」按殘卷與浙本及《史記》暗合，可證《漢書》原有「而」字，通行本誤脫。「笑」和「去」本是兩個動作，中間加一「而」字連接，文從字順；如單作「笑去」，則顯突兀，且與古人行文習慣不合。點校本失校，應據殘卷及《史記》補「而」字。

良因怪（之），跪曰：「諾。」（冊 7／頁 2024／行 8～9）

校勘記云：「景祐、殿本都無『之』字。」

按：點校本據景祐本、殿本等刪「之」字，可商。伯 2973B 殘卷與汲古閣本、王本等皆有「之」字，《史記》敘此亦有「之」字。張烈《商榷》謂此「之」字不當刪，有「之」字語意方完全，所說甚是。下文「良因異之」，句式、意義皆同，是其證。得此殘卷，可證點校本校改之非。

五日平明，良往。父已先在，怒曰：「與老人期，後，何也？去，後五日蚤會。」五日，雞鳴往。父又先在，復怒曰：「後，何也？去，後五日復蚤來。」（冊 7／頁 2024／行 9～10）

按：五日平明，北監本、汲古閣本、殿本等同，而景祐本、汪文盛本、大德本等皆無「平」字。按伯 2973B 殘卷與《史記》皆有「平」字。又上文老父有「孺子可教矣。後五日平明，與我期此」之語，見此「平」字不可省，景祐本、汪文盛本等明顯誤脫一字。得此殘卷，可定通行本異文之是非。

又按：上引之文明顯有歧義，蓋整理者失察而誤標。《史記》卷五十五《留侯世家》敘此文字小異，在「去」與「後五日蚤會」、「後五日復蚤來」之間，各多一個「日」字，而《漢書》傳世刻本與點校本等皆無。按

《史記》有了兩個「曰」字，標點亦與此異，作：五日平明，良往。父已先在，怒曰：「與老人期，後，何也？」去，曰：「後五日早會。」五日雞鳴，良往。父又先在，復怒曰：「後，何也？」去，曰：「後五日復早來。」〔註107〕按《史記》標點是。有無「曰」字，文意截然不同。兩相比較，可知通行本《漢書》有脫漏。可喜的是，伯 2973B 殘卷亦有一「曰」字，與《史記》暗合。按此殘卷異文參校價值甚大，不僅可補通行本之缺漏，還可定顏注與點校本標點之是非。按此段敘述張良遇黃石公之文，一共用了五個「去」字，皆為動作描寫，非對話；而其主語亦皆為「老父」，即黃石公，並非張良。上文分別是「笑而去」與「父去里所」，下文為「遂去不見」。若依原標點，則中間兩處「去」字的主語都變成了張良，這不但與事實不符，亦與情理不合。究其致誤之因，約有四端：一是未見殘卷異文而失校，二是不明文意而誤標，三是沿襲顏注之誤，四是未與《史記》等仔細參校。按顏師古於「去，後五日蚤會」下注云：「放良令去，戒以後會也。其下亦同。蚤，音早。」（頁 2025）據此，知顏師古所見本即無「曰」字，而將此「去」字及下文之「去」字皆屬之張良，大誤。事實上，「去」乃「老父」徑自「離開」，而非「老父」命張良「離開」，文意甚明，而點校本整理者失察，且為顏注所迷惑，故而誤標。

又按：《漢書》此段文字明顯抄自《史記》，二者文字略有小異，剪裁痕迹猶存。而伯 2973B 殘卷僅有中間兩個「去」字後的前一個「曰」字，較《史記》少後一個「曰」字，蓋亦有脫漏。按古書中雖然常有省去「曰」字的成例，如《孟子》一書中便有不少省去「曰」字的地方，例多不贅。不過，這些省去「曰」字的地方，其後的句子或片斷標點時皆當另用引號加以區別，否則便易生歧義。以彼例此，即使《漢書》此文原無中間兩個「曰」字，亦當視作承前省略而另作處理。其正確標點如下：

五日平明，良往。父已先在，怒曰：「與老人期，後，何也？」去，「後五日蚤會！」五日，雞鳴往。父又先在，復怒曰：「後，何也？」去，「後五日復蚤來！」

〔註107〕《史記》，中華書局，1982 年第 2 版，第 2035 頁。

且日視其書，乃《太公兵法》。良因異之，常習〔讀〕誦。（冊 7 / 頁 2024 / 行 12～13）

> 校勘記云：「宋祁說一本『習』下有『讀』字。景祐本有。」

按：各本皆無「讀」字，獨景祐本有。《補注》引宋祁云：「一本『誦』下有『讀』字。」與點校本校勘記有異，一作「習」，一作「誦」，必有一誤。核檢諸書所引宋祁校語，皆與《補注》同，殿本所引亦作「誦」，當是校勘記誤引；而景祐本（百衲本）作「常習讀誦」，「讀」字在「誦」字上，張元濟《校勘記》稱「與宋云一本合」，則宋祁校語似又應作「一本『誦』上有『讀』字」，方與校勘記所引「一本『習』下有『讀』字」合，但宋祁校語各本均無異文，未知張元濟與點校本整理者所見究出何本？〔註 108〕按此處作「常習讀誦」或「常習誦讀」義皆可通，並無疑義；而《史記》卷五十五《留侯世家》敘此即作「常習誦讀之」，與宋祁所云一本暗合；又此傳文多以《史記》爲藍本，故此處仍當以作「常習誦讀」爲是。據此，校勘記「習」字當爲「誦」字之誤，應據《補注》改；而正文「常習〔讀〕誦」亦當乙正爲「常習誦〔讀〕」。

又按：據《漢書評林》、《漢書考證》等書所載，宋祁校刻本所用參校本可考者凡 16 種，余靖校刻的景祐刊誤本乃其中之一，故宋祁校語所云一本，未必即指景祐本；而即使宋祁明言景祐本作某字者，亦常有與傳世景祐本不符者，王先謙等亦屢有提及，此不贅。點校本據景祐本（百衲本）校改，爲求一致，乃於校勘記中暗改宋祁校語「誦」字爲「習」字，遂與所據底本注文不合。

晉灼曰：「資，質也。欲令沛公反秦奢泰，服儉素以為資。」（冊 7 / 頁 2027 / 行 4）

按：「服儉素以爲資」句，王本、汪文盛本、汲古閣本、殿本等同，而景祐本、北監本「資」作「質」。《補注》引宋祁曰：「注文『資』字舊本作『質』。」按《漢書評林》亦作「質」，與宋祁所見舊本合。細玩文意，

〔註 108〕張元濟《校勘記》卷首所載王紹曾《漢書校勘記整理說明》說：「校勘記內有所謂『與宋云舊本合』、『與宋云越本合』、『與宋引刊誤合』者，均繫指宋本《漢書》所引宋祁校語而言。」而細檢張元濟《校勘記》，類似按語尚有「與宋云一本合」、「與宋云當作合」、「與宋云景本合」等 10 餘種，蓋皆當作如是觀。據此，則張氏所見此條宋祁校語應出自宋本，與諸書所載有異。

晉注以「質」釋「資」，故其下字援例仍當作「質」；又素、質義合，因其太奢，故欲其質，文意清楚，故作「質」義勝，「資」蓋「質」形近之訛。按《史記集解》引此晉注兩「質」字皆作「藉」，藉、質義通，亦其證。點校本失校。

殷事以畢，偃革為軒，倒載干戈，示不復用，今陛下能乎？（冊 7／頁 2030／行 1～2）

按：「示不復用」句，各本同，而《漢紀》卷二引此「用」下多一「武」字，語意完足。按《史記》卷五十五《留侯世家》敍此云：「倒置干戈，覆以虎皮，以示天下不復用兵。今陛下能偃武行文，不復用兵乎？」〔註109〕「用」下有「兵」字，《通鑑》卷十同。按「用武」即「用兵」，文意明白無誤。此處少一「武」字或「兵」字，失卻原意，蓋有脫漏。點校本失校，當據《史記》等校補。

息牛桃林之壄，（示）天下不復輸積，今陛下能乎？（冊 7／頁 2030／行 3）

校勘記云：「景祐、殿本都無『示』字。」

按：示，王本、汲古閣本等皆有，點校本據景祐本、殿本刪，可商。《補注》云：「官本無『示』字，引宋祁曰：浙本『天』字上有『示』字。王念孫云：『浙本是也。《史記》、《漢紀》及《新序·善謀篇》皆有「示」字。』」按王說有理，刪「示」字文意欠明，上文有「休馬華山之陽，示無所為」等語，句式相似，亦有「示」字，是其證。張烈《商榷》亦說「示」字不當刪。點校本誤校。

後韓信破齊欲自立為齊王，漢王怒。良說漢王，漢王使良授齊王信印。語在《信傳》。（冊 7／頁 2031／行 8）

按：「欲自立為齊王」句，景祐本、殿本及《史記》皆同，而汲古閣本、王本等「齊王」上多一「假」字。《補注》云：「官本無『假』字，引宋祁曰：『齊王』上疑有『假』字。」按宋說有理，王本未必誤。點校本據殿本等暗改底本，徑刪「假」字，失當。據卷三十四韓信本傳云：「楚卒皆降，遂平齊。使人言漢王曰：『齊誇詐多變，反復之國，南邊楚，不為假王以填之，其勢不定。今權輕，不足以安之，臣請自立為假王。』當是

〔註109〕《史記》，中華書局，1982 年第 2 版，第 2041 頁。

時，楚方急圍漢王於滎陽，故使者至，發書，漢王大怒，罵曰：『吾困於此，且暮望而來佐我，乃欲自立爲王！』張良、陳平伏後，躡漢王足，因附耳語曰：『漢方不利，寧能禁信之自王乎？不如因立，善遇之，使自爲守。不然，變生。』漢王亦寤，因復罵曰：『大丈夫定諸侯，即爲眞王耳，何以假爲！』遣張良立信爲齊王，徵其兵使擊楚。」（頁 1874～1875）按此段文字當抄自《史記》卷九十二《淮陰侯列傳》，而卷八《高祖本紀》及《漢紀》卷三、《通鑑》卷十等所載皆略同。細玩文意，當以有「假」字於義爲長。韓信擁兵自重，表面上雖以請立「假王」爲名，而內心自是覬覦「齊王」之位，希望弄「假」成「眞」。漢王「即爲眞王耳，何以假爲」云云，眞是洞若觀火，一語道破玄機！此處著一「假」字，凸顯韓信要挾漢王之用心；若韓信直接自立爲齊王，則無須派人請立，故「假」字不當刪。下文陳平本傳云：「明年，淮陰侯信破齊，自立爲假齊王，使使言之漢王。漢王怒而罵，平躡漢王。漢王寤，乃厚遇齊使，使張良往立信爲齊王。」（頁 2043）同敘一事，亦作「假齊王」，是其證；而點校本未作刪改，前後不一，自相矛盾。

又按：原文「破齊」後宜點斷，文意始暢。「破齊」爲已然之事，「欲自立爲　　齊王」乃未然之事，二事當分述之。

良曰：「上平生所憎，羣臣所共知，誰最甚者？」上曰：「雍齒與我有故怨，數窘辱我，我欲殺之，爲功多，不忍。」（冊 7／頁 2032／行 3～4）

按：「雍齒與我有故怨」句，各本同。服虔曰：「未起之時與我有故怨也。」　　師古曰：「每以勇力困辱高祖。」《補注》引王念孫曰：「案『怨』字因注　　文而衍，蓋正文本作『雍齒與我有故』，故服注申之曰『未起之時與我有　　故怨』。若正文有『怨』字，則服注爲贅語矣。有故即有怨，《呂氏春秋·　　精諭篇》：『齊桓公與管仲謀伐衛，退朝而入，衛姬望見君，下堂再拜，　　請衛君之罪；公曰「吾與衛無故，子曷爲請？」』無故，即無怨也。《史　　記》作『雍齒與我有故』，《文選·幽通賦》注、《御覽·居處部二十三》　　引《漢書》並作『雍齒與我有故』，《新序·善謀篇》同，皆無『怨』字。」　　吳恂《注商》云：「『怨』爲衍文，王說是也。有故，言舊知也。若訓有　　怨，則下似不當更言『數窘辱我』矣。案《呂覽》『吾與衛無故』，猶云　　吾無事於衛也，事，軍事也。……《呂覽》『故』字，多訓爲事，《本生

篇》『以全天爲故』、《節喪篇》『不以便死爲故』、《首時篇》『此易故也』、
《察今篇》『以勝爲故』等皆是也。」〔註110〕按服注、顏注均未達，王、
吳二家之說亦非。此處「故」當訓作「舊」，故怨即舊怨也。劉邦怨恨雍
齒而不忍殺之，並非與其爲「舊知」，乃是因其「功多」；而雍齒「數窘
辱」劉邦，亦非於劉邦「未起之時」。考之史籍，此「平生所憎，羣臣所
共知」之「故怨」，當指雍齒叛豐爲魏之事。按雍齒曾封汁防（亦作「什
防」，《史記》作「汁邡」）肅侯，而《史》、《漢》均無傳。據本書卷十四
《高惠高后文功臣表》等載，「齒故沛豪，有力，與上有隙，故晚從」；「以
趙將前三年從定諸侯，二千五百戶，功比平定侯」（頁555）。雍齒事迹首
見於秦二年十月。卷一上《高帝紀》云：「秦二年十月，沛公攻胡陵、方
與，還守豐。秦泗川監平將兵圍豐。二日，出與戰，破之。令雍齒守豐。
十一月，沛公引兵之薛。秦泗川守壯兵敗於薛，走至戚，沛公左司馬得
殺之。沛公還軍亢父，至方與。趙王武臣爲其將所殺。十二月，楚王陳
涉爲其御莊賈所殺。魏人周市略地豐沛，使人謂雍齒曰：『豐，故梁徙也，
今魏地已定者數十城。齒今下魏，魏以齒爲侯守豐。不下，且屠豐。』
雍齒雅不欲屬沛公，及魏招之，即反，爲魏守豐。沛公攻豐，不能取。
沛公還之沛，怨雍齒與豐子弟畔之。……東陽寧君、秦嘉立景駒爲楚王，
在留。沛公往從之，道得張良，遂與俱見景駒，請兵以攻豐。……還擊
豐，不下。……沛公還，引兵攻豐，拔之。雍齒奔魏。」（頁11～13）按
沛公命雍齒守豐，而雍齒爲魏所誘舉豐叛之，使沛公失去根基，處境窘
迫，只得往從楚王景駒等，借兵收復失地，屢攻豐而方下，此即所謂「數
窘辱」與「故怨」也。高祖對此雍齒叛豐之「故怨」，一直耿耿於懷，雖
因其功多而不忍殺之，卻亦曾因此累及無辜。卷一下《高帝紀》云：「上
留止，張飲三日。沛父兄皆頓首曰：『沛幸得復，豐未得，唯陛下哀矜。』
上曰：『豐者，吾所生長，極不忘耳。吾特以其爲雍齒故反我爲魏。』沛
父兄固請之，乃並復豐，比沛。」（頁74）《史記》卷五十六《陳丞相世
家》云：「王陵者故沛人，始爲縣豪，高祖微時，兄事陵。陵少文，任氣，
好直言。及高祖起沛，入至咸陽，陵亦自聚黨數千人，居南陽，不肯從
沛公。及漢王之還攻項籍，陵乃以兵屬漢。……陵卒從漢王定天下。以
善雍齒，雍齒，高帝之仇，而陵本無意從高帝，以故晚封，爲安國侯。」

〔註110〕吳恂《漢書注商》，上海古籍出版社，1983年第1版，第91頁。

〔註111〕是其證。按雍齒與王陵同爲沛之「縣豪」，故二者交情頗深，與劉邦亦當過從甚密，其「數窘辱」劉邦之事若發生在劉邦「未起之時」，則太史公當如王陵一樣有所記載，而《史記》僅於表中載其「故沛豪，有力，與上有隙，故晚從」等寥寥數語，頗與情理不合，益可證服注等所言爲非。事實上，上引高祖「特以其爲雍齒故反我爲魏」句，乃此「故怨」一詞之最佳注腳。而載籍屢見「故怨」一詞，如《宋史》卷三百二十一有「蔡京得政，修故怨」及「呂頤浩與光世有故怨」云云，皆其比，例多不贅。又，班固《幽通賦》云：「雍造怨而先賞兮，丁緤惠而被戮。」（頁4216）師古曰：「雍，雍齒也。丁，丁公也。緤，讀與由同。」按此所云雍齒所造之「怨」，即高祖所謂「故怨」也，兩處均有「怨」字，可證此處「怨」字並非衍文。有此內證，頗疑班固所見《史記》原本即有「怨」字，而後世傳抄誤脫之，《御覽》等書所引未必可信。《通鑒》卷十一亦作「雍齒與我有故怨」，與《漢書》同。點校本未採王念孫說而刪「怨」字，較爲審愼。

師古曰：「顧，念也。四人，謂園公、綺里季、夏黃公、甪里先生，所謂商山四皓也。」（冊7／頁2034／行6）

按：甪里先生，景祐本、殿本等同，而汲古閣本、王本等作「角里」。《補注》云：「官本注『角』作『甪』。」按考之文獻所載，作「角」誤，當作「甪」。同書卷七十二敘此四人亦作「甪」，是其證。點校本徑改底本，未出校改符號與校勘記，失範。

良不得已，彊聽食。後六歲薨。諡曰文成侯。（冊7／頁2037／行8）

按：六歲，各本同。王先謙說：「《史記》作『後八歲卒』。據侯表，良以高后二年薨。」吳恂說：「《史記》作『後八歲』是也。據《功臣表》：良以高帝六年正月封，十六年薨。高后三年，子不疑嗣侯。考高祖在位十有二年，自良始封訖高帝之崩，計達七年，又歷惠帝七年，其薨當在高后二年。上云『高帝崩，呂后德良』云云，則其時宜在孝惠之初，其後八年，正當高后二年，與漢表十六年薨之文正合，故不疑於三年嗣侯也。」〔註112〕按王、吳二家所說甚是，可從。點校本失校。

〔註111〕《史記》，中華書局，1982年第2版，第2059～2060頁。
〔註112〕吳恂《漢書注商》，上海古籍出版社，1983年第1版，第92～93頁。

子不疑嗣侯。孝文三年，坐不敬，國除。（冊 7／頁 2038／行 3）

按：三年，各本同。王先謙說：「侯表：不疑孝文五年坐與門大夫殺故楚內史，
　　贖爲城旦。與此云『不敬』異。《史記》亦作『五年』，明此『三年』誤。」
　　按《史記集解》引徐廣曰：「文成侯立十六年卒，子不疑代立。十年，坐
　　與門大夫吉謀殺故楚內史，當死，贖爲城旦，國除。」〔註113〕如上所述，
　　不疑於高后三年嗣侯，「十年」後正當文帝五年，故此「三年」當爲「五
　　年」之誤。王說是，可從。點校本未採，失校。

負隨平至其家，家乃負郭窮巷，以席爲門，然門外多長者車轍。（冊 7／頁
2038／行 11～12）

按：車轍，景祐本、殿本等同，而汲古閣本、王本等作「車徹」。王先謙說：
　　「官本『徹』作『轍』，《史記》同。」按徹、轍二字古通用，無煩改字，
　　王本等作「車徹」未必誤。點校本徑改底本，失當。

平乃夜出女子二千人滎陽東門，楚因擊之。平乃與漢王從城西門出去。遂
入關，收聚兵而復東。（冊 7／頁 2043／行 8～9）

按：出去，各本同。《補注》云：「宋祁曰：『出去，當作「夜出」。』先謙曰：
　　《史記》作『夜出去』。」按宋說未達。上文已有「夜出」二字，故其下
　　文可承上而省一「夜」字。《史記》卷七《項羽本紀》云：「於是漢王夜
　　出女子滎陽東門，被甲二千人，楚兵四面擊之。……漢王亦與數十騎從
　　城西門出，走成皋。」〔註114〕同敘一事，其下文僅用一「出」字，省「夜」
　　字。而卷八《高祖本紀》敘此作「以故漢王得與數十騎出西門遁」，本書
　　卷一上與《通鑑》卷十同；又《通典》卷一百五十《兵三》作「以故漢
　　王得與數十騎出西門，遁走」，皆省一「夜」字，是其證。按此處「去」
　　字爲逃跑離開之意，與上引文作「走」、「遁」、「遁走」等義近，故原文
　　作「從城西門出去」並不誤，但宜於「出」字後點斷，「去」字單獨爲句，
　　文意明白。點校本未採宋說增補一「夜」字，可謂有見。而《史記》卷
　　五十六《陳丞相世家》敘此作「夜出去」〔註115〕，「夜出去」與其上「夜
　　出」文意重複，蓋涉上而衍一「夜」字，可據《漢書》刪，下「出」字

〔註113〕《史記》，中華書局，1982 年第 2 版，第 2048 頁。
〔註114〕《史記》，中華書局，1982 年第 2 版，第 326 頁。
〔註115〕《史記》，中華書局，1982 年第 2 版，第 2056 頁。

後亦當點斷。

上因隨以行。行至陳，楚王信果郊迎道中。（冊 7／頁 2044／行 5）

按：行至陳，各本同。《補注》云：「《史記》作『行未至陳』是也，故信迎於
道中，下乃至陳而會諸侯也。本書蓋奪一『未』字。」按王先謙所說有
理。細玩文意，上文陳平有「陳，楚之西界，信聞天子以好出遊，其勢
必郊迎謁」之語，而此言「信果郊迎道中」，下文又有「遂會諸侯於陳」
云云，明高祖其時尚未至陳也，故《史記》多一「未」字是。點校本未
採王說，失校。

師古曰：「出〔其〕郊遠迎謁也。」（冊 7／頁 2044／行 12）

　　校勘記云：「景祐、殿本都有『其』字。」

按：從點校本所改來看，似乎底本顏注原作「出郊遠迎謁也」，而事實上王本、
汲古閣本及《漢書評林》等皆作「言出郊遠迎謁也」。《補注》云：「先謙
曰：官本『言出郊』作『出其郊』。」按景祐本同殿本，點校本據之逕刪
底本「言」字，校補「其」字，泯滅了底本原貌，非。細玩文意，此處
顏注乃爲解釋正文「其勢必郊迎謁」而設，作「言出郊」或「出其郊」
義皆可通，王本未必誤，可不改。又，點校本既以「言出郊」爲誤，則
當於校勘記中說明「言」字爲衍文，其正文亦當校改爲「（言）出〔其〕
郊遠迎謁也」，以免漏排「言」字及其刪字符號。故此處明顯誤校、誤排，
且不合古籍整理規範。

罷朝，陵讓平、勃曰：「始與高帝唼血而盟，諸君不在邪？……」（冊 7／
頁 2047／行 8）

按：唼血而盟，王本、汲古閣本、殿本等皆同，獨景祐本作「唼而盟」。《補
注》云：「宋祁云：『浙本無「而」字。』王念孫曰：『浙本是也。景祐本
作「唼而盟」，「而」即「血」之誤。此作「唼血而盟」者，一本作「血」，
一本作「而」，而寫者誤合之耳。《史記·呂后紀》作「嚍血盟」，無「而」
字。』」按《通鑑》卷十三亦作「嚍血盟」，是其證，王說是。「唼」、「嚍」
二字同，與「歃」、「喋」二字通，載籍屢見。點校本未採王說，失校。

以將軍從高帝擊韓王信於代，降下霍人。……還攻樓煩三城，因擊胡騎平
城下，所將卒當馳道爲多。勃遷爲太尉。

〔擊〕陳豨，屠馬邑。所將卒斬豨將軍乘馬降。……定代郡九縣。
燕王盧綰反，勃以相國代樊噲將，擊下薊，……得丞相、大將各一人。（冊
7／頁 2052／行 14～頁 2053／行 14）

按：以上三段引文，皆敘周勃戰功，前後結構多雷同。細玩文意，第一段末
　　句「勃遷爲太尉」似應爲第二段首句，文意始暢。張如元說「勃遷爲太
　　尉」當連下「擊陳豨」而讀：「蓋第一段記周勃以將軍擊韓王信，第二段
　　記其以太尉擊陳豨，第三段記其以相國擊盧綰。」〔註116〕按張說有理，
　　以「勃遷爲太尉」連下「擊陳豨」而讀，使三個段落層次分明，文意順
　　暢，點校本處理可商，宜從改。又，點校本《史記》段落處理與此同，
　　亦宜從改。

因復擊豨靈丘，破之。斬豨丞相程縱、將軍陳武、都尉高肆。定代郡九
縣。（冊 7／頁 2053／行 7）

按：「斬豨丞相程縱、將軍陳武、都尉高肆」句，各本同，但與史實不符，
　　疑有脫漏。《補注》云：「《史記》『肆』作『肆』，『斬豨』下有『得豨』
　　二字，謂既斬豨，又得縱等也。《高紀》『周勃定代，斬陳豨於當城』，與
　　《史》言『斬豨靈丘』異，蓋靈丘、當城相距近也。後不更言斬豨事，
　　則此處終言之爲是。疑本書奪『得豨』二字也。」按王先謙所說甚有
　　理。考之史籍，「丞相程縱」等此時並未被周勃所斬。《史記》卷九十五
　　《樊酈滕灌列傳》有「曲周侯酈商者，高陽人。……以右丞相趙相國別
　　與絳侯等定代、雁門，得代丞相程縱、守相郭同、將軍已下至六百石十
　　九人」〔註117〕云云，本書卷四十一酈商本傳略同，同敘一事，亦言得丞
　　相程縱等，不言斬，是其證。點校本未採王說，明顯失校，當據《史記》
　　等校補。

勃既出，曰：「吾嘗將百萬軍，安知獄吏之貴也！」（冊 7／頁 2056／行
10）

按：「安知獄吏之貴也」句，景祐本、殿本等同，而王本、汲古閣本等「安」

〔註116〕張如元《〈漢書〉標點中的一些問題》，原載《古籍整理出版情況簡報》第 140
　　　　期，收入國務院古籍整理出版規劃小組編《古籍點校疑誤彙錄》一書，中華
　　　　書局，1989 年第 1 版，第 3 冊，第 274 頁。
〔註117〕《史記》，中華書局， 1982 年第 2 版，第 2662 頁。

上有「然」字。《補注》云：「官本無『然』字，引宋祁曰：浙本『安知』上有『然終』字。」細玩文意，多一「然」字或「然終」二字，表轉折，義皆可通，王本未必誤。點校本據殿本等徑刪底本「然」字，失當。

卷四十一　樊酈滕灌傅靳周傳第十一　6 條

後攻圍都尉、東郡守尉於成武，卻敵，斬首十四級，捕虜十六人，賜爵五大夫。（冊 7／頁 2067／行 8～9）

按：「後攻圍都尉」句，各本皆同，獨殿本「後」作「從」。《補注》云：「劉攽曰：『圍，縣名，有尉，無都尉。又郡都尉至景帝方置，明此衍「都」字。』周壽昌曰：『郡守尉之改爲都尉雖在景帝中二年，而酈商從高祖王漢中時已爲隴西都尉，非即郡都尉耶？大抵秦時都尉郡、縣俱有，未可知也。』先謙曰：《史記》作『從攻圍東郡守尉於成武』，無『圍都尉』三字。《高紀》『秦三年攻破東郡尉於成武』，《曹參傳》『從攻東郡尉軍，破之』，《灌嬰傳》『破東郡尉於成武』，即此一役，而皆不言『攻圍都尉』，明此文與《史記》同，傳寫者誤『圍』爲『圍』，又妄加『都尉』二字耳。又《高紀》、《曹、灌傳》但言『東郡尉』，疑此『守』字亦衍文。官本『後』作『從』，是。」按王先謙謂殿本作「從」是，甚有理，此處上下文敘事皆作「從攻」，亦可證；而疑「守」字爲衍文，則非。本書卷三十九《曹參傳》「攻秦監公軍」句顏師古注引晉灼曰：「秦一郡置守、尉、監三人。」（頁 2014）《兩漢博聞》卷一「郡守尉」條〔註118〕引同，據此可知「守」字並非衍文，而周壽昌所說亦有理。點校本失校。

從攻破揚熊於曲遇。（冊 7／頁 2067／行 11）

按：曲遇，景祐本、殿本等同，而王本、汲古閣本等作「曲逆」。《補注》云：「逆，官本作『遇』，是。」按王先謙所說有理。師古曰：「曲，音丘羽反。遇，音顒。」明顏師古所見本亦作「曲遇」。王本等作「逆」，蓋因形近而誤刻。點校本據殿本等徑改底本，未出校改符號與校勘記，失範。

〔註118〕楊侃《兩漢博聞》，車承瑞點校，黑龍江人民出版社，1990 年第 1 版，第 15 頁。

沛公為漢王，賜商爵信成君，以將軍為隴西都尉。（冊 7／頁 2074／行 11）

按：信成君，各本同。《補注》云：「劉奉世曰：『君，當作「侯」。高祖爲漢
　　王，絳、灌諸將皆賜侯爵，因故號封之也。商先以從攻長社先登封信成
　　君。』何焯曰：『此復云賜商爵信成君，當即《樊噲傳》所謂賜重封也。』
　　先謙曰：以此爲重封，於義不通，劉說是也。或疑下文賜爵列侯，此不
　　得爲信成侯；但漢初先賜名號侯，如樊噲臨武、傅寬通德之類甚多，『信
　　成』乃名號，後賜爵列侯，則實封耳。《灌嬰傳》『由昌文君賜號昌文侯』，
　　即其例也。」按王說甚是，可從。點校本未採，失校。

應劭曰：「古者立乘，嬰恐小兒墮墜，各置一面擁持之。樹，立也。」（冊
7／頁 2078／行 5）

按：擁，景祐本、殿本等同，而王本、汲古閣本等作「雍」。按雍、擁爲古今
　　字，此處正文作「面雍樹馳」，故王本等作「雍」並不誤。點校本徑改，
　　失當。

四月，擊陳豨，屬太尉勃，以相國代丞相噲擊豨。（冊 7／頁 2086／行 3）

按：「以相國代丞相噲擊豨」句，各本皆同，而與史實不符，疑有脫誤。王
　　先謙說：「此文『以相國』上當更有『勃』字，『擊豨』當爲『擊盧綰』，
　　史文脫誤也，《史記》亦誤。」考之史實，王說甚是。據周勃本傳等載，
　　「勃遷爲太尉。擊陳豨，屠馬邑」；「燕王盧綰反，勃以相國代樊噲將，
　　擊下薊」（頁 2053），本爲二事甚明，此處蓋剪裁時誤合。又傅寬未嘗任
　　相國，故此「以相國代丞相噲擊豨」者當爲周勃無疑，蓋涉上文誤脫一
　　「勃」字，遂生歧義。點校本失校。

別下平陽，身斬守相，所將卒斬兵守郡一人，降鄭。（冊 7／頁 2087／行
7）

按：「所將卒斬兵守郡一人」句，各本皆同，而文意欠明，疑有脫誤。李奇
　　曰：「或以爲郡守也，字反耳。」晉灼曰：「將兵郡守也。」師古曰：「當
　　言兵郡守一人也。」按諸家之說皆未達。《補注》云：「《史記》作『斬兵
　　守、郡守各一人』，此奪『守各』二字。」按王先謙所說有理。嶽麓本從
　　王說校改，而點校本失校。

卷四十二　張周趙任申屠傳第十二　6 條

如淳曰：「方，板也，謂事在板上者也。秦置柱下史，蒼爲御史，主其事。或曰，主四方文書也。」（冊 7／頁 2093／行 6）

按：「謂事在板上者也」句，各本皆同，而文意欠明，疑有脫誤。《補注》云：「如注『謂』下脫『書』字，《集解》引有。」按王先謙所說有理，《通典》卷二十四引此如注與《史記集解》同，亦有「書」字，語意明白。《索隱》曰：「方書者，方板，謂小事書之於板也，或曰主四方文書也。」亦謂書事於板。又《兩漢博聞》卷一「柱下方書」條引此如注作「謂事事在板上者也」〔註119〕，於「事」字上重一「事」字，義不可通，蓋上「事」字即「書」字形近之訛，正可爲反證。點校本失校。

是歲，戚姬子如意爲趙王，年十歲，高祖憂萬歲之後不全也。（冊 7／頁 2096／行 2）

按：是歲，殿本、北監本等同，而景祐本、汲古閣本、王本皆作「是後」。細玩文意，當以作「是後」於義爲長，「是歲」蓋後人所改。上文載高祖寵幸戚姬，欲廢太子，而立戚姬子如意爲太子，因周昌廷爭而罷。此承上而言，謂其後如意被立爲趙王，因年齡尙小，高祖預料自己死後呂后可能對戚姬母子不利，故而生「憂」也。若作「是歲」，則爲確指，與上下文意有隔。或此「歲（崴、歲）」字涉下「戚」字形近而訛，王本作「後」未必誤。點校本暗改底本，失當。

上度丞相已困通，使使持節召通，而謝丞相：「此吾弄臣，君釋之。」（冊 7／頁 2101／行 6）

按：以上引文，各本同。《補注》云：「宋祁曰：『浙本「此」字上有「曰」字，「君」字下有「其」字。』先謙曰：《群書治要》引有『曰』字，《史記》亦有。」按浙本與《史記》合，於義爲長，可從改。點校本失校。

師古曰：「肅，敬也。」（冊 7／頁 2101／行 8）

按：王本顏注「敬」下無「也」字。《補注》云：「官本有『也』字。」按景

〔註119〕楊侃《兩漢博聞》，車承瑞點校，黑龍江人民出版社，1990 年第 1 版，第 10 頁。

祐本等同殿本，也有注末「也」字，於義為長。點校本據殿本等徑增「也」字，未出校改符號與校勘記，失範。

嘉為丞相五歲，文帝崩，孝景即位。二年，鼂錯為內史，貴幸用事，諸法令多所請變更，議以適罰侵削諸侯。而丞相嘉自絀，所言不用，疾錯。（冊7／頁2102／行1～2）

按：「自絀」二字下各本皆有顏師古注曰：「絀，退也。」明顏氏以「絀」字絕句。細玩文意，顏注「絀」字之義及句讀均非，「而丞相嘉自絀所言不用」當作一句連讀，文意始暢。按「絀」固可訓為「退」義，如上文云：「蒼由此自絀，謝病稱老。」（頁2099）是其例。但此處「絀」字卻當與「屈」或「詘」通，為「負屈」之義，意謂申屠嘉自以所言不用，故而負屈而嫉妒鼂錯，並非像張蒼那樣甘心退居、謝病稱老；下文云申屠嘉「因歐血而死」，即其證。吳恂、張如元等於此亦有說。點校本標點誤從顏注，非。

贊曰：張蒼文好律曆，為漢名相，而專遵用秦之《顓頊曆》，何哉？（冊7／頁2103／行1）

按：文好律曆，各本皆同，而《史記》卷九十六《張丞相列傳》敘此作「文學律曆」。吳恂說：「『文好律曆』與『文學律曆』皆不辭，疑元作『張蒼好文學律曆』。」〔註120〕按吳說未確。師古曰：「文好律曆，猶言名為好律曆也。」細玩文意，顏注是，此處作「文好律曆」文意自明，未必有誤。文，文飾、粉飾之義，亦即「名為好律曆也」。上文言張蒼「好書律曆」（頁2903）；又謂「蒼為計相時，緒正律曆……故漢家言律曆者本張蒼。蒼（尤）〔凡〕好書，無所不觀，無所不通，而尤邃律曆」（頁2098）。按張蒼「尤邃律曆」，漢家言律曆者皆本之張蒼，可見其「好律曆」名聲極大；但張蒼雖於律書「無所不觀，無所不通」，卻在實際操作中「專遵用秦之《顓頊曆》」，故論贊有此設問。

卷四十三　酈陸朱劉叔孫傳第十三　7條

今已據敖庾之粟，塞成皋之險，守白馬之津，杜太行之阨，距飛狐之口，天下後服者先亡矣。（冊7／頁2109／行13～14）

〔註120〕吳恂《漢書注商》，上海古籍出版社，1983年第1版，第104頁。

按：敖庾，景祐本、汲古閣本、王本等同，而北監本、殿本作「敖倉」。按庾
　　本義爲露天的穀堆，引申指露天穀倉，泛指糧庫，故「敖庾」即「敖倉」，
　　二者義皆可通。但上文敍酈食其爲漢王畫計正作「敖庾」，故景祐本等作
　　「敖庾」義勝，作「敖倉」蓋後人所改。

又按：阸，各本同，而《史記》卷九十七《酈生陸賈列傳》敍此作「阪」。按
　　《史記》作「阪」是。阪，小道也；阸，險要也。細玩文意，前文
　　已有「險」字，則此處作「阸」義複，當以作「阪」義勝。上文敍酈
　　食其爲漢王畫計作「杜太行之道」，阪、道義近，是其證。又《漢紀》
　　卷二、《通鑒》卷十亦皆作「阪」，與《史記》同，可從改。點校本
　　失校。

師古曰：「言有何迫促而不如漢也。邀音其庶反。」（冊 7／頁 2113／行 4）
按：迫促，景祐本、殿本等同，而王本、汲古閣本等作「迫速」。按《史記索
　　隱》引作「迫促」，故似以作「迫促」義勝。但「迫速」、「迫促」皆有急
　　迫之義，義可兩通，故王本等作「迫速」未必誤。點校本據殿本等暗改
　　底本，失當。

於是上曰：「本言都秦地者婁敬，婁者劉也。」賜姓劉氏，拜爲郎中，號曰
奉春君。（冊 7／頁 2121／行 5）
按：「婁者劉也」句，點校本《史記》標點爲「『婁』者『劉』也」，於「婁」、
　　「劉」二字上加引號以示區分，文意清楚明白，讀者一目了然，可從改。
　　亦可標點爲「婁者，劉也」，於二者中間點斷，以「劉」諧音釋「婁」，
　　文意順暢。

冒頓在，固爲子壻；死，外孫爲單于。豈曾聞（外）孫敢與大父亢禮哉？
可毋戰以漸臣也。（冊 7／頁 2122／行 10～11）
　　校勘記云：「宋祁説越本無『外』字。按景祐本無。」
按：外孫，王本、汲古閣本、殿本等皆同，獨景祐本無「外」字。按宋祁所
　　見本與景祐本合，點校本據之刪「外」字，可商。張烈《商榷》說「外」
　　字不當刪，所言有理。按《史記》卷九十九敍此作「豈嘗聞外孫敢與大
　　父抗禮者哉」，《史通・浮詞第二十一》、《通鑒》卷十二引皆同，嘗、曾
　　通用，「亢」同「抗」，是其證。「大父」有「外祖父」之義，正與「外孫」

相對；上文亦作「外孫」，故據上下文意，此處「外」字實不可少。點校
本誤校。

漢七年，長樂宮成，諸侯羣臣朝十月。儀：先平明，謁者治禮，引以次入
殿門，廷中陳車騎戍卒衛官，設兵，張旗志。傳曰「趨」。殿下郎中俠陛，
陛數百人。功臣列侯諸將軍軍吏以次陳西方，東鄉；文官丞相以下陳東方，
西鄉。大行設九賓，臚句傳。於是皇帝輦出房，百官執戟傳警，引諸侯王
以下至吏六百石以次奉賀。自諸侯王以下莫不震恐肅敬。（冊 7／頁 2127
／行 14～頁 2128／行 2）

按：戍卒衛官，各本皆同，而《漢書評林》作「戍卒衛宮」。《補注》云：「《史
記》作『步卒衛宮』是也。宮廷不得稱『戍卒』，疑班改『步卒』為『戎
卒』，傳寫者誤『戎』為『戍』。尋檢傳志，無『衛官』之名，且官不當
在戍卒下，宮、官亦因形近而訛也。」按《通典》卷七十引此作「步卒
衛宮」，但《西漢年紀》卷二引作「戍卒衛官」。考之史籍，王先謙謂傳
志無「衛官」之名，失檢；而謂《史記》作「步卒衛宮」是，亦未確。
本書卷七十七《蓋寬饒傳》云：「先是時，衛司馬在部，見衛尉拜謁，常
為衛官繇使市買……由是衛官不復私使候、司馬。」（頁 3243～3244）據
蘇林注，此衛官乃「衛尉官屬也」。又《漢舊儀》卷上云：「皇帝起居儀
宮司馬內，百官案籍出入，營衛周廬，晝夜誰何。殿外門署屬衛尉，殿
內郎署屬光祿勳，黃門、鈎盾署屬少府。輦動則左右侍帷幄者稱警，車
駕則衛官填街，騎士塞路。」皆其比，例多不贅。而《通鑑》卷十一云：
「七年冬十月，長樂宮成，諸侯群臣皆朝賀。先平明，謁者治禮，以次
引入殿門，陳東、西鄉。衛官俠陛及羅立廷中，皆執兵，張旗幟。於是
皇帝傳警，輦出房；引諸侯王以下至吏六百石以次奉賀，莫不振恐肅敬。」
〔註121〕亦作「衛官」。胡三省注云：「衛官，侍衛之官，郎中及中郎執戟
侍衛者是也。」兩相比較，雖行文略異，但作「衛官」則同。細玩文意，
《漢舊儀》所述「皇帝起居儀」當即本此，其「百官案籍出入」與「引
以次入殿門」及「以次奉賀」類同，而「輦動則左右侍帷幄者稱警，車
駕則衛官填街，騎士塞路」與「廷中陳車騎戍卒衛官」及「皇帝輦出房，
百官執戟傳警」正相彷彿。故此作「戍卒衛官」未必誤。點校本未採王

〔註121〕《資治通鑑》，上海古籍出版社，1987 年第 1 版，第 76 頁。

說，較爲審慎。

又按：執戟，各本與《漢書評林》皆同，而《史記》作「執職」，《漢紀》卷
　　三同。按《西漢年紀》卷二敍此亦作「執職」，但注明《漢書》作「執
　　戟」。《補注》云：「執戟，《史記》作『執職』。徐廣云：『職一作幟。』
　　李慈銘云：『幟，俗字，古止作「職」，此「戟」字蓋訛。漢惟郎執戟，
　　上所云「俠陛」者也。』」按職同幟，與「戟」形近易訛。細玩文意，
　　此處當以作「執戟」義勝。按上文云「張旗志」，徐廣云：「志一作
　　幟。」「旗志」即旗幟也，明已張掛旗幟，故此處或不當復言「執職」。
　　李慈銘謂「漢惟郎執戟」，蓋失檢。《漢官儀》卷上云：「郎中令，屬官
　　有五官中郎將，左、右中郎將，曰三署。署中各有中郎、議郎、侍
　　郎、郎中，皆無員。多至千人，主執戟衛宮陛，及諸虎賁、羽林郎皆
　　屬焉。謂之郎中令者，言領諸郎而爲之長。」《通典》卷第二十九云：
　　「凡郎官皆主更直，執戟宿衛諸殿門，唯議郎不在直中。」上引胡三
　　省注亦及之。據此，知「執戟」之衛官有中郎、侍郎、郎中等，「皆無
　　員」，但「多至千人」，故此云「百官執戟」也。正是因爲有此「百官
　　執戟傳警」，聲勢浩大，遂使「諸侯王以下莫不震恐肅敬」，「無敢讙嘩
　　失禮者」；同時讓劉邦感到愜意無比，於是高帝曰：「吾乃今日知爲皇
　　帝之貴也。」又《通鑒》卷九十《晉紀》十二云：「漢主聰出畋，以愍
　　帝行車騎將軍，戎服執戟前導。見者指之曰：『此故長安天子也。』」
　　此「戎服執戟前導」與「百官執戟傳警」正相彷彿，其「天子」氣派
　　蓋即本之前漢，可爲旁證。故此處作「執戟」未必有誤。點校本可出
　　異文校。

孟康曰：「妨其往來也。」（冊 7／頁 2130／行 8）

按：孟康，殿本、北監本等同，而王本、景祐本、汲古閣本等作「師古」，張
　　元濟《校勘記》失校。《補注》云：「官本『師古』作『孟康』。」按王先
　　謙錄殿本異文，未下斷語，是。事實上，此處作「師古」未必有誤，倒
　　是殿本作「孟康」比較可疑。按上文「惠帝爲東朝長樂宮」句下有「孟
　　康曰朝太后於長樂宮」10 字注文，王本、景祐本、汲古閣本等同，而殿
　　本、北監本「孟康」作「師古」，張元濟亦失校。據此，知殿本等將二者
　　互易，與諸本異，蓋誤刻所致。點校本據殿本暗改底本，失當。

師古曰：「《禮記》曰『仲春之月，羞以含桃，先薦寢廟』，即此櫻桃也。今所謂朱櫻者是也。櫻音於耕反。」（冊 7／頁 2131／行 3）

按：仲春，北監本、殿本等同，而王本、景祐本、汲古閣本等皆作「仲夏」，張元濟《校勘記》失校。眾所周知，櫻桃於初夏成熟，此處正文云「方今櫻桃孰」，可見已非仲春之月。按顏注引文出自《禮記・月令》，原文云：「仲夏之月……農乃登黍。是月也，天子乃以雛嘗黍。羞以含桃，先薦寢廟。」據此，可知王本、景祐本等作「仲夏」不誤，而殿本等作「仲春」實誤。按《通典》卷四十九引此亦作「仲夏」；又《藝文類聚》卷三、八十六、《齊民要術》卷四等引《禮記》亦作「仲夏」，皆其證。又《淮南子》卷五《時則訓》敘此「羞以含桃先薦寢廟」之事亦在「仲夏之月」，與《禮記》同，亦可爲旁證。點校本據殿本等暗改底本，非，且不合古籍整理規範。此亦點校本暗用殿本明證之一。

又按：《史記索隱》曰：「案：《呂氏春秋》『仲春羞以含桃先薦寢廟』。高誘云『進含桃也。鸎鳥所含，故曰含桃』。今之朱櫻即是也。」〔註 122〕按此處「仲春」亦當爲「仲夏」之誤，《索隱》所引之文出自《呂氏春秋・仲夏紀》，是其證。點校本《史記》失校。

卷四十四　淮南衡山濟北王傳第十四　4 條

師古曰：「上言子母，則有子者令從之。今此云美人材人，則無子者亦令從之。」（冊 7／頁 2143／行 6）

按：「則無子者亦令從之」句，殿本、北監本等同，而王本、景祐本、汲古閣本等「亦」上多一「則」字。《補注》云：「官本『亦』上無『則』字，是。材人，當從《史記》作『才人』。」按據上下文意及其句式結構，王本等明顯衍一「則」字，王先謙說殿本「亦」上無「則」字是，甚有理，可從。但王氏謂「材人」當從《史記》作「才人」則未確。考之典籍，材、才二字古時多混用，「才人」亦作「材人」，本爲宮中女官名，多爲妃嬪的稱號。漢置，晉代爵視千石以下，唐爲宮官正五品，後升正四品，嗣後歷代多曾沿置。按此處正文亦作「材人」，各本同；本書卷二十二《禮樂志》云：「而內有掖庭材人，外有上林樂府，皆以鄭聲施於朝廷。」（頁 1071）亦作「材人」。又卷三十《藝文志》著錄有「《詔賜中山

〔註 122〕《史記》，中華書局，1982 年第 2 版，第 2726 頁。

靖王子噲及孺子妾冰未央材人歌詩》四篇」（頁 1754），師古曰：「孺子，王妾之有品號者也。妾，王之眾妾也。冰，其名。材人，天子內官。」亦其比。點校本徑刪底本「亦」上「則」字，未出校改符號與校勘記，失範。

上曰：「吾特苦之耳，今復之。」（冊 7／頁 2143／行 9）

按：令，各本同。《補注》引王念孫曰：「令，當依《史記》作『今』。『今復之』，即復之也。師古注：『暫困苦之，令其自悔，即追還也。』『即』字正釋『今』字。各本『今』作『令』，即涉注中『令』字而誤。《史記·汲黯傳》『君薄淮陽邪？吾今召君矣』，《索隱》：『今猶即今也。』餘見《釋詞》。」細玩上下文意，王說甚是，可從。梁玉繩《史記志疑》卷三十四「令復之」條注云：「金陵本作『今復之』。」並引《史詮》云：「宋本『令』作『今』。」〔註123〕亦以作「今」爲是。點校本未採王說，失校。

王乃使孝客江都人枚赫、陳喜作輣車鍜矢，刻天子璽，將、相、軍吏印。（冊 7／頁 2155／行 11～12）

按：鍜矢，各本同，《通鑑》卷十九引亦同。《補注》引《殿本考證》云：「《史記》作『鏃矢』是也。本書《膠東王傳》亦作『鏃矢』。」又引王念孫曰：「案『矢』必有鏃，無庸更言『鏃矢』。《膠東王傳》作『兵車鏃矢』，師古曰：『鏃矢，大鏃之矢。』加『大』字以釋之，其失亦迂矣。此作『鍜矢』亦無義。『鏃』與『鍜』皆當爲『鍭』字形相近而誤也。《爾雅·說矢》云：『金鏃翦羽謂之鍭。』《大雅·行葦篇》云：『四鍭既鈞。』《周官·司弓矢》云：『殺矢、鍭矢用諸近射、田獵。』《考工記·矢人》云：『鍭矢參分，一在前，二在後。』」考之典籍，此處「鍜矢」無義，當爲「鍭矢」之誤，王說未達。按鍭矢是一種輕疾而鋒利的箭，載籍屢見。《莊子·天下篇》云：「鏃矢之疾，而有不行不止之時。」《鶡冠子·世兵篇》云：「出實觸虛，禽將破軍，發如鏃矢，動如雷霆。」《呂氏春秋·貴卒篇》云：「所爲貴鏃矢者，爲其應聲而至。」高誘注：「鏃，矢輕利也。小曰鏃矢，大曰篇矢。」皆其例。本書卷五十三《膠東王傳》云：「膠東康王寄以孝景中二年立，二十八年薨。淮南王謀反時，寄微聞其事，私

〔註123〕梁玉繩《史記志疑》，中華書局，1981 年第 1 版，第 1426 頁。

作兵車鏃矢，戰守備，備淮南之起。」（頁2433）按《史記》敘此「兵車」作「樓車」，同。應劭曰：「樓車也，所以看敵國營壘之虛實也。」師古曰：「兵車止謂戰車耳。」二說皆通，明此「鏃矢」乃因「戰守備」而作，亦即顏注「今所謂兵箭者也」。《說文》云：「軿車，兵車也。」此處「軿車」與「鍛矢」並舉，皆爲戰備用品，與《膠東王傳》正相類，故此「鍛矢」當爲「鏃矢」之誤。又，據孫詒讓《周禮正義》等所考，鍭矢本爲周代八矢之一，可用於近射或田獵，亦可用於禮射，而非戰備用品。王念孫謂「鏃」、「鍛」二字皆當爲「鍭」字形近之誤，蓋因下句云「刻天子璽，將、相、軍吏印」，而誤解上句「鍛矢」亦當爲既可用於近射或田獵、亦可用於禮射之天子用品——「鍭矢」，實非，殆未深考耳。細玩文意，此處乃謂衡山王於製造兵車、鏃矢等戰備用品的同時，又暗地裏爲謀反僭位而製作「天子璽，將、相、軍吏印」等所需物品，下文云「王日夜求壯士如周丘等，數稱引吳楚反時計劃約束。衡山王非敢效淮南王求即天子位，畏淮南起並其國，以爲淮南已西，發兵定江淮間而有之，望如是」，是其證。點校本失校。

師古曰：「此《魯頌·閟宮》之章也。膺，當也。懲，艾也。荆，楚也。舒，羣舒也。言北有戎狄，南有荆舒，土俗彊獷，好爲寇亂，常須以兵膺當而懲艾也。」（册7／頁2157／行11～12）

按：注末「也」字，景祐本、殿本等同，而王本、汲古閣本等作「之」。王先謙說「官本注末『之』作『也』」，僅錄異文而未下斷語。按此處注末作「之」字或「也」字，義皆可通，故王本等未必誤，無煩改字。點校本暗改底本，失當。

卷四十五　蒯伍江息夫傳第十五　12條

楚人起彭城，轉鬭逐北，至滎陽，乘利席勝，威震天下，然兵困於京、索之間，迫西山而不能進，三年於此矣。（册7／頁2161／行15～頁2162／行1）

按：席勝，各本同。王先謙說：「《史記》作『乘勝席卷』，與此義異。」按《史記》卷九十二敘此作「乘利席卷」，與王說異，蓋王氏所見本不同；《通鑒》卷十引亦作「乘利席卷」。按載籍習見「席卷」一詞，故有謂此處「席

勝」二字當從《史記》作「席卷」者，實非。按「席勝」一詞載籍亦屢見，與「乘勝」義近，師古曰：「席，因也，若人之在席上。」所言甚是，而《漢語大詞典》等辭書失收。如本書卷二十七下《五行志》云：「中國既亂，夷狄並侵，兵革從橫，楚乘威席勝，深入諸夏，六侵伐，一滅國，觀兵周室。」（頁1512）又《新唐書》卷二百二十三下《盧杞傳》云：「二人以白杞，杞懼，即譖帝曰：『懷光勳在宗社，賊憚之破膽，今因其威，可一舉而定。若許來朝，則犒賜留連，賊得裒整殘餘爲完守計，圖之實難，不如席勝使平京師，破竹之勢也。』帝然之。」《宋史》卷三百四十九《姚雄傳》云：「邈川方急，雄適至，羌望見塵起，驚而潰。圍既解，遂趨鄯州。履後期乃至，贍言蘭溪宗有遺寇，宜席勝平之。履即往，雄諫不聽，戒所部嚴備以待。」皆其例。故此處班氏改《史記》「席卷」爲「席勝」未必有誤，「乘利席勝」爲同義複詞。按載籍屢見「乘勝席卷」一詞，例多不贅。有時亦寫作「乘利席勝」、「乘利席卷」、「乘威席勝」等，當爲同詞異構，並非誤文，《漢語大詞典》等均失收。

夫吳王賜號爲劉氏祭酒，受几杖而不朝，王四郡之眾，地方數千里，采山銅以爲錢，煮海水以爲鹽，伐江陵之木以爲船，國富民眾，行珍寶，賂諸侯，與七國合從，舉兵而西，破大梁，敗狐父，……（冊7／頁2169／行14～16）

按：「與七國合從」及「破大梁，敗狐父」句，各本皆同，而與史實不符。王先謙說：「去吳則爲六國，『七』當爲『六』，字之誤也。《鄒陽傳》亦誤，可互證。」吳恂說：「『破』字、『敗』字下當依《史記》並增一『於』字，否則其義適相反矣。王云『七』當爲『六』，其說是也。」〔註124〕按王、吳二家所說甚是，可從。考之史實，吳、楚「七國之亂」時，吳王濞曾擊破梁棘壁，但並未「破大梁」，而是被梁孝王阻於東境，「吳、楚以梁爲限，不敢過而西」（頁2208）；相持三月後，吳王濞被周亞夫於下邑（今安徽碭山）擊破，遂渡江逃往丹徒，後至東越被殺。《史記》多「於」字，表被動，與史實相符，下文「奔走而還，爲越所禽，死於丹徒，頭足異處，身滅祀絕，爲天下戮」云云，是其證。此處少「於」字，或係班氏剪裁時失察而誤脫。點校本未採王說，失校。

〔註124〕吳恂《漢書注商》，上海古籍出版社，1983年第1版，第118頁。

被曰：「臣見其禍，未見其福也。」（冊7／頁2170／行6）

按：被曰，景祐本、殿本等同，而王本等作「對曰」。按此「被」指伍被，上下文數處皆作「被曰」，此處亦不當例外，故王本等作「對曰」或係誤刻。點校本據殿本等暗改底本，未出校改符號與校勘記，失範。

客謂高皇帝曰：「時可矣。」高帝曰：「待之，聖人當起東南。」間不一歲，陳、吳大呼，劉、項並和，天下響應，所謂蹈瑕釁，因秦之亡時而動，百姓願之，若枯旱之望雨，故起於行陳之中，以成帝王之功。（冊7／頁2172／行3～5）

按：點校本以「間不一歲」連讀，非，蓋誤從顏注所致。按師古曰：「中間不經一歲也。」明顏注以「南」字絕句。細玩文意，顏注未達，句讀亦非。此「間」字當屬上，以「聖人當起東南間」作一句連讀。吳恂《注商》、錢玄《校勘學》等於此亦有說，可參。點校本誤標。

又按：「故起於行陳之中」句，景祐本同，而北監本、殿本等「行陳」作「行陣」，王本、汲古閣本等「中」作「間」。按陣、陳二字通用，間、中二字義近，用在此處義皆可通，無煩改字。點校本暗改底本「間」字爲「中」字，失當。

師古曰：「屈音具勿反。」（冊7／頁2173／行1）

師古曰：「屈，盡也，音其勿反。」（冊7／頁2173／行6）

按：上引兩條顏注，各本皆同，但必有一誤。《補注》云：「『屈』字雙聲不當爲『其』，上注文音『具勿反』，『其』乃『具』字之誤。《廣韻》『區勿切』，《集韻》『渠勿切』，『區』、『渠』、『具』音一也。」按王先謙謂「屈」字雙聲不當爲「其」，非，殆未深考耳。按「其」字，《廣韻》音「渠之切」，屬羣母；《集韻》音「居吏切」，屬見母；而「渠」、「具」皆爲羣母字，「區」字除ōu音外分屬見、溪二母，故其、渠、區、具四字同屬見系，均可互爲雙聲。細檢顏注，「屈」字音「其勿反」者多達20餘例，而音「具勿反」者僅此1例，見此「具」字當爲「其」字形近之誤，與王說正相反。點校本失校。

又按：卷一上「掘始皇帝冢，收私其財，罪四也」下有師古注云：「掘而發之，收取其財以私自有也。掘音其勿反。」（頁44）王先謙說：「官本注下

『其』字作『具』，是。」按掘、詘、屈三字古音同，顏注皆音「其勿反」。如上所述，王氏謂此「掘」字當音「具勿反」，亦誤。事實上，景祐本、汲古閣本等皆同王本作「其勿反」，獨殿本作「具勿反」，明殿本爲誤刻無疑。

充即移書光祿勳中黃門，逮名近臣侍中諸當詣北軍者，移劾門衞，禁止無令得出入宮殿。（冊7／頁2177／行6～7）

按：逮名，各本同。《補注》引宋祁曰：「浙本『名』作『召』。」細玩文意，此處作「逮名」無義，當以浙本作「逮召」爲是。按載籍屢見「逮召」一詞，乃逮捕、傳喚問罪之義，而《漢語大詞典》等辭書均失收。如本書卷五十三《景十三王傳》云：「甘露中，冀州刺史敞奏元，事下廷尉，逮召廉等。」（頁2411）卷七十一《雋不疑傳》云：「廷尉逮召鄉里識知者張宗祿等，方遂坐誣罔不道，要斬東市。」（頁3038）又《後漢書》卷二十五《魯恭傳》云：「行者尚止之，況於逮召考掠，奪其時哉！」皆其比，可證此「名」字乃「召」字形近之訛。吳恂亦說浙本作「逮召」是，可參。點校本失校。

蘇林曰：「寷，音欻噎之噎。」（冊7／頁2183／行6）

按：注末「噎」字，景祐本、殿本等同，而王本等作「寷」。王先謙說：「官本『欻噎之寷』作『之噎』，是。」按王說是。「噎」字是以常見字注釋非常見字「寷」之讀音，乃古注釋音慣例，故注末不當爲被釋之本字「寷」。王本等明顯誤刻。點校本據殿本等徑改底本，未出校改符號與校勘記，失範。

師古曰：「掾掾，衆盛貌，音仕巾反。」（冊7／頁2188／行8）

按：仕巾反，景祐本、汲古閣本、王本等同，而殿本、北監本等作「仕山反」，張元濟《校勘記》失校。王先謙說：「官本『巾』作『山』，是。」按「掾」與「山」疊韻，與「巾」則非疊韻，故當作「仕山反」。點校本未採王說，失校。

張晏曰：「萑蘭，草名也。蔓延於地，有所依憑則起。躬怨哀帝不用己爲大臣以（置）〔致〕治也。」（冊7／頁2188／行10）

按：蔓延，景祐本、殿本等同，而王本、汲古閣本等作「曼延」。按曼、蔓二字通用，故王本作「曼」未必有誤。點校本據殿本等暗改底本，失當。

師古曰：「謂流共工，放驩兜，竄三苗，殛鯀也。事見《虞書》。」（冊7／頁2190／行2）

按：殛鯀，景祐本、殿本等同，而王本作「殛絲」。王先謙說：「官本『絲』作『鯀』，是。」按王說是。考之史實及文意，此處當作「殛鯀」無疑，王本作「殛絲」係明顯誤刻。點校本徑改底本，未出校改符號與校勘記，失範。

應劭曰：「公子翬謂隱公曰：『吾將為君殺桓公，以我為太宰。』公曰：『為其少故，今將授之矣。』翬懼，反譖隱公而殺之。」（冊7／頁2190／行5）

按：桓公，景祐本、殿本等同，而王本等作「威公」。《補注》云：「注『桓』作『威』，避宋諱。官本仍作『桓』，後人所改。」按考之史實，殿本作「桓公」是。此處作「威公」乃避宋諱所改，王說有理。點校本徑改底本，失範。

應劭曰：「欒書使楚公子茂語厲公曰：『鄢陵之戰，郤至以為必敗，欲奉孫周以代君也。』公信之而滅三郤。欒書因是反，弒厲公。」（冊7／頁2190／行7～8）

按：公子茂，王本、汲古閣本、殿本等同，而景祐本、大德本等作「公子筏」。《補注》引《殿本考證》云：「楚公子茂，《晉語》作『楚公子發鉤。』」又云：「案『茂』當作『筏』。」按考之史實，當以景祐本等作「公子筏」為是，王說有理。按「公子筏」《左傳》凡3見，分別見於《文公九年》與《成公十七年》；而此注文所述之事則見於《成公十七年》，其原文所載公子筏語較此為詳，文繁不錄。是其證。點校本失校。

卷四十六　萬石衛直周張傳第十六　2條

師古曰：「入諸子之舍，自其所居也，若今言諸房矣。」（冊7／頁2195／行14）

按：「入諸子之舍」句，景祐本、殿本等同，而王本、汲古閣本及《漢書評林》等「舍」上無「之」字。王先謙說：「官本注『舍』上有『之』字。」

按有、無「之」字，義皆可通，王本等未必誤。點校本據殿本等徑增「之」字，失當。

後告歸者至而歸金，亡金郎大慙，以此稱爲長者。稍遷至中大夫。（冊7／頁2202／行11～12）

按：中大夫，各本同。《補注》引錢大昕曰：「《公卿表》『景帝中六年中大夫令直不疑更爲衛尉』，此處脱『令』字。中大夫令本衛尉也，景帝初改，後復。」王先謙說：「錢說非也。據《史記》，『稍遷』上有『文帝稱舉』四字，是文帝時遷官不得據景帝中六年之中大夫令實之。」按考之史實，錢、王二說皆未達。《史記》卷一百三《萬石張叔列傳》敘此作「太中大夫」，《集解》引徐廣曰：「《漢書》云『稱爲長者，稍遷至太中大夫』，無『文帝稱舉』四字也。」明徐廣所見本《漢書》多一「太」字，見此「中大夫」當爲「太中大夫」之誤，今本誤脱。又，漢初郎官秩比三百石至六百石不等，太中大夫秩比千石，而中大夫秩比二千石，自郎官舉爲太中大夫，正合「稍遷」之義；若直接超擢至中大夫，則不當云「稍遷」矣，是其證。點校本失校。

卷四十七　文三王傳第十七　5條

師古曰：「鉅萬，百萬也。有百萬者，言凡百也。」（冊8／頁2209／行7）

按：有百萬，景祐本、汲古閣本、王本等同，而殿本作「且百萬」，張元濟《校勘記》失校。王先謙說：「官本注『有』作『且』，是。」按王說有理，可從。此處正文作「且百鉅萬」，注文截取正文而釋之，援例當作「且」，王本等作「有百萬」，文意有隔，見此「有」字乃「且」之誤。點校本未採王說，失校。

臣瓚曰：「稱乘輿駟，則車馬皆往。言四，不駕六馬耳。天子副車駕四馬。」（冊8／頁2209／行11）

按：上引注文兩「四」字，景祐本、汲古閣本、王本等同，而殿本皆作「駟」，張元濟《校勘記》失校。王先謙說：「官本注『四』並作『駟』，是。」按王說有理，可從。此處正文及鄧展注皆作「駟」，故注文截取正文而釋之，援例當作「駟」，故王本等作「四」誤。點校本未採王說，失校。

梁王恐，乃使韓安國因長公主謝罪太后，然後得釋。（冊 8／頁 2210／行5～6）

按：乃使，景祐本、殿本及《漢書評林》等同，而王本、汲古閣本等「使」上無「乃」字。細玩文意，此處單作「使」雖亦可通，但不如作「乃使」義勝。按《史記》卷五十八《梁孝王世家》敘此亦作「乃使」，是其證。點校本暗改底本，據殿本等徑增「乃」字，未出校改符號與校勘記，失範。

晉灼曰：「許慎云『措，置』。字借以為笮耳。」師古曰：「音壯客反，謂為門扉所笮。」（冊 8／頁 2214／行 13）

按：笮，景祐本、殿本等同，而王本、汲古閣本等作「窄」。《補注》云：「案《一切經音義》九：『笮，猶壓也，今謂以槽笮出汁也。』《說文》：『壓，笮也，通作窄。』……音相近，故義亦相假矣。」按「笮」與「窄」音近可通，又可借作「措」，為擠壓、壓迫、夾住等義，王先謙所說有理，可從。又《史記索隱》等所引略同，是其證。故王本等作「窄」未必有誤。點校本據殿本等徑改底本，失當。

師古曰：「毆，棰擊，音一口反。」（冊 8／頁 2216／行 3）

按：棰擊，景祐本、殿本等同，而王本、汲古閣本等作「捶」。《補注》引宋祁曰：「浙本注文『棰擊也』。」據此可知浙本亦作「棰」，且多一「也」字。按棰、捶二字通用，刻本多相亂，尤其是宋本，從木與從手之字多混刻，除少數有誤外，大多數皆可通假，故王本等作「捶擊」並不誤，無煩改字。事實上，載籍屢見「捶擊」一詞，為用棍棒敲打之義，《漢語大詞典》等收入。點校本據殿本等徑改底本，失當。

卷四十八　賈誼傳第十八　13 條

賈誼，雒陽人也，年十八，以能誦詩書屬文稱於郡中。（冊 8／頁 2221／行 3）

按：雒陽，景祐本、殿本等同，而王本、汲古閣本等作「洛陽」。按雒、洛二字通用，刻本多相亂，故王本等作「洛陽」並不誤，無煩改字。點校本據殿本等徑改底本，失當。

鸞鳳伏竄兮，鴟鴞翱翔。（冊 8／頁 2223／行 2）

按：翱翔，景祐本、殿本等同，而王本、汲古閣本等作「鶾翔」。按鶾同翱，
　　王本等作「鶾翔」並不誤。點校本據殿本等逕改底本，失當。

師古曰：「誘訹之訹則音戍。或曰，怵，怵惕也，音丑出反，其義兩通。而
說者欲改字爲鈯，蓋穿鑿耳。」（冊 8／頁 2229／行 5～6）

按：戍，各本皆作「戍」。據上下文意，作「戍」是，蓋點校本誤排。

臣竊惟事勢，可爲痛哭者一，可爲流涕者二，可爲長太息者六，若其它背
理而傷道者，難徧以疏舉。（冊 8／頁 2230／行 12～13）

按：惟，景祐本、殿本等同，而王本、汲古閣本等作「維」。按維、惟二字古
　　時可通用，故此處作「維」並不誤。點校本逕改底本，失當。

師古曰：「晉音是。傖音仕庚反。攘音女庚反。」（冊 8／頁 2231／行 5
～6）

按：仕庚反，景祐本、汲古閣本等同，而王本、殿本作「仕康反」。按《補注》
　　云：「官本『仕庚』作『仕康』，引宋祁曰：『搶、讓，今越本搶音仕庚反、
　　讓音女庚反，未知孰是？』」據此知越本與景祐本等合。按康、庚古音聲、
　　韻相近，可通轉，故王本等作「仕康反」未必有誤。點校本逕改底本，
　　失當。

師古曰：「廣立蕃屏，則天下安，故曰以安天下。」（冊 8／頁 2240／行 6）

按：蕃屏，景祐本、殿本等同，而王本、汲古閣本等作「藩屏」。按藩、蕃二
　　字古時通用，故王本等作「藩屏」並不誤，無煩改字。點校本據殿本等
　　暗改底本，失當。

進謀者率以爲是，固不可解也，亡具甚矣。（冊 8／頁 2241／行 15～16）

按：固，各本同。《補注》云：「固，《新書》作『困』。」吳恂曰：「是固，《新
　　書》作『是困』爲合，蓋謂進謀者大都以爲此困無法解除也；下文『以
　　天下之大，困於一縣』，正承此而言。」〔註125〕細玩文意，吳說有理，「固」
　　字乃「困」字形近之誤，屬上讀。點校本失校。

〔註125〕吳恂《漢書注商》，上海古籍出版社，1983 年第 1 版，第 135 頁。

國已屈矣，盜賊直須時耳，然而獻計者曰「毋動」，為大耳。（冊 8／頁
2243／行 2～3）

按：顏師古在「毋動」下施注，明顏氏以「毋動」絕句，點校本承之，實非。
《補注》引周壽昌曰：「漢文時尚黃老，以清靜爲治，故曰『毋動爲大』，
不必截讀。」又云：「先謙曰：毋動爲大，猶言毋動爲上也。《孟子》『事
親爲大』、『守身爲大』，句例正同。」按周、王二家所說甚是，當以「毋
動爲大耳」作一句讀，點校本腰斬之，明顯誤標。

及太子少長，知妃色，則入于學。（冊 8／頁 2248／行 12～13）

按：入，各本同，而王本作「人」。據上下文意，當作「入」。下文有「帝入
東學」、「帝入南學」云云，是其證。王本明顯誤刻。點校本徑改底本，
未出校改符號與校勘記，失範。

其有中罪者，聞命而自弛，上不使人頸綊而加也。（冊 8／頁 2257／行 9～
10）

按：綊，景祐本、殿本等同，而王本作「綊」，顏注同。《補注》云：「『綊』
當爲『綊』，官本不誤。」按王說是。據師古注，「綊」爲古戾字。王本
作「綊」，誤。點校本徑改底本，未出校改符號與校勘記，失範。

上深納其言，養臣下有節。是後大臣有罪，皆自殺，不受刑。（冊 8／頁
2260／行 5）

按：是後，景祐本、殿本等同，而王本作「是時」。據上下文意，當以作「是
後」爲是，王本作「是時」，蓋涉上文「是時丞相絳侯周勃免就國」而誤。
點校本據殿本等暗改底本，未出校改符號與校勘記，失範。

陛下高枕，終亡山東之憂矣，此二世之利也。（冊 8／頁 2261／行 16）

按：二世，各本皆同，而《新書》作「世世」。如淳曰：「從誼言可二世安耳。」
師古曰：「言帝身及太子嗣位之時。」吳恂云：「上言『終亡山東之憂』，
而下云『此二世之利』，語殊矛盾，當依《新書》作『此世世之利也』。
蓋『二世』爲『世＝』之誤倒，＝，乃『世』之重文耳。」〔註126〕按吳
說有理，可從。點校本失校。

〔註126〕吳恂《漢書注商》，上海古籍出版社，1983 年第 1 版，第 138 頁。

後四歲，齊文王薨，亡子。文帝思賈生之言，乃分齊爲六國，盡立悼惠王子六人爲王。（冊 8 / 頁 2264 / 行 11）

按：「文帝思賈生之言」句，景祐本、殿本等同，而王本、汲古閣本等「言」上無「之」字。王先謙說「官本『言』上有『之』字」，錄異文而未下斷語。按有無「之」字，義皆可通。點校本據殿本等徑增「之」字，失當。

卷四十九　爰盎鼂錯傳第十九　7 條

太常遣錯受《尚書》伏生所，還，因上書稱說。（冊 8 / 頁 2277 / 行 7）

按：「因上書稱說」句，各本同。按《史記》卷一百一鼂錯本傳敘此云：「還，因上便宜事，以《書》稱說。」〔註 127〕兩相比較，《史記》敘事較爲明白，謂鼂錯以《尚書》之義申證其說。師古曰：「稱師法而說其義。」所言甚是。此處班固剪裁時刪去數字，遂致文有歧義。吳恂於此亦有說，可參。

師古曰：「（蓷亂）〔蓷，亂〕也。葦，葭也。蕭，蒿也。蓷音完。」（冊 8 / 頁 2280 / 行 12）

按：「蓷音完」之「蓷」，景祐本、殿本等同，而王本、汲古閣本等作「藿」。按王本等作「藿音完」，與正文「藿葦」及其上「藿亂」並誤，點校本僅於前兩處加校改符號，而於此處則徑改，未出校改符號與校勘記，失範；且易使人理解爲下「蓷」字原本不誤，掩蓋了底本原貌。

又按：「蓷音完」之「完」，各本皆同，獨景祐本作「桓」。按景祐本作「桓」是。各本皆作「完」，乃避宋諱所致。按宋欽宗名趙桓，故南宋紹興以後刻本皆避「桓」字。此賴景祐本得窺原貌。張元濟《校勘記》失校，點校本亦失校。援例當校改爲：「（藿）〔蓷〕音（完）〔桓〕」。

師古曰：「撓，攪也，音火高反，其字從手。一曰，橈，曲也，弱也，音女教反，其字從木。」（冊 8 / 頁 2282 / 行 4）

按：橈，景祐本同，而各本皆作「撓」，張元濟《校勘記》失校。《補注》云：「『一曰撓』之『撓』，當作『橈』。」按此處正文各本皆作「撓」，惟景

〔註 127〕《史記》，中華書局，1982 年第 2 版，第 2745～2746 頁。

祐本作「橈」，蓋宋刻從手從木之字多相亂所致。細玩文意，王說有理，可從。點校本據王說徑改底本，未出校改符號與校勘記，失範。

師古曰：「使之得勝，逞志氣而去。」（冊 8／頁 2289／行 16）

按：「使之得勝」句，王本、汲古閣本等同，而景祐本、殿本等作「使其得勝」。《補注》云：「官本注『之』作『其』，『志氣』作『氣志』。」按《兩漢博聞》卷五「折膠」條〔註128〕引此顏注多「使得氣去者」五字（車承瑞校記謂此五字當爲楊侃承正文而加），「之」作「其」，明楊侃所見本亦作「其」，與景祐本合，於義爲長。點校本失校，至少應出異文校。

以選賢良明於國家之大體，通於人事之終始，及能直言極諫者，各有人數，將以匡朕之不逮。（冊 8／頁 2290／行 7〜9）

按：「將以匡朕之不逮」句，景祐本、殿本等同，而王本、汲古閣本等無句首之「將」字。王先謙說「官本『以』字上有『將』字」，錄異文而未下斷語。細玩文意，有「將」字義勝，王本等蓋誤脫。點校本據殿本等暗改底本，徑增「將」字，未出校改符號與校勘記，失範。

使主內亡邪辟之行，外亡騫汙之名。（冊 8／頁 2295／行 2〜3）

按：汙，殿本同，而景祐本、汲古閣本、王本等皆作「污」，顏注同。按「汙」同「污」，故王本等作「污」並不誤，無煩改字。點校本據殿本暗改底本，失當。

師古曰：「讓，責也。」（冊 8／頁 2300／行 14）

按：責，各本皆同，惟王本作「貴」。按「讓」無「貴」之義，王本明顯誤刻。點校本徑改底本，未出校改符號與校勘記，失範。

卷五十　張馮汲鄭傳第二十　7 條

從行至霸陵，上居外臨廁。（冊 8／頁 2309／行 12）

按：外，各本皆同，而《史記》卷一百二張釋之本傳敘此作「北」。《補注》引王念孫曰：「外臨廁，當依《史記》作『北臨廁』。《劉向傳》亦作『北

〔註128〕楊侃《兩漢博聞》，車承瑞點校，黑龍江人民出版社，1990 年第 1 版，第 276 頁。

臨廁』，謂北臨霸陵之匡也。此時帝北向，故下文指北山言之。而《漢紀》亦云『上望北山，淒然傷懷』，則當作『北臨廁』明矣。隸書『外』字……形與『北』字相似，故『北』字誤爲『外』。」按王說甚是。《水經注》卷十九引此亦作「北」。又《史記集解》引李奇曰：「霸陵北頭廁近霸水，帝登其上，以遠望也。」明李奇等所見本亦作「北」。皆其證。點校本未採王說，失校。

縣人來，聞蹕，匿橋下。久，以爲行過，既出，見車騎，即走耳。（冊 8 / 頁 2310 / 行 8）

按：既出，各本皆同，而《史記》敘此作「即出」。王先謙說：「《史記》『既』作『即』是也。言以爲天子行過乃出也，且與下『即』字相應。若作『既』，則『以爲行過』四字不相屬矣。『即』與『既』形近致誤。《漢紀》亦作『即』。」按王說有理，可從。點校本未採，失校。

治務在無爲而已，引大體，不拘文法。（冊 8 / 頁 2316 / 行 13～14）

按：引大體，各本皆同，而《史記》卷一百二十《汲鄭列傳》敘此作「弘大體」。王先謙說：「引，《史記》作『弘』，疑形近致誤。」按王說未確，《通鑒》卷十七、《御覽》卷二百四十一等引此皆作「引」，是其證。《漢書評林》云：「隆案：《史記》『弘大體』，《漢書》改『弘』爲『引』，是。」《史記志疑》卷三十五引淩稚隆說〔註129〕，蓋亦以作「引」爲是。考之典籍，屢見「引大體」、「持大體」之文，而鮮見「弘大體」之文。按「大體」指有關大局的道理，而「弘」有「大」、「光大」等義，與「大體」義複，亦與「無爲」相矛盾；引、持則義近，乃取用、執持之義，此處「引大體」意謂汲黯處事皆從大處著眼、從把握大局的原則出發，正與「務在無爲」、「不拘文法」相應。《宋史》卷三百三十七《范鎮傳》云：「鎮獨務引大體，非關朝廷安危，生民利疚，則闊略不言。」即其比。又，本書卷四十九爰盎本傳有「盎常引大體忼慨」云云（頁2270），《史記》同；而此處下文云「常慕傅伯、爰盎之爲人」，既慕之則學之，明此亦當作「引大體」無疑。今人猶有「做事要顧大局、識大體」之語，蓋即從「引大體」發展而來。

〔註129〕梁玉繩《史記志疑》，1981 年第 1 版，第 1433 頁。

弘爲丞相，乃言上曰：「右內史界部中多貴人宗室，難治，非素重臣弗能任，請徙黯爲右內史。」數歲，官事不廢。（冊8／頁2319／行4～5）

按：依原標點，「數歲，官事不廢」句文意欠明，而武帝是否採納公孫弘的建議亦未有著落。細玩文意，當將「爲右內史」四字移到引號外，文意乃安。據本書卷十九下《百官公卿表》載，武帝元朔五年「十一月乙丑，丞相澤免。御史大夫公孫弘爲丞相。……主爵都尉汲黯爲右內史，五年免」（頁772），正與此相符。「請徙黯」承上而言，明所徙爲「右內史」無疑，故可承前省。點校本誤標。張如元於此亦有說，可參。

令黯以諸侯相秩居淮陽。居淮陽十歲而卒。（冊8／頁2322／行5～6）

按：「居淮陽十歲而卒」句，各本皆同，而《史記》敘此無「居淮陽」三字，「十歲」作「七歲」。按上文云：「會更立五銖錢，……召黯拜爲淮陽太守。」考之史籍，武帝元狩五年（前118）三官初鑄五銖錢，即此所謂「更立五銖錢」也，當年汲黯拜爲淮陽太守，以諸侯相秩居淮陽；又據《史記集解》引徐廣說，知汲黯卒於元鼎五年（前112）。二事前後相距正合「七歲」之數，見此作「十歲」有誤。點校本失校，當從《史記》校改。

師古曰：「推轂，言薦舉人，如推轂之運轉也。有味者，其言甚美也。」（冊8／頁2324／行14）

按：「言薦舉人」之「人」，景祐本、殿本等同，而王本作「又」。《補注》云：「官本注『又』作『人』，是。」據上下文意，王先謙所說有理，可從。王本作「又」蓋爲誤刻。點校本徑改底本，未出校改符號與校勘記，失範。

又按：「如推轂之運轉也」句，殿本同，而景祐本、汲古閣本、王本等「推轂」皆作「車轂」，張元濟《校勘記》失校，王先謙《補注》錄殿本異文而未下斷語。細玩文意，當以作「車轂」爲是；此處乃釋「推轂」之義，援例其下不當重出被釋詞，故殿本下「推轂」二字實爲「車轂」之誤。王本等作「車轂」並不誤。點校本暗改底本，失當。此處點校本沿襲殿本之誤，亦爲暗用殿本之明證。

揚子以爲孝文親詘帝尊以信亞夫之軍，曷爲不能用頗、牧？（冊8／頁

2326／行4）

按：揚子，殿本、北監本等同，而景祐本、汲古閣本、王本等皆作「楊子」，
張元濟《校勘記》失校。按刻本中「揚雄」、「楊雄」二字多相亂，與「揚
州」、「楊州」混刻類似。據顏師古注等考察，此處「楊子」當指揚雄無
疑，點校本援例徑改底本，是；但全書中尙有多處類似情況未作校改，
宜作統一處理，此不贅。

卷五十一　賈鄒枚路傳第二十一　14 條

山受學（祛）〔祛〕，所言涉獵書記，不能爲醇儒。（冊 8／頁 2327／行 3～
4）

按：「所言涉獵書記」句，各本同。師古曰：「涉若涉水，獵若獵獸，言歷覽
之不專精也。醇者，不雜也。」吳恂《注商》云：「『言』疑『喜』字之
誤。……顏氏依文爲訓，非矣。」〔註130〕又徐復先生《後讀書雜志·漢
書雜志》「言涉獵書記」條按語說：「此文『言』字，疑本作『善』，涉隸
書相似而誤。本書《儒林傳》：『孟喜，善爲《禮》、《春秋》。』又云：『山
陽張無故子儒善修章句，李尋善說災異。』亦皆用『善』字矣。」〔註131〕
按吳、徐二家所說有理，此處「言」字或爲「善」字之誤。

又按：原標點可商。「所」字當屬上讀，指賈山受學於其祖父賈祛之住所，文
意乃安。上述吳、徐二家亦以「所」字屬上，點校本可從改。

秦皇帝東巡狩，至會稽、琅邪，刻石著其功，自以爲過堯舜統；縣石鑄鍾
虡，篩土築阿房之宮，自以爲萬世有天下也。（冊 8／頁 2332／行 6～7）

按：舊注於「統」、「虡」二字後施注，明顏師古等皆於「統」、「虡」後絕句，
點校本承之，可商。如淳曰：「統，繼也。堯舜子不才，不能長世，而秦
自以過堯舜，可至萬世也。」師古曰：「此說非也。統，治也。言自美功
德，治理天下過於堯舜也。其下乃言以一至萬之事。」又，服虔曰：「縣
石以爲磬也。」蘇林曰：「秦欲平天下法，使輕重如石之在稱也。」師古
曰：「二說皆非也。縣，稱也。石，百二十斤。稱銅鐵之斤石以鑄鍾虡，
言其奢泰也。虡，猛獸之名，謂鍾鼓之栒飾爲此獸。虡，音巨。」王先

〔註130〕吳恂《漢書注商》，上海古籍出版社，1983 年第 1 版，第 155～156 頁。
〔註131〕徐復《後讀書雜志》，上海古籍出版社，1996 年第 1 版，第 40 頁。

謙說「師古說是」。吳恂云：「此當以『統縣石』爲句，『鑄鍾虡』爲句。
『統縣石』者，統猶壹也。縣石，衡石也。是指始皇二十六年壹衡石丈
尺事也。衡而稱縣者，衡以縣爲用，故以爲名，此猶器蓋所以會合，是
以《禮》經以會爲蓋，射韝所以捍弦，故《內則》又謂之捍也。『鑄鍾虡』
者，即收天下兵，聚之咸陽，銷以爲鍾鐻是也。」〔註132〕按吳說有理。
下文載鄒陽之諫云：「臣聞秦倚曲臺之宮，懸衡天下，畫地而不犯，兵加
胡越。」（頁 2338）如淳曰：「衡猶稱之衡也，言其懸法度於其上也。」
王念孫曰：「如說是也。懸衡天下，謂法度加於天下耳。」按此「懸衡天
下」與「統縣石」之義相類，縣、懸爲古今字，以「法度加於天下」，亦
即統一天下度量衡之意。是其證。

師古曰：「言左右不明者，不欲斥王也。訊謂鞫問也，音信。」（冊 8／頁
2344／行 7）

按：鞫問，殿本同，而景祐本、汲古閣本、王本等皆作「鞠問」，張元濟《校
　　勘記》失校。王先謙說：「官本『鞠』作『鞫』，是。」按王說未確。「鞠」
　　通「鞫」，爲審問、究問之義，王本等作「鞠」並不誤，無煩改字。點校
　　本據殿本徑改底本，失當。

應劭曰：「卞和得玉璞，獻之武王，王示玉人，曰石也，刖其右足。武王
歿，復獻文王，玉人復曰石也，刖其左足。至成王時，抱其璞哭於郊，乃
使玉人攻之，果得寶玉也。」（冊 8／頁 2344／行 12～13）

按：「乃使玉人攻之」句，景祐本、殿本等同，而王本、汲古閣本等作「玉
　　尹」。《補注》引宋祁曰：「玉人，南、浙本並作『玉尹』。」知王本等與
　　宋祁所見南本、浙本合。按玉人是雕琢玉器的工人，而玉尹則是其管理
　　者；細玩文意，此「攻之」者當爲「玉人」無疑。《荀子‧大略篇》云：
　　「和之璧，井里之厥也。玉人琢之，爲天子寶。」亦作「玉人」，是其證，
　　例多不贅。又，上文兩處皆作「玉人」，故此處不當獨作「玉尹」，仍以
　　作「玉人」爲是。點校本據殿本等暗改底本，徑改「玉尹」爲「玉人」，
　　未出校改符號與校勘記，失範。

應劭曰：「齊桓公夜出迎客，甯戚疾擊其牛角，高歌曰：『南山矸，白石

〔註132〕吳恂《漢書注商》，上海古籍出版社，1983 年第 1 版，第 157～158 頁。

爛，生不遭堯與舜禪。短布單衣適至骭，從昏飯牛薄夜半，長夜曼曼何時旦！』桓公召與語，說之，以爲大夫。」（冊8／頁2347／行13～14）

按：高歌，各本同。《補注》引宋祁曰：「注文『高』字合作『商』。韓昌黎詩云『爲我商聲謳』，乃用此事也。浙本亦作『商』。作『高』，蓋監本誤刊耳。」又曰：「先謙曰：宋說是也。《集解》引應劭說正作『商歌』。《索隱》：『商歌者，謂爲商聲而歌也。或云商旅人歌也。二說並通。』案商旅之說誤也。」按考之典籍，屢見甯戚「商歌」之文，宋、王二家所說甚是，可從。《淮南子》卷九《主術訓》云：「甯戚商歌車下，桓公喟然而寤，至精入人深矣！」又卷十二《道應訓》云：「甯戚飯牛車下，望見桓公而悲，擊牛角而疾商歌。」卷十三《氾論訓》云：「夫百里奚之飯牛，伊尹之負鼎，太公之鼓刀，甯戚之商歌，其美有存焉者矣。」皆其證，例多不贅。點校本未採宋、王二家說，失校。

師古曰：「於陵，地名也。子仲，陳仲子也。……楚王聞其賢，使使者持金百鎰聘之，欲以爲相。仲子不許，遂夫妻相與逃，而爲人灌園，終身不屈其節。」（冊8／頁2349／行10～12）

按：百鎰，殿本、北監本等同，而景祐本、汲古閣本、王本等皆作「百溢」，張元濟《校勘記》失校。王先謙說殿本「『溢』作『鎰』是」。考之典籍，王說未確。按溢同鎰，乃古代重量單位，二十兩爲一溢；一說二十四兩爲一鎰。二字載籍屢見混用，例多不贅。故王本等作「百溢」並不誤，點校本暗改底本，失當。

是以聖王制世御俗，獨化於陶鈞之上，而不牽乎卑辭之語，不奪乎眾多之口。（冊8／頁2351／行4）

按：卑辭，景祐本、殿本等同，而王本、汲古閣本等作「卑亂」。《補注》云：「官本『亂』作『辭』，引宋祁曰：『浙本辭作亂。』案《史記》『卑亂』、《文選》『卑辭』，李善並爲『卑辭』作注。先謙謂下言『語』，上不得言『辭』，《史》、《漢》本是也。」細玩文意，王說有理。按「卑辭」亦作「卑詞」，乃言辭謙恭之義。此處以「卑辭」修飾「語」，義複，明顯不合，當以作「卑亂」於義爲長。又，載籍雖屢見「卑辭」一詞，但未見「卑辭之語」的用例，故王本等作「卑亂之辭」未必有誤。《漢紀》卷九引作「卑辭」，蓋沿襲誤本所致。點校本據殿本等暗改底本，失當。

張晏曰：「陶家名模下圓轉者為鈞，以其制器為大小，比之於天也。」（冊 8／頁 2351／行 8）

按：圜轉，景祐本、殿本等同，而王本、汲古閣本等作「圓轉」。按「圜」通「圓」，「圓轉」即「圜轉」，旋轉之義，王本並不誤。點校本暗改底本，失當。

初，吳王濞與七國謀反，及發，齊、濟北兩國城守不行。（冊 8／頁 2356／行 11）

按：「吳王濞與七國謀反」句，各本同。《補注》云：「七國者，連吳數之，去吳則爲六國，『七』當爲『六』字之誤。下文《枚乘傳》『吳王遂與六國謀反』，是其證。」按王先謙所說有理，似可從。但細玩文意，「七國之亂」以吳爲首，而「與」可通「舉」，用在此處文意自明，故此「舉七國謀反」或與卷四十五「與七國合從」之誤有所不同，未必有誤。

孟康曰：「西方人名屋梁謂極。單，一也。一梁，謂井鹿盧也。言鹿盧為綆索久鍥，斷井幹也。」（冊 8／頁 2361／行 6）

按：「西方人名屋梁謂極」句，王本、汲古閣本等同，而景祐本、殿本等「謂」作「爲」。《補注》云：「官本注『梁』下『謂』作『爲』，謂、爲同字。」按王說有理，但《兩漢博聞》卷四「綆斷幹」條〔註133〕引此亦作「爲」，明楊侃所見本即作「爲」，與景祐本等合，似可從改。《文選·西京賦》注有「三輔名梁爲極」之語，與孟注所云合，是其證。

又按：「一梁」句，王本、汲古閣本、殿本等皆同，獨景祐本作「一說幹」。細玩文意，王本等單作「一梁」，文意欠明，且正文無「梁」字，注文援例不當出「梁」字，故當以景祐本作「一說幹」於義爲長。按師古曰：「幹者，交木井上以爲欄者也。孟云鹿盧，失其義矣。」顏氏駁孟注，但其「孟云鹿盧」云云，正可說明孟注此處乃是以「鹿盧」釋「幹」字，非釋「梁」字，是其證。《補注》引沈欽韓曰：「孟說是也。《莊子·則陽篇》『有夫妻臣妾登極者』，司馬彪云：『極，屋棟也。』……余目驗河、陝間於高阜穿井，深蓋數十丈，橫木爲梁，兩頭鹿盧，綆之繞梁，鍥者數寸。一人轉汲，聲聞百步。」王先謙說：「據沈目驗，孟義

〔註133〕楊侃《兩漢博聞》，車承瑞點校，黑龍江人民出版社，1990 年第 1 版，第 230 頁。

優矣。」所説甚是。點校本失校。而《兩漢博聞》引此作「一説梁」，其「梁」字亦當爲「幹」字之誤。

孟康曰：「魏公子无忌號信陵君。无忌嘗總五國卻秦，有地資也。」（冊 8 / 頁 2362 / 行 12）

按：嘗，景祐本、殿本等同，而王本、汲古閣本等作「常」。按常、嘗二字古通用，無煩改字。點校本據殿本等徑改底本，失當。

深壁高壘，副以關城，不如江淮之險。此臣之所（以）爲大王樂也。（冊 8 / 頁 2363 / 行 5〜6）

校勘記云：「景祐本無『以』字。王念孫説景祐本是。」

按：點校本據景祐本及王念孫説刪「以」字，可商。上文有「此愚臣之所以爲大王惑也」、「此臣所以爲大王患也」云云，句式相仿，皆有「以」字。吳恂説：「『以』字有無，並無害於文義，王説殊未能喻……再三復之，終未能明。」〔註 134〕細玩文意，王説未達，此「以」字不當刪。

皋字少孺。乘在梁時，取皋母爲小妻。乘之東歸也，皋母不肯隨乘，乘怒，分皋數千錢，留與母居。（冊 8 / 頁 2366 / 行 3〜4）

按：「皋母不肯隨乘」句，景祐本、殿本等同，而王本、汲古閣本等無「乘」字。《補注》云：「先謙曰：官本『乘』上更有『乘』字。」按上文云「乘之東歸也」，故此「皋母不肯隨」的對象必爲「乘」無疑，「乘」字可承前省略。事實上，是否重「乘」字，義皆可通，故王本等未必有誤。點校本據殿本等徑增一「乘」字，失當。

二三四三頁一三行　夫精（誠）變天地而信不諭兩主。（冊 8 / 頁 2373 / 行 8）

按：此條校勘記誤排。核之正文，此當爲「二三四三頁一四行」。

又按：本卷校勘記頁碼、行數誤排多達 14 處，茲特更正如下：

同頁 9 行「二三四七頁四行」應爲「二三四七頁八行」；10 行「二三四八頁四行」應爲「二三四八頁八行」；11 行「二三四九頁一行」應爲「二三四九頁五行」；12 行「二三四九頁四行」應爲「二三四九頁八

〔註 134〕吳恂《漢書注商》，上海古籍出版社，1983 年第 1 版，第 164 頁。

行」；14 行「二三五〇頁五行」應爲「二三五〇頁九行」；15 行「二三
五一頁一行」應爲「二三五一頁五行」；下頁（2374）1 行「二三六三
頁二行」應爲「二三六三頁六行」；2 行「二三六三頁七行」應爲「二
三六三頁一一行」；3 行「二三六五頁一三行」應爲「二三六六頁一行」
（按：此條校記實係校改注文，而誤排正文頁碼，故頁、行皆誤）；4
行「二三六八頁五行」應爲「二三六八頁九行」；5 行「二三六九頁二
行」應爲「二三六九頁六行」；6 行「二三七〇頁七行」應爲「二三七
〇頁一二行」。

按以上 14 處排印錯誤大多數相差 4 行，自 1964 年 11 月上海第 2 次印
本至 2002 年 11 月北京第 11 次印本皆同，可見積誤已久。

卷五十二　竇田灌韓傳第二十二　7 條

孟康曰：「官主千人，如候司馬也。」（冊 8／頁 2382／行 13）

按：候，景祐本、殿本等同，而王本作「侯」。《補注》云：「官本『侯』作
　　『候』，是，《集解》引亦作『候』。」按王說是。點校本徑改，未出校改
　　符號與校勘記，失範。

又按：「候」與「司馬」實爲二職，與「千人」皆爲屬官名。按秦漢時掌徼
　　巡京師的中尉（漢武帝時更名「執金吾」）屬官有千人、候、司馬等，
　　漢時屬國都尉及西域都護等亦置此類屬官，均爲帶兵之軍官。故「候」
　　與「司馬」二者中間宜點斷。點校本誤標，蓋不明官制所致，點校本
　　《史記》卷一百七標點同誤。

夫家居，卿相侍中賓客益衰。及竇嬰失勢，亦欲倚夫引繩排根生平慕之後
棄者。（冊 8／頁 2384／行 10）

按：「亦欲倚夫引繩排根生平慕之後棄者」，各本同。《補注》云：「《史記》
　　『排』作『批』，『棄』下有『之』字。」僅錄異文而未下斷語。細玩文
　　意，《史記》卷一百七《魏其武安侯列傳》敘此「棄」下有「之」字，於
　　義爲長。按此「生平」一詞有時倒作「平生」，乃「先前」之義，與「後」
　　字相對，「棄之者」即上「慕之」者，文意明白；此處「棄」下少一「之」
　　字，文意亦通，或爲班氏剪裁時誤脫，或爲承前而省略，故未必有誤。

又按：或謂《史記》「批」字乃「排」字之誤，亦非。按《史記索隱》云：「批

音步結反。批者，排也。」〔註135〕可見二字義近。又載籍屢見「引繩
批根」一詞，亦作「引繩排根」，比喻合力排斥異己；而「批根」、「排
根」二詞載籍亦多見，爲排斥、擯棄之義，例多不贅，故作「批」或
「排」義皆可通。按《漢語大詞典》收入以上三詞，但「批根」一詞
僅舉陳衍《〈瘦庵詩〉序》爲例，書證太遲。

蘇林曰：「二人相倚，引繩直排根賓客去之者，不與交通也。」孟康曰：「根
者，根格，引繩以彈排擯根格之也。」師古曰：「孟說近之。根音下恩反。
格音下各反。言嬰與夫共相提挈，有人生平慕嬰、夫，後見其失職而頗慢
弛，如此者，共排退之，不復與交。譬如相對挽繩而根格之也。今吳楚俗
猶謂牽引前卻爲根格也。」（冊8／頁2384／行14～16）

按：「根者，根格」句，殿本、北監本等同，而景祐本、汲古閣本、王本等
皆作「根音根格」，張元濟《校勘記》失校。《補注》云：「官本注末無『也』
字，孟注『音』作『者』。」按景祐本注末亦無「也」字，義可兩通。而
《史記索隱》引孟康云「音根格」，亦作「音」。細玩文意，孟康此注乃
統釋「引繩排根」一詞，並非單解「根」字，故當以作「根音根格」爲
是，四字連讀，方與舊注慣例合，原意謂此「根」字當破讀，音「根格」
之「根」，實際上亦即借爲「挭」；殿本等作「根者，根格」，與其下注文
有重複之嫌，且不合舊注慣例，故「者」字乃「音」字形近之誤，疑爲
後人所妄改。點校本暗改底本，非，且不合古籍整理規範。

又按：上引諸家注文，與《史記》各本所引不同，蓋有脫誤。《補注》引宋祁
曰：「『根格』二字疑皆從手。」又云：「《集解》引蘇林曰：『二人相倚，
引繩直之意批根賓客也。去之者，不與交通。』孟康曰：『根，根括。
引繩以持彈。』與此注異，蘇注較此文爲長。《索隱》：『持彈，案《漢
書》本作「抨彈」。』據此，孟注『彈』上脫一『抨』字。又引劉氏云：
『二人相倚，事如合繩共相依引也。』『批音步結反。批者，排也。《漢
書》作「排根」。小顏根音痕，括音泪。謂人生平慕嬰、夫，後見其失
職而頗弛慢，如此者共排退之，不復與交也，譬如相對挽繩而根括之
也。』據此顏注『格』亦作『括』。案《玉篇》『挭，鞕也』，《廣雅》『挭，
引也』，注文『根格』當如宋說，正文及《史記》『根』並從木，蓋借

『根』爲『根』，今人輒欲竄易爲『根』，又失之。」按王先謙所引此《史記集解》等注文，景祐本（百衲本）、元彭寅翁崇道精舍刻本等同；殿本除「去之」作「棄之」外，餘皆同；而點校本《史記》所據底本金陵書局本除「去之」作「棄之」外，《索隱》注文自「《漢書》作『排根』」至「而根括之也」一段作：「《漢書》作『排』。排根者，蘇林云『賓客去之者，不與通也』。孟康云『音根格，謂引繩排彈其根格，平生慕嬰交而棄者，令不得通也』。小顏根音痕，格音下各反。駰謂引繩，排彈繩根括以退之者也。」〔註136〕則與上引注文迥異。仔細比勘，《史》、《漢》二書可辨者凡六，分述如下：

一、《漢書》蘇林注「繩直」下當脫「之意」二字，點校本失校，可據《史記》補，文意乃暢。而《史記》蘇林注「賓客」下之「也」字實爲衍文，應刪，或可移至注末。點校本《史記》腰斬「之意」連文，以「引繩直之」爲句，明顯誤標。又，細玩文意，注文「棄之」當作「去之」。按《史記》景祐本（百衲本）、元彭寅翁崇道精舍刻本等與《漢書》各本所引蘇林注皆作「去之」，明蘇林所見本即作「去之」。棄、去二字義近，此處蘇林乃以「去」釋「棄」，意謂賓客先慕嬰名而來，待見其失勢，則又「棄之而去（離開）」，文意明白。本書卷五十五《衛青霍去病傳》云：「自是後，青日衰而去病日益貴。青故人門下多去，事去病，輒得官爵，唯獨任安不肯去。」（頁2488）即其比。而《史記》殿本、局本等作「棄之」，當係後人據正文妄改，遂至版刻相亂。究其致誤之因，蓋緣「賓客」二字下衍「也」字，致使「去之者」三字無根；後人不曉，誤以「不與交通」四字乃爲注解「棄之」二字而設，遂據正文改「去之」爲「棄之」以求一致。事實上，「不與交通」四字乃總括上文言之，主語是嬰、夫二人，非賓客也。張文虎《校勘史記集解索隱正義札記》卷五云：「棄之者，《索隱》：『令不得通。』單本訛『退』。」〔註137〕失校。點校本承之，亦失校。

二、宋祁說「『根格』二字疑皆從手」，王先謙是之，未確。但王氏謂正文「根」借爲「根」，無煩改字，甚是。按「根」音痕，與《索

〔註136〕《史記》，中華書局，1982年第2版，第2847頁。

〔註137〕張文虎《校勘史記集解索隱正義札記》，中華書局，1977年第1版，第642頁。

隱》所說合，亦與顏注「下恩反」音同。「根格」或作「根括」，蓋形近之誤，或先由「根格」誤爲「根栝」，繼而又誤作「根括」，遂以訛傳訛，實非同詞異構。「格」字有「阻隔」之義，用在此處文意自明，無須通假。「根格」即排斥以阻隔之，亦即與賓客斷絕關係、不與交往也。按《漢語大詞典》收有「根格」一詞，釋爲排斥之義，書證即此顏注，以「根」借作「挭」，是，但仍有疏漏。又《史記》卷一百二十八《龜策列傳》云：「命曰根格。以占病者，不死。繫久毋傷。」〔註138〕按此「根格」恐非排斥之義，「根」當爲杜絕、根除之義，不借作「挭」，與此有異。錄之俟後續考。

三、《漢語大詞典》又收有「根括」一詞，釋爲徹底清查、徹底搜求之義，舉歐陽修《論牧馬草地箚子》等爲例。從上引注文及典籍使用情況等來看，此釋義欠妥，書證亦嫌遲。按載籍習見「根括」一詞，如《宋史》卷二十九《高宗本紀》云：「（紹興十一年）九月癸卯，命軍器少監鮑琚如鄂州根括宣撫司錢穀。」又卷四百二《安丙傳》云：「丙以關表營田多遺利，命官括之。有文垎者方持母喪，以便宜起復，幹辦魚關糧料院，俾之措置，且以宣撫副使印假之。而馮安世者，又即利州置根括局。」皆其例。由上引之文可知，不但有「根括」一詞，也有單用「括」字者，甚至還有人設立了「根括局」。按「括」字既有「搜集」、「搜括」之義，亦有「查驗」、「登記」等義，上引「命官括之」句之「括」，即爲「查驗」之義，與「括田」一詞相仿，意指丈量田畝以便檢查漏賦情況；而「根」字則有「根究」、「追究」之義，故「根括」實即查究、查驗、調查之義，乃同義複詞，「根括局」即調查局，《漢語大詞典》釋爲「徹底清查」與「徹底搜求」，蓋望文生義所致。另文詳考，此不贅。

四、「持彈」不辭，《索隱》引《漢書》作「抨彈」，蓋司馬貞所見本即如此，王先謙謂孟注「彈」上脫一「抨」字，甚有理，可從。點校本失校。

五、「慢弛」可乙作「弛慢」，爲懈怠輕忽、怠忽鬆弛之義，載籍多見，用在此處義皆可通。《漢語大詞典》收入，而書證未及此，顯有疏漏。

〔註138〕《史記》，中華書局，1982 年第 2 版，第 3246 頁。

六、點校本《史記》所載《索隱》之文與景祐本、殿本等相差較大，異文可參校者甚多，此不贅。而原標點將「小顏根音痕」至「排彈繩根括以退之者也」一段皆統入「孟康曰」下，變成孟康注語，大誤。按孟康乃三國時魏國人，如何能言及「小顏（師古）」與「駰（裴駰）」？故當於「令不得通也」後句斷。

已而蚡聞嬰、夫實怒不予，亦怒曰：「魏其子嘗殺人，蚡活之。蚡事魏其無所不可，愛數頃田？且灌夫何與也？吾不敢復求田。」由此大怒。（冊 8 / 頁 2386 / 行 8～10）

按：「愛數頃田」句，各本同。《補注》云：「《史記》『愛』上有『何』字，語意較明。」按王先謙所說甚是。此為田蚡反詰之辭，故以加「何」字義勝，下句「且灌夫何與也」，亦有「何」字，是其證。此或涉上文「可」字形近而誤脫一「何」字，可據《史記》校補。

又按：「由此大怒」句，各本同。《補注》引李慈銘曰：「《史記》作『武安由此大怨灌夫、魏其』，疑此『怒』字係『怨』字之誤。」按「怒」、「怨」二字形近易訛，李說甚是，可從。載籍習見「大怨」之文，用在此處，文意顯豁，此「怒」字或為涉上文兩「怒」字而誤。點校本失校。

嬰銳為救夫，嬰夫人諫曰⋯⋯（冊 8 / 頁 2389 / 行 4）

按：「嬰銳為救夫」句，各本皆同，而《史記》敘此「銳」下多一「身」字。按「銳」為急切、迫切之義，「身」乃親自、自身之義。細玩文意，有無「身」字義皆可通，只是文意稍有不同而已，故此處無「身」字未必有誤。

又按：原標點在「嬰夫人」三字下連標專名線，非，應去「夫人」二字下專名線。按《史記》敘此單作「夫人」，無「嬰」字，未標專名線，是。

嬰東朝，盛推夫善，言其醉飽得過，乃丞相以它事誣罪之。（冊 8 / 頁 2389 / 行 11）

按：「嬰東朝」句，各本皆同，而《史記》敘此「東朝」上有「之」字。《補注》引齊召南曰：「《史記》作『魏其之東朝』，之，往也，『之』字似不可省。」按齊說甚是。如淳曰：「東朝，太后朝也。」此「東朝」指竇太

后所居之處，乃具體地點，故其前動詞「之」實不可省，否則便文不成句，易生歧義。點校本未採齊召南說，失校。

上怒恢不出擊單于輜重也，恢曰：「始約爲入馬邑城，兵與單于接，而臣擊其輜重，可得利。……」（冊 8／頁 2404／行 13）

按：「始約爲入馬邑城」句，各本皆同，而《史記》卷一百八《韓長孺列傳》敘此「爲」作「虜」。細玩文意，《史記》作「虜」於義爲長。按胡、虜等皆爲中原漢人對北方少數民族的賤稱，前文有「虜以全制其弊」與「北有強胡之敵」等語，皆指匈奴而言。上文又有「約單于入馬邑」云云，此即指彼而言。若作「爲」，則語意欠明；而「爲」、「虜」二字形近，故易訛。點校本失校。

卷五十三　景十三王傳第二十三　12 條

子共王不害嗣，四年薨。（冊 8／頁 2411／行 7）

按：不害，各本皆同，而卷十四《諸侯王表》作「不周」（頁 409）。按《史記》卷五十九《五宗世家》、卷十七《漢興以來諸侯王年表》皆作「不害」，故此傳不誤，當是表誤。

魯恭王餘以孝景前二年立爲淮陽王。吳楚反破後，以孝景前三年徙王魯。……二十八年薨。子安王光嗣。（冊 8／頁 2413／行 6～11）

按：孝景前三年，各本同，而《諸侯王表》「三年」作「二年」。按《史記》敘此皆作「三年」。故此處不誤，當是表誤。

又按：二十八年，各本同，《諸侯王表》亦同，而《史記》皆作「二十六年」。《補注》云：「表同。《史》表、世家並作『二十六年』。據表『安王元朔四年嗣』，是共王止二十六年。」按王先謙所說有理，可從。如上所述，劉餘當於孝景前三年（前 154）徙王魯，是爲恭王；考《史記》卷十七《漢興以來諸侯王年表》載魯恭王餘薨於元光六年（前 129），次年亦即元朔元年子安王光嗣。故魯恭王之在位時間，自孝景前三年以迄元光六年，正合「二十六年」之數，《史記》所載是。而本書作「二十八年」，「八」或爲「六」形近之誤；或班氏乃包舉劉餘「立爲淮陽王」至劉光嗣位之年數而言，遂成「二十八年」。點校本失校。

是以每相二千石至，彭祖衣帛布單衣，自行迎除舍，多設疑事以詐動之，得二千石失言，中忌諱，輒書之。（冊 8／頁 2419／行 13）

按：「彭祖衣帛布單衣」句，各本皆同，而《史記》卷五十九《五宗世家》
　　敘此作「彭祖衣皁布衣」。《補注》引王念孫曰：「帛布，當從《史記·五
　　宗世家》作『皁布』。皁布單衣，賤者之服也。『皁』與『帛』字相似，
　　因誤爲『帛』。衣帛則不衣布，衣布則不衣帛，不得言『衣帛布』也。師
　　古曰『或帛或布以爲單衣』，斯爲曲說矣。」又引王先愼曰：「王說是。《御
　　覽》六百九十一引此傳文正作『皁布單衣』。」王先謙說：「皁布衣，蓋
　　隸役所服，故下云『行迎除舍』，令人不疑是王也。」按諸家之說甚有理。
　　「皁」同「皂」，「皁衣」亦作「皂衣」，即黑衣，本爲秦漢時官員所著，
　　後降爲下級官吏的服裝，類似者又有「皁綈」、「皁襦」、「皁襜褕」等，
　　載籍習見。如本書卷四十八《賈誼傳》云：「且帝之身自衣皁綈，而富民
　　牆屋被文繡。」（頁 2242）又《後漢書》卷九十四《禮儀志上》云：「執
　　事者冠長冠，衣皁單衣，絳領袖綠中衣。」皆其比，例多不贅。點校本
　　未採《補注》之說，失校。

師古曰：「使謂京師使人也。過客，行客從趙過者也。陂謂傾側也，音彼義
反。」（冊 8／頁 2420／行 16）

按：彼義反，殿本、大德本同，而景祐本、汲古閣本、汪文盛本等皆同王本
　　作「皮義反」。按「彼」字從「皮」得聲，故王本等作「皮義反」不誤，
　　無煩改字。點校本據殿本暗改底本，失當。

後彭祖入朝，因帝姊平陽隆慮公主，求復立丹為太子，上不許。（冊 8／頁
2421／行 3～4）

按：原標點以「平陽隆慮公主」連讀，非，當於「平陽」後施加頓號，文意
　　乃安。考之史實，「平陽隆慮」非一人之號，實爲平陽公主與隆慮公主二
　　人也。點校本當斷不斷，明顯誤標。張如元於此亦有說。

張晏曰：「葭，蘆〔葉〕也。莩，葉裏白皮也。」（冊 8／頁 2425／行 5）
　　校勘記云：「景祐、殿本都有『葉』字。」

按：點校本據景祐本、殿本校補「葉」字，可商。《補注》引宋祁曰：「景德
　　本『葭，蘆葉也』，……校去『葉』字。」據此，可知宋祁校本刪「葉」

字。王先謙說：「官本張注『蘆也』作『蘆葉也』，當衍『葉』字。」按
王說是，其下顏注亦作「葭，蘆也」，無「葉」字，是其證。又晉灼曰：
「莩，葭裏之白皮也，皆取喻於輕薄也。」細玩文意，此「葭莩」本指
蘆葦管中之薄膜，用在此處喻疏遠之親，與「蘆葉」無涉，故王本等作
「葭，蘆也」未必有誤。

師古曰：「葭，蘆也。莩者，其箁中白皮至薄者也。葭莩喻（著）〔薄〕，
鴻毛喻輕薄甚也。莩音孚。張言葉裏白皮非也。」（冊 8／頁 2425／行 5
～6）

　　校勘記云：「景祐本作『薄』字。」

按：著，各本皆同王本，獨景祐本作「薄」，點校本據以校改，可商。王先謙
　　說：「葭莩雖有相著之親，然至微薄；況疏遠小臣，並此微薄之親亦無之
　　也。正與『鴻毛之重』對文，顏云『喻著』，其義不明，疑有脫文。」按
　　正文載中山靖王勝之語云：「臣雖薄也，得蒙肺附；位雖卑也，得爲東
　　藩，屬又稱兄。今羣臣非有葭莩之親，鴻毛之重，羣居黨議，朋友相
　　爲，使夫宗室擯卻，骨肉冰釋。」細玩文意，顏注作「葭莩喻著」文意
　　自明，未必有誤，王說未達。按《兩漢博聞》卷五「葭莩之故」條引此
　　顏注正作「著」，不作「薄」，可知楊侃所見本亦與王本等合，是其證。
　　車承瑞校記云：「標點本《漢書》注據景祐本《漢書》注，『著』改爲
　　『薄』，疑非。『著』有『比附』義，『比附』又與『親』義近。如作『薄』，
　　『葭莩之親』不得確解，與『鴻毛之重』又不能相對成文。」〔註139〕按
　　楊說有理。又，王繼如師在《「肺腑」、「錄囚」通說》一文中說：「『腑』、
　　『府』之通『附』，因《漢書》多作『肺附』，自足爲證。附有木皮義……
　　『肺腑』一詞乃以木箁、木皮喻疏末之親也，擴大言之，非嫡親之戚
　　屬，亦可稱肺腑，非以肺肝臟腑喻至親骨肉或心腹之人也。『葭莩』則以
　　葦中之膜喻疏遠之親，『肺腑』之取義，與此相類。……中山靖王劉勝爲
　　孝景賈夫人之子，與武帝本屬至親，但以庶出，自稱肺腑，蓋謙抑之詞
　　也。」〔註140〕按王師從語源學角度入手，考辨精詳，可爲鐵證。據此，

〔註139〕楊侃《兩漢博聞》，車承瑞點校，黑龍江人民出版社，1990 年第 1 版，第 307
　　　　頁。
〔註140〕王繼如《「肺腑」、「錄囚」通說》，原載《南京師大學報》，1991 年第 2 期，
　　　　收入《敦煌問學叢稿》，甘肅文化出版社，1999 年第 1 版，第 24～28 頁。

點校本改「著」爲「薄」，應屬誤校。

四十三年薨。子哀王昌嗣，一年薨。子康王昆侈嗣，二十一年薨。（冊 8 /
頁 2426 / 行 4）

按：四十三年薨，各本同。《補注》云：「表作『四十二年』。據哀王元鼎五年
　　嗣，是靖王以四年薨，正四十二年，『三』字誤也。《史記》表、傳並作
　　四十三年薨。」按《史記》實作「四十二年」，此注文「三」字蓋「補注
　　本」誤刻。考之史籍，王先謙說「四十三」爲「四十二」之誤，是。嶽
　　麓本據《漢表》及推年序校改爲「四十二」，可謂有見。點校本未採王說，
　　失校。

又按：一年薨，各本同。《補注》云：「表作『二年薨』，《史表》作『即年薨』。
　　據糠王元封元年嗣，是哀王以元鼎六年薨，作『二年』是。此及《史
　　表》並誤。」按王說是，可從。《史記》卷五十九《五宗世家》敘此作
　　「一年卒」，亦當同誤。點校本失校。

又按：康王，各本皆同王本，獨景祐本作「糠王」。《補注》引宋祁曰：「康，
　　越本作『糠』。糠，惡謐也，好樂怠政曰糠。學本去『米』字，蓋誤
　　也。」又云：「先謙曰：越本是也。《史》、《漢》表並作糠。」檢《史》、
　　《漢》二表，一作「康」，一作「穅」，與王說不同。《史記索隱》引蕭
　　該云：「《謐法》『好樂怠政曰康』。《漢書》作『穅』。」〔註141〕據此，
　　知司馬貞所見本《漢書》亦作「穅」，與景祐本、越本合。按師古曰：
　　「穅音與康同。穅，惡謐也。好樂怠政曰穅。它皆類此。」（頁 414）
　　「穅」同「糠」。考之謐法，「康」爲美謐，而顏注謂「穅」爲惡謐，
　　二者迥異，蓋積誤已久。按《逸周書・謐法第五十四》有「凶年無穀
　　曰糠」的惡謐，孔鼂注云：「不務稼穡。」汪受寬《謐法研究》引盧文
　　弨云：「《漢書・諸侯王表》有中山穅王昆侈，則謐法之有穅明矣。師
　　古注引『好樂怠政曰穅』，則與前『荒』之謐相同。《正義》此『穅』
　　字亦作『荒』。……穅之言虛也，注以『不務稼穡』爲言，可謂深得製
　　謐之旨，師古所引或誤記耳。……人固有好紛亂典籍者，於理不應謬
　　誤至此。至《正義》之作『荒』，則以二謐相次比而致誤耳。」又引劉
　　師培曰：「案《穀梁》襄二十四傳，『四穀不升謂之康』，原本《玉篇》

〔註141〕《史記》，中華書局，1982 年第 2 版，第 870 頁。

欠部引作『歉』，又引劉兆注云：『歉，虛也。』是『穅』之正字當作
『歉』。《方言》十三：『溓，空也。』郭注云：『或作歉，虛字也。』
《說文》：『歉，饑虛也。』與此合。《唐會要》作『荒』，與《史記正
義》同，失之。」〔註142〕按劉師培所說有理。蓋本字作「歉」，而作
「康」、「穅」、「穅」等皆其同音借字耳，而作「荒」者則爲音轉誤文。
錄之俟後續考。

<u>後昭信</u>謂去曰：「前畫工畫望卿舍……」（冊8／頁2429／行5）
按：原標點以「後昭信」三字連標專名線，非，當去「後」字下專名線。「昭
　　信」爲人名，而「後」乃後來之義。點校本明顯誤排。

常山憲王舜以孝景中五年立。舜，帝少子，驕淫，數犯禁，上常寬之。三
十三年薨，子勃嗣為王。（冊8／頁2434／行5～6）
按：三十三年，各本同。《補注》云：「三十三年，表作『三十二年』。據《史
　　表》薨於元鼎三年，正三十二年。表是，此誤。」按王先謙說是，可從。
　　嶽麓本據劉舜嗣位及卒年推改爲「三十一年」（頁1066），非，或係誤排
　　所致。

子孝王由嗣，二十二年薨。（冊8／頁2435／行13）
按：二十二年，各本同。《補注》云：「表同。據安王建昭元年嗣，是孝王以
　　永光五年薨。自本始三年嗣位至永光五年，計『三十三年』。表、傳並誤。」
　　按王先謙說是，可從。嶽麓本據《漢表》及推年序改爲「三十三年」，是。
　　點校本失校。

師古曰：「《左氏傳》管敬仲云『宴安鴆毒，不可懷也』。」（冊8／頁2436
／行13）
按：宴，景祐本、殿本等同，而王本、汲古閣本等作「晏」。按「晏」、「宴」
　　二字雖可通用，但載籍所引《左傳》此文多作「宴」，原文亦作「宴」（見
　　《左傳·閔公元年》），故仍當以作「宴」爲是。點校本徑改底本，未出
　　校改符號和校勘記，失範。

<hr>

〔註142〕汪受寬《諡法研究》，上海古籍出版社，1995年第1版，「附錄」第448～449
　　　　頁。

卷五十四　李廣蘇建傳第二十四　16 條

匈奴（入）〔侵〕上郡，上使中貴人從廣勒習兵擊匈奴。（冊 8 / 頁 2440 / 行 4）

> 校勘記云：「景祐、殿本都作『侵』。」

按：點校本據景祐本、殿本將底本「入」字校改爲「侵」，可商。細玩文意，此「入」字不必改。按「入」即「侵」也，二字義近，王本等未必有誤。按《史記》卷一百九《李將軍列傳》敘此作「匈奴大入上郡」，《通典》卷第一百五十三引同，皆作「入」，是其證。張烈《商榷》亦說不必改。點校本至多出異文校。

廣與望氣王朔語云：「自漢擊匈奴，而廣未嘗不在其中，而諸妄校尉已下，材能不及中，以軍功取侯者數十人。」（冊 8 / 頁 2446 / 行 6～8）

按：云，殿本同，而景祐本、汲古閣本等皆同王本作「曰」，張元濟《校勘記》失校。《補注》云：「官本『曰』作『云』。」按曰、云二字義同，但此處上下文皆作「曰」，《史記》敘此亦作「曰」，故仍當以作「曰」爲是，王本等不誤，見此殿本作「云」乃後人所改。點校本據殿本暗改底本，失當。

又按：諸妄校尉，各本同，而文意費解，疑有訛誤。顏注引張晏曰：「妄猶凡也。」按「妄」有平庸、尋常之義，而「凡」有平常、普通之義，二者義近，本可相訓；但此處張晏以「凡」釋「妄」，不僅與「已下」二字文意有隔，且使其下「材能不及中」句變成贅辭，明顯未達。馬敘倫《讀兩漢書記》云：「『妄』字，《史記》作『部』，疑『妄』乃『音』之訛。『部』爛脫成『音』，又訛作『妄』。」〔註143〕按馬氏所說甚是有理，可從。「諸部校尉」指出擊匈奴的各部校尉，文意順暢，了無窒礙。點校本失校。

朔曰：「將軍自念，豈嘗有恨者乎？」（冊 8 / 頁 2446 / 行 9）

按：「豈嘗有恨者乎」句，各本同。《補注》引王念孫云：「案『恨』上有『所』字，而今本脫之，則語意不完。《藝文類聚·封爵部》、《御覽·封建部一》引此皆有『所』字，《史記》同。」按王說未達。考《史記》敘此云「豈

〔註143〕馬敘倫《讀兩漢書記》，上海商務印書館，1930 年排印本，第 4 頁。

嘗有所恨乎」，《御覽》等所引本之。班氏改「所恨」爲「恨者」，雖無「所」字，但以「者」字替代，義同，且文意完足，故不誤。點校本未從王說改，較爲審愼。

大將軍弗聽，令長史封書與廣之莫府，曰：「急詣部，如書。」……廣未對。大將軍長史急責廣之莫府上簿。廣曰：「諸校尉亡罪，乃我自失道。吾今自上簿。」至莫府，謂其麾下曰：「廣結髮與匈奴大小七十餘戰，今幸從大將軍出接單于兵，而大將軍徙廣部行回遠，又迷失道，豈非天哉！且廣年六十餘，終不能復對刀筆之吏矣！」遂引刀自剄。（冊 8／頁 2448／行 2～頁 2449／行 11）

按：「令長史封書與廣之莫府」句，汪文盛本、汲古閣本、殿本、王本等皆同，而景祐本、大德本無「廣」字。師古曰：「之，往也。莫府，衛青行軍府。」按顏注以「之」字爲動詞，釋爲「往」，非；而以此「莫府」指「衛青行軍府」，亦非。考之史實及上下文意，此「之」字乃助詞，相當於「的」；而此「莫府」當指李廣之前將軍莫府而言，故「廣」字實不可省，景祐本等蓋誤脫。按漢時將軍之府稱「莫府」，莫府置僚屬，負責參贊軍務；或謂以幕帳爲府署，故亦作「幕府」，「莫」即「幕」之借字。李廣時爲前將軍，故亦當有「莫府」。《補注》引劉攽曰：「莫府，乃廣之前將軍莫府也。凡將兵，皆有莫府，張敖『監平樂兵，置莫府』是矣。……及後『急責廣之莫府』亦是。」引劉奉世曰：「此莫府，廣軍之莫府，曹吏、文書所在也。……與之莫府者，猶言與其莫府也。」又引李慈銘曰：「廣之莫府，爲廣所自立之莫府也。上云『廣行軍，莫府省文書』，則將軍之出，各有莫府明矣。」王先謙說：「劉、李說是。奉世所見《漢書》與景祐本同，故訓『之』爲『其』，但景祐本奪『廣』字耳。」按王氏所說有理。上引之文「莫府」凡 3 見，皆當指李廣而言。按「大將軍長史急責廣之莫府上簿」句，顏注亦訓「之」爲「往」，同誤。原文「上簿」云云，乃謂李廣兵敗後，大將軍長史急令李廣莫府曹吏帶著文書前去大將軍莫府「對簿」受審，《史記》敘此「上簿」作「對簿」，二者義近，是其證。簿，文書也，爲莫府曹吏所掌，故「上簿」之事本來無須李廣親爲；而李廣認爲「諸校尉亡罪」，不欲使其「麾下」受辱，更不願親至大將軍莫府受審，遂自殺以報。

師古曰：「回，遶也，曲也，音胡悔反。」（冊 8／頁 2448／行 10）

按：遶，殿本同，而景祐本、汲古閣本、王本等皆作「繞」。按「遶」同「繞」，
二字通用，王本等不誤。點校本據殿本暗改底本，失當。

師古曰：「無何，謂未多時也。……他皆類此。」（冊 8／頁 2450／行 8）

按：他，各本皆同，而王本作「地」。考之文意，作「他」是，王本作「地」
明顯誤刻。點校本徑改底本，未出校改符號與校勘記，失範。

漢軍南行，未至鞮汗山，一日五十萬矢皆盡，即棄車去。（冊 8／頁 2454
／行 10）

按：「一日五十萬矢皆盡」句，各本皆同，獨殿本「一日」作「百」。《補注》
云：「官本『一日』作『百』，引宋祁曰：『越本「百」字作「一日」。』
齊召南云：『按「百」字《通鑒》作「一日」，然則溫公所見本與今本不
同也。』案齊氏未證毛本及宋說，故云然。」細玩文意，諸家之說皆未
達，此處「一日」當爲「百」字之誤，殿本是。吳恂說：「越本『百』字
作『一日』非，上云『漢軍南行，未至鞮汗山』云云，其間殊無接戰之
語，然則『一日五十萬矢皆盡』之說，將安所承乎？即謂漢軍且戰且行，
以三千餘人，而一日之間乃盡五十萬矢，揆之事理，亦似未洽，況上云
管敢亡降匈奴，具言陵軍無後救，射矢且盡，苟猶存五十萬矢，又焉能
謂之且盡？下文李陵歎曰：『復得數十矢，足以脫矣！』可見矢之可寶，
而謂一日盡五十萬矢，竟不少靳惜哉！尋《後漢書·寇恂傳》：『恂移書
屬縣講兵肄射，伐淇園之竹，治矢百餘萬，養馬二千匹。』據此，亦足
證一日五十萬矢皆盡之非矣。」〔註144〕按吳說甚有理，可從。即便管敢
「射矢且盡」云云爲邀功之誑語，而「一日五十萬矢皆盡」之說亦與史
實及情理皆不合。據上文載，此次李陵所部僅步卒五千人，而圍攻李陵
所部的匈奴軍隊則先後超過 11 萬，其中包括騎兵三萬和左右地兵八萬
餘。上文云：「連戰，士卒中矢傷，三創者載輦，兩創者將車，一創者持
兵戰。」據此可知，士卒被矢所傷，「三創」以上蓋即有喪生之可能。若
「一日五十萬矢皆盡」之說可信，以人均「五創」計之，則所殺近十萬
矣，明顯與上文「千弩俱發，應弦而倒……殺數千人」及「戰一日數十

〔註144〕吳恂《漢書注商》，上海古籍出版社，1983 年第 1 版，第 176 頁。

合，復傷殺虜二千餘人」云云大相徑庭；即以「身被數十創」而言，「五十萬矢」亦當射殺數萬人，而所殺既多，李陵又如何會兵敗被俘？見此「一日五十萬矢皆盡」爲「百五十萬矢皆盡」之訛，而「百五十萬矢」實乃李陵所部轉戰數十日耗矢之總數，人均攜帶三百矢當有可能，下文引司馬遷語有「轉鬬千里，矢盡道窮」云云，是其證。究其致誤之由，蓋誤分一字爲二字也，此類訛誤情形載籍多見，不贅。點校本失校，《通鑒》亦誤。

軍吏或曰：「將軍威震匈奴，天命不遂，後求道徑還歸，如浞野侯為虜所得，後亡還，天子客遇之，況於將軍乎！」（冊 8 ／頁 2454 ／行 13〜14）

按：「天子客遇之」句，各本同。《補注》引宋祁曰：「浙本『客』作『容』。」又引王念孫曰：「『客』字義不可通，據《破奴傳》，無所謂『天子客遇之』之事。『客』當依浙本作『容』，字之誤也。容，寬也；遇，待也。寬待之，不問其沒軍之罪。」王先謙說：「王說是也。此後人因下有『單于客遇李緒』之文，妄改此『容遇』爲『客遇』，不思武帝無客遇破奴之理也。」按此「浞野侯」即趙破奴，本漢將，故不當稱之爲「客」。據卷五十五本傳載，趙破奴先封從票侯，再封浞野侯，後「以濬稽將軍將二萬騎擊匈奴左王。左王與戰，兵八萬騎圍破奴，破奴爲虜所得，遂沒其軍。居匈奴中十歲，復與其太子安國亡入漢」（頁 2493）。趙破奴反復無常，武帝確曾寬待之，「後坐巫蠱，族」。二王所言甚是，可從。點校本未採二王說，失校。

於是盡斬旌旗，及珍寶埋地中，陵歎曰：「復得數十矢，足以脫矣。」（冊 8 ／頁 2454 ／行 14〜15）

按：「復得數十矢」句，各本同。《補注》引宋祁曰：「南本、浙本『復』字下有『人』字。須得『人』字，義乃安；若只云『數十矢』，何能脫也？」按王先謙謂宋說是，考之上下文意，所言甚是，可從。此時李陵殘部約三千餘人，若「每人」再有「數十矢」，則足以突圍脫身而去，以下文「陵敗處去塞百餘里」之言證之，李陵之言當屬可信。由此可見矢之寶貴，益證上文「一日五十萬矢皆盡」之言確有訛誤矣。

引佩刀自刺。衛律驚，自抱持武，馳召醫。鑿地為坎，置熅火，覆武其上，

蹈其背以出血。武氣絕，半日復息。（冊 8／頁 2461／行 7～8）

按：「蹈其背以出血」句，各本同，而文意有隔，疑有訛誤，顏師古等於此
　　皆無說。按「蹈」字有踩、踐踏之義，楊樹達以傷者「背不可蹈」，遂
　　解「蹈」爲「搯」，取輕叩之義，實非。其後郭在貽等亦有說，皆未達。
　　按此敘衛律以急救法救活蘇武之經過，實與邊疆風俗習慣有關。徐復
　　先生撰有《〈漢書・蘇武傳〉「蹈其背以出血」解》一文，收入《後讀
　　書雜志》一書〔註 145〕。徐先生據邊地習俗，定「蹈」爲「焰」字形近
　　之誤，乃用火熏之義，考釋精詳，堪稱的解，可從，文繁不錄。點校本
　　失校。

師古曰：「飲音於禁反。」（冊 8／頁 2463／行 4）

按：音，各本皆同，而王本作「方」，明顯誤刻。點校本徑改底本，未出校改
　　符號與校勘記，失範。

武能網紡繳，檠弓弩，於靬王愛之，給其衣食。（冊 8／頁 2463／行 9）

按：「武能網紡繳」句，各本同。《補注》引宋祁曰：「『網』上疑有『結』字。」
　　又引王念孫曰：「『結網』與『紡繳』對文，宋說是也。《御覽》人事部百
　　二十七引此正作『結網紡繳』，《漢紀》同。」按原文單作「網」字，語
　　意欠明，當有脫誤；王說有理，可從。點校本未採，失校。

師古曰：「朝露見日則晞，人命短促亦如之。」（冊 8／頁 2465／行 8）

按：「朝露見日則晞」句，殿本、北監本等同，而景祐本、汲古閣本、王本
　　等「晞」下皆有「乾」字，張元濟《校勘記》失校。《補注》云：「官本
　　注無『乾』字。」錄殿本異文而未下斷語。按「晞」有乾、乾燥之義，「晞
　　乾」乃同義複詞，《漢語大詞典》等失收。此處以「朝露晞乾」與「人命
　　短促」對舉，「短促」亦爲同義複詞，語意明白，王本等並不誤。點校本
　　暗改底本，據殿本等徑刪「乾」字，失當。

後陵復至北海上，語武：「區脫捕得雲中生口，言太守以下吏民皆白服，曰
上崩。」武聞之，南鄉號哭，歐血，旦夕臨。（冊 8／頁 2465／行 13～14）

〔註 145〕徐復《後讀書雜志》，上海古籍出版社，1996 年第 1 版，第 40 頁；「附錄」
　　　　第 295～296 頁。

數月，昭帝即位。數年，匈奴與漢和親。（冊 8 / 頁 2466 / 行 4）

按：顏師古於「且夕臨」下施注，明顏氏以「臨」字絕句，實非。而點校本
從之，亦非。《補注》引劉敞曰：「『數月』字當屬上。」王先謙說：「劉
說是也，《通鑑》作『且夕臨數月』。」按劉、王二家所說甚是，可從。
據史載，武帝崩之次日昭帝便即位，此處以「數月」屬下讀，明顯與史
實不符。故此處當以「且夕臨數月」連讀，文意乃安。臨，哭也，「且夕
臨數月」意謂蘇武聞知武帝崩逝後「日夜號哭達數月」之久。又，「昭帝
即位」下句號亦宜去掉，與「數年」連讀，文意順暢。點校本未採王、
劉說，明顯誤標。嶽麓本則從王說改，是。

武來歸明年，上官桀子安與桑弘羊及燕王、蓋主謀反。武子男元與安有
謀，坐死。（冊 8 / 頁 2467 / 行 9）

按：上官桀與霍光等本爲武帝託孤重臣，後因與霍光爭權而走上謀反之路，
故實爲此次謀反之主謀。但依點校本之標點，則此次謀反似乎與上官桀
本人無關，明顯與史實不合，屬誤標。當在「上官桀」下施加頓號，文
意乃安。

二四六〇頁一行　因厚（略）單于。（冊 8 / 頁 2470 / 行 12）

按：此校勘記誤排行數，核之正文，「二四六〇頁一行」當爲「二四六〇頁二
行」之誤。

參考文獻

著作類

1. 安作璋：《班固與〈漢書〉》，山東人民出版社，1979 年。
2. 班固：《漢書》，景祐本，浙江古籍出版社影印百衲本，1998 年。
3. 班固：《漢書》，明崇禎十五年汲古閣刻本。
4. 班固：《前漢書》，乾隆四年武英殿本，上海古籍出版社、上海書店縮印《二十五史》本，1986 年。
5. 班固：《漢書》，清同治八年金陵書局刻本。
6. 班固：《漢書》，中華書局，1962 年。
7. 班固：《漢書》（簡體字本），中華書局，2005 年。
8. 班固：《漢書》，陳煥良、曾憲禮點校，嶽麓書社，1993 年。
9. 班固：《漢書》，江建忠標點，上海古籍出版社，2003 年。
10. 倉修良主編：《漢書辭典》，山東教育出版社，1996 年。
11. 岑仲勉：《漢書西域傳地里校釋》，中華書局，1981 年。
12. 陳國慶：《漢書藝文志注釋彙編》，中華書局，1983 年。
13. 陳景雲：《兩漢訂誤》，《二十四史訂補》本，北京圖書館出版社，2004 年。
14. 陳彭年等：《鉅宋廣韻》，上海古籍出版社，1983 年。
15. 陳其泰：《再建豐碑——班固和〈漢書〉》，三聯書店，1994 年。
16. 陳其泰、趙永春：《班固評傳》，南京大學出版社，2002 年。
17. 陳世明：《二十四史兩漢時期西域史料校注》，新疆大學出版社，2003 年。
18. 陳壽：《三國志》，中華書局，1982 年。

19. 陳垣：《校勘學釋例》，中華書局，1959 年。

20. 陳垣：《二十史朔閏表》，中華書局，1962 年。

21. 陳垣：《史諱舉例》，中華書局，2002 年。

22. 陳直：《漢書新證》，天津人民出版社，1979 年。

23. 陳直：《三輔黃圖校證》，陝西人民出版社，1980 年。

24. 程俱：《麟臺故事》，清《武英殿聚珍版叢書》本，同治七年福建版。

25. 程千帆、徐有富：《校讎廣義・校勘編》，齊魯書社，1998 年。

26. 崔適：《史記探源》，中華書局，1986 年。

27. 丁度等：《集韻》，上海古籍出版社，1985 年。

28. 丁謙：《漢書各外國傳地理考證》，《二十五史三編》本，嶽麓書社，1986 年。

29. 杜佑：《通典》，中華書局，1988 年。

30. 段玉裁：《説文解字注》，上海古籍出版社，1981 年。

31. 敦煌研究院：《敦煌遺書總目索引新編》，中華書局，2000 年。

32. 范希曾：《書目答問補正》，中華書局，1963 年。

33. 范曄：《後漢書》，中華書局，1965 年。

34. 方向東：《貫誼集彙校集解》，河海大學出版社，2000 年。

35. 房玄齡等：《晉書》，中華書局，1976 年。

36. 高文：《漢碑集釋》，河南大學出版社，1985 年。

37. 顧廣圻：《思適齋書跋》，中華書局，1993 年。

38. 顧實：《漢書藝文志講疏》，上海古籍出版社，1987 年。

39. 顧炎武：《日知錄》，上海古籍出版社，1985 年。

40. 管錫華：《校勘學》，安徽教育出版社，1991 年。

41. 郭在貽：《郭在貽文集》，中華書局，2002 年。

42. 國務院古籍整理出版規劃小組：《古籍點校疑誤彙錄》，中華書局，2002 年。

43. 杭世駿：《漢書蒙拾》，《二十五史三編》本，嶽麓書社，1986 年。

44. 何若瑤：《漢書注考證》，《二十四史訂補》本，北京圖書館出版社，2004 年。

45. 何焯：《義門讀書記》，崔高維點校，中華書局，1987 年。

46. 洪業等：《漢書及補注綜合引得》，上海古籍出版社，1986 年。

47. 侯鄰：《漢書古義考》，《二十四史訂補》本，北京圖書館出版社，2004 年。

48. 紀昀等：《四庫全書總目提要》，中華書局，1965 年。

49. 蔣禮鴻：《蔣禮鴻集》，浙江教育出版社，2001 年。

50. 金少英：《漢書食貨志集釋》，李慶善整理，中華書局，1986 年。

51. 李波、李曉光等主編：《漢書索引》，中國廣播電視出版社，2001 年。

52. 李澄宇：《讀漢書蠡述》，《二十五史三編》本，嶽麓書社，1986 年。

53. 李慈銘：《漢書札記》，收入《越縵堂讀史箚記全編》，北京圖書館出版社，2003 年。

54. 李德銘：《漢書札記》，《二十五史三編》本，嶽麓書社，1986 年。

55. 李昉等：《太平御覽》，中華書局，1960 年。

56. 李景星：《四史評議》，韓兆琦等點校，嶽麓書社，1986 年。

57. 李人鑒：《太史公書校讀記》，甘肅人民出版社，1998 年。

58. 酈道元：《水經注》，江蘇古籍出版社，1989 年。

59. 梁玉繩等：《史記漢書諸表訂補十種》，中華書局，1982 年。

60. 梁玉繩：《史記志疑》，中華書局，1981 年。

61. 雷濬：《學古堂日記·漢書》，《二十四史訂補》本，北京圖書館出版社，2004 年。

62. 淩稚隆：《漢書評林》，光緒二十七年上海天章書局石印本。

63. 劉琳、吳洪澤：《古籍整理學》，四川大學出版社，2003 年。

64. 劉汝霖：《漢晉學術編年》，中華書局，1987 年。

65. 劉師培：《劉申叔遺書》，江蘇古籍出版社，1997 年。

66. 劉台拱：《漢學拾遺》，《二十五史三編》本，嶽麓書社，1986 年。

67. 劉昫等：《舊唐書》，中華書局，1975 年。

68. 瀧川資言、水澤利忠：《史記會注考證附校補》，上海古籍出版社，1986 年。

69. 婁機：《班馬字類》，中華書局，1985 年。

70. 馬端臨：《文獻通考》，中華書局，1986 年。

71. 馬敘倫：《讀兩漢書記》，商務印書館，1930 年。

72. 馬永嬴、王保平：《走近漢陽陵》，文物出版社，2001 年。

73. 繆祐孫：《漢書引經異文錄證》，《二十五史三編》本，嶽麓書社，1986 年。

74. 倪思：《班馬異同》，《四庫全書》本，上海古籍出版社，1987 年。

75. 寧調元：《讀漢書札記》，《二十四史訂補》本，北京圖書館出版社，2004 年。

76. 歐陽修等：《新唐書》，中華書局，1975 年。

77. 朴宰雨：《〈史記〉〈漢書〉比較研究》，中國文學出版社，1994 年。

78. 浦起龍：《史通通釋》，上海書店，1988 年。

79. 錢大昕：《漢書考異》，《二十四史訂補》本，北京圖書館出版社，2004 年。

80. 錢大昭：《漢書辨疑》，《二十五史三編》本，嶽麓書社，1986 年。

81. 錢坫、徐松：《新斠注地理志集釋》，《二十五史補編》本，中華書局，1998 年。

82. 錢玄：《校勘學》，江蘇古籍出版社，1988 年。

83. 丘瓊蓀：《歷代樂志律志校釋》（第一分冊），人民音樂出版社，1999 年。

84. 全國古籍整理出版規劃領導小組辦公室：《古籍整理出版十講》，嶽麓書社，2002 年。

85. 全祖望：《漢書地理志稽疑》，《二十五史補編》本，中華書局，1998 年。

86. 上海圖書館編：《中國叢書綜錄》，上海古籍出版社，1986 年。

87. 邵懿辰：《增訂四庫簡明目錄標注》，中華書局上海編輯所，1959 年。

88. 沈家本：《漢書瑣言》，《二十五史三編》本，嶽麓書社，1986 年。

89. 沈家本：《續漢書志瑣言》，《二十五史三編》本，嶽麓書社，1986 年。

90. 沈欽韓：《漢書疏證》，《續修四庫全書》本，上海古籍出版社，2002 年。

91. 施丁主編：《漢書新注》，三秦出版社，1994 年。

92. 施之勉：《漢書集釋》，臺灣三民書局股份有限公司，2003 年。

93. 《十三經注疏》，中華書局，1980 年。

94. 史學海：《漢書校證》，《二十四史訂補》本，北京圖書館出版社，2004 年。

95. 司馬光：《資治通鑒》，上海古籍出版社，1987 年。

96. 司馬遷：《史記》，中華書局，1982 年。

97. 宋祁：《宋景文筆記》，《四庫全書》本，上海古籍出版社，1987 年。

98. 宋子然：《中國古書校讀法》，巴蜀書社，2003 年。

99. 蘇俊良：《漢朝典章制度》，吉林文史出版社，2001 年。

100. 孫德謙：《漢書藝文志舉例》，《二十五史補編》本，中華書局，1998 年。

101. 孫星衍輯：《漢官六種》，《四部備要》本，中華書局、中國書店，1989 年。

102. 脫脫等：《宋史》，中華書局，1985 年。

103. 汪受寬：《諡法研究》，上海古籍出版社，1995 年。

104. 汪遠孫：《漢書地理志校本》，《二十五史補編》本，中華書局，1998 年。

105. 王國維：《王國維遺書》，上海古籍出版社，1983 年。

106. 王繼如：《敦煌問學叢稿》，甘肅文化出版社，1999 年。

107. 王繼如：《訓詁問學叢稿》，江蘇古籍出版社，2001 年。

108. 王錦貴：《〈漢書〉和〈後漢書〉》，人民出版社，1987 年。

109. 王峻：《漢書正誤》，《二十四史訂補》本，北京圖書館出版社，2004 年。

110. 王利器、王貞珉等：《漢書古今人表疏證》，齊魯書社，1988 年。

111. 王鳴盛：《十七史商榷》，中國書店，1987 年。

112. 王念孫：《漢書雜志》，收入《讀書雜志》，江蘇古籍出版社，1985 年。

113. 王仁俊：《漢書佚文》，《二十五史三編》本，嶽麓書社，1986 年。

114. 王榮商：《漢書補注》，《二十四史訂補》本，北京圖書館出版社，2004 年。

115. 王先謙：《漢書補注》，中華書局，1983 年。

116. 王益之：《西漢年紀》，王根林點校，中州古籍出版社，1993 年。

117. 王應麟：《玉海》，廣陵書社，2003 年。

118. 王應麟：《漢藝文志考證》，《二十五史補編》本，中華書局，1998 年。

119. 王重民：《敦煌古籍敘錄》，中華書局，1979 年。

120. 王重民：《敦煌遺書總目索引》，商務印書館，1962 年。

121. 魏徵等：《隋書》，中華書局，1973 年。

122. 吳金華：《古文獻研究叢稿》，江蘇教育出版社，1995 年。

123. 吳仁傑：《兩漢刊誤補遺》，《二十四史訂補》本，北京圖書館出版社，2004 年。

124. 吳恂：《漢書注商》，上海古籍出版社，1983 年。

125. 夏燮：《校漢書八表》，《二十五史補編》本，中華書局，1998 年。

126. 蕭該：《漢書音義》，《二十四史訂補》本，北京圖書館出版社，2004 年。

127. 蕭統：《文選》，中華書局，1977 年。

128. 辛子牛：《漢書刑法志注釋》，群眾出版社，1984 年。

129. 徐復：《後讀書雜志》，上海古籍出版社，1996 年。

130. 徐復：《徐復語言文字學叢稿》，江蘇古籍出版社，1990 年。

131. 徐仁甫：《廣古書疑義舉例》，中華書局，1990 年。

132. 徐松：《漢書西域傳補注》，《二十五史三編》本，嶽麓書社，1986 年。

133. 徐松：《西域水道記》（外二種），朱玉麒整理，中華書局，2005 年。

134. 徐朔方：《史漢論稿》，江蘇古籍出版社，1984 年。

135. 徐天麟：《西漢會要》，上海人民出版社，1977 年。

136. 荀悦、袁宏：《兩漢紀》，張烈點校，中華書局，2002 年。

137. 嚴可均：《全上古三代秦漢三國六朝文》，中華書局，1981 年。

138. 顏師古：《匡謬正俗》，《四庫全書》本，上海古籍出版社，1987 年。

139. 楊侃：《兩漢博聞》，車承瑞點校，黑龍江人民出版社，1990 年。

140. 楊守敬：《漢書地理志補校》，《二十五史補編》本，中華書局，1998 年。

141. 楊守敬：《楊守敬集》，謝承仁主編，湖北人民出版社、湖北教育出版社，1988～1995 年。

142. 楊樹達：《漢書窺管》，上海古籍出版社，1984 年。

143. 楊樹達：《漢代婚喪禮俗考》，上海古籍出版社，2000 年。

144. 姚思廉：《梁書》，中華書局，1973 年。

145. 姚振宗：《漢書藝文志拾補》，《二十五史補編》本，中華書局，1998 年。

146. 姚振宗：《漢書藝文志條理》，《二十五史補編》本，中華書局，1998 年。

147. 佚名：《漢書疏證》，《續修四庫全書》本，上海古籍出版社，2002 年。

148. 佚名：《漢書考正》，《續修四庫全書》本，上海古籍出版社，2002 年。

149. 余嘉錫：《四庫提要辯證》，中華書局，1980 年。

150. 余太山：《兩漢魏晉南北朝正史西域傳研究》，中華書局，2003 年。

151. 余太山：《兩漢魏晉南北朝正史西域傳要注》，中華書局，2005 年。

152. 俞樾：《古書疑義舉例五種》，中華書局，1983 年。

153. 張家英：《史記十二本紀疑詁》，黑龍江教育出版社，1997 年。

154. 張烈主編：《漢書注譯》，南方出版社，1999 年。

155. 張舜徽：《漢書藝文志釋例》，《二十五史三編》本，嶽麓書社，1986 年。

156. 張舜徽：《漢書藝文志通釋》，《二十五史三編》本，嶽麓書社，1986 年。

157. 張文虎：《校刊史記集解索隱正義札記》，中華書局，1977 年。

158. 張衍田：《史記正義佚文輯校》，北京大學出版社，1985 年。

159. 張玉春：《〈史記〉版本研究》，商務印書館，2001 年。

160. 張元濟：《百衲本二十四史校勘記·漢書校勘記》，王紹曾等整理，商務印書館，1999 年。

161. 張元濟：《校史隨筆》，商務印書館，1990 年。

162. 章學誠：《文史通義》，上海書店，1988 年。

163. 趙生群：《〈史記〉文獻學叢稿》，江蘇古籍出版社，2000 年。

164. 趙守儼：《趙守儼文存》，中華書局，1998 年。

165. 趙翼：《廿二史劄記》，中國書店，1987 年。

166. 趙增祥、徐世虹：《漢書刑法志注釋》，法律出版社，1983 年。

167. 鄭樵：《通志》，浙江古籍出版社，1988 年。

168. 中國古籍善本書目編輯委員會編：《中國古籍善本書目》（史部），上海古籍出版社，1993 年。

169. 中國社會科學院歷史研究所：《八十年來史學書目》（1900～1980），中國社會科學出版社，1984 年。

170. 中華書局編輯部：《回憶中華書局》（1912～1987），中華書局，1987 年。

171. 周瓘輯：《兩漢書疏》，《續修四庫全書》本，上海古籍出版社，2002 年。

172. 周壽昌：《漢書注校補》，《二十五史三編》本，嶽麓書社，1986 年。

173. 周正權：《漢書律曆志補注訂誤》，《二十四史訂補》本，北京圖書館出版社，2004 年。

174. 朱東潤：《史記考索》（外二種），華東師範大學出版社，1996 年。

175. 朱一新：《漢書管見》，《二十五史三編》本，嶽麓書社，1986 年。

176. 《諸子集成》，中華書局，1958 年。

177. 足立喜六：《長安史迹研究》，王雙懷等譯，三秦出版社，2003 年。

論文類

1. 阿其圖：《〈漢書·匈奴傳〉與〈史記·匈奴列傳〉對校芻議》，《內蒙古師大學報》，1994 年第 3 期。

2. 白壽彝、許殿才：《〈漢書〉的成就及歷史地位》，《文獻》，1991 年第 3 期。

3. 陳文豪：《〈漢書新證〉版本述略》，收入《西北大學史學叢刊》4《周秦漢唐文明國際學術研討會論文集》，三秦出版社，2001 年。

4. 陳永良：《說〈漢書·蘇武傳〉中的「蹈」字》，《文史雜誌》，1995 年第 1 期。

5. 諶三元：《歷代〈漢書·藝文志〉研究綜述》，《圖書館》，2000 年第 2 期。

6. 程明安：《顏注〈漢書〉校對文字異同之計量分析》，《改革與戰略》，2003 年第 9 期。

7. 董豔秋：《〈漢書〉中〈衛青霍去病傳〉所附之〈公孫敖傳〉訛誤考》，《社會科學輯刊》，2002 年第 4 期。

8. 董志翹：《〈漢書〉舊訓考辨略例》，《社會科學戰線》，1983 年第 4 期。

9. 董志翹：《〈漢書〉標點舉誤》，《古籍整理出版情況簡報》，總 201 期。

10. 方鐵：《〈史記〉、〈漢書〉失載西南夷若干史實考辨》，《中央民族大學學報》，2004 年第 3 期。

11. 管吉：《〈漢書〉校記二則》，《史學月刊》，1983 年第 6 期。

12. 胡繼明：《〈漢書〉應劭注訓詁研究》，《四川師範學院學報》，2003 年第 3 期。

13. 黃一農：《漢初百年朔閏析究——兼訂〈史記〉和〈漢書〉紀日干支訛誤》，《中國社會科學文摘》，2002 年第 3 期。

14. 吉書時：《〈漢書〉〈漢紀〉互異舉例》，《史學史研究》，1984 年第 4 期。

15. 李解民：《〈漢書·循吏傳〉校點商榷》，《杭州師範學院學報》，1998 年第 1 期。

16. 李苑靜：《〈漢書〉服虔注音義初探》，《伊犁師範學院學報》，2003 年第 4 期。

17. 劉德增：《〈漢書〉正誤一則》，《史學月刊》，1996 年第 3 期。

18. 劉家鈺：《〈史記〉（本紀部分）標點商榷》，《瀋陽師範學院學報》，1984 年第 2 期。

19. 馬固鋼：《談〈漢書補注〉的吸收前人成果》，《石家莊師範專科學校學報》，2002 年第 1 期。

20. 馬固鋼：《〈漢書補注〉訓詁雜識》，《古籍整理研究學刊》，2002 年第 5 期。

21. 榮新江：《〈史記〉與〈漢書〉——吐魯番出土文獻札記之一》，《新疆師範大學學報》，2004 年第 1 期。

22. 沈梅：《〈漢書〉校勘札記》，《南京師大學報》，1988 年第 2 期。

23. 王華寶：《〈史記〉校勘研究》，南京師範大學 2004 年博士學位論文。

24. 王根林：《〈漢書〉校勘獻疑》，《社會科學戰線》，1992 年第 2 期。

25. 王俊梅：《點校本〈漢書·諸侯王表〉校正舉要》，《邢臺師範高專學報》，2001 年第 2 期。

26. 王繼如：《〈漢書〉十二紀標點句讀札記》，《華中師範大學學報》，1992 年第 6 期。

27. 王彥坤：《〈漢書〉所見辭書未收詞語考釋》，《暨南學報》，2003 年第 4 期。

28. 王彥坤：《〈漢書〉所見辭書未收詞語續釋》，《暨南學報》，2003 年第 6 期。

29. 吳金華：《〈漢書〉「正月賜羊酒」校議》，《中國典籍與文化》，1996 年第 1 期。

30. 郜志群：《〈漢書·食貨志上〉補校》，《首都師範大學學報》，1996 年第 6 期。

31. 相宇劍、王海平：《〈史記〉〈漢書〉用字異對應分析》，《淮北煤炭師範學

院學報》，2003 年第 1 期。

32. 謝紀鋒：《〈漢書〉音切校議》，《內蒙古民族師院學報》，1992 年第 2 期。

33. 徐家驥：《中國古代〈漢書〉研究概述》，《咸陽師專學報》，1996 年第 1 期。

34. 徐建委：《蔡謨〈漢書音義〉考索》，《古籍整理研究學刊》，2003 年第 6 期。

35. 徐曉青：《〈史記〉、〈漢書〉正誤六則》，《山東教育學院學報》，2002 年第 4 期。

36. 袁慶述：《〈漢書〉標點疑誤》，《古漢語研究》，1997 年第 3 期。

37. 岳慶平：《〈漢書〉勘誤兩則》，《中國史研究》，1985 年第 3 期。

38. 張漢東：《〈漢書古今人表疏證〉訂誤》，《古籍整理研究學刊》，2000 年第 3 期。

39. 張烈：《中華書局點校本漢書校勘記商榷》，《漢書注譯》第 4 冊附，南方出版社，1999 年。

40. 張如元：《〈漢書〉標點中的一些問題》，《古籍整理出版情況簡報》，總 140 期。

41. 張新武：《〈漢書〉人名字三題》，《新疆大學學報》，1998 年第 4 期。

42. 趙生群：《讀〈漢書〉諸侯王表札記》，《文教資料》，1988 年第 6 期。

43. 趙新德：《〈漢書〉標點糾誤》，《史學月刊》，1986 年第 3 期。

44. 周晨：《宋刻〈漢書〉版本考》，《襄樊學院學報》，2002 年第 1 期。

45. 周洪才：《歷代〈漢書〉研究述略》，《齊魯學刊》，1987 年第 3 期。

46. 周俊勳：《〈史記〉〈漢書〉校讀札記》，《古籍整理研究學刊》，2000 年第 2 期。

47. 朱桂昌：《〈漢書〉點校商榷》，《史學史資料》，1980 年第 2 期。

48. 朱惠仙：《〈漢書〉標點商榷》，《湖州師專學報》，1996 年第 2 期。

後　記

　　早就聽說南京大學有博士生在完成畢業論文時集體相約不寫後記的，於是也想傚仿一二；倒不是爲了附庸風雅，實在是因爲此次論文選取暫作答辯討論之用的內容僅及全書的三分之一，並非全璧，所以老是覺得缺乏寫後記的膽量與必要。心裏一直犯嘀咕，猶豫再三，還是硬著頭皮寫上幾句。

　　一晃畢業留校工作已達二十年，常常痛恨自己的一事無成，感到愧對師門。工作換了兩三茬，年屆不惑，終於又回到「娘家」專司教職，始得相對穩定。俗話說：「樹挪死，人挪活。」如今看來亦未必盡然，不過是尋求一種自我安慰罷了。生性慵懶，淡泊名利，雖然至今尚無建樹，但「得天下英才而教育之」，未嘗不是人生一樂！又蒙業師趙生群教授不棄，忝列門牆，接連攻讀碩士、博士學位，時得耳提面命，教誨諄諄，實在也是幸事一椿！而徐復先生以耄耋之年，仍筆耕不輟，暇時亦屢屢問及學業情況，惶恐之餘，頗受鼓舞，益發埋頭苦讀，以期早有小成。加上董志翹教授、黃征教授、江慶柏研究員、方向東教授、陸林教授、陳敏傑研究員、何亞南教授、施謝捷教授等諸位師長多年來的指導、鼓勵與幫助，總算一步一步走到今天，且有了繼續向前的動力。在此，謹致以最誠摯的謝意！

　　因爲攻讀碩士學位時做的論文是《〈建康實錄〉校勘札記》，所以本來想繼續深入做下去，把《〈建康實錄〉研究》作爲博士論文選題，說實在的也就是想偷偷懶，在原先的基礎上稍做加工，增補些資料，這也是許多人屢試不爽的招數。但導師趙生群教授一貫以治學嚴謹樸實著稱，想蒙混過關肯定是不行的；出於先生對老學生的瞭解，更重要的是出於先生對《史記》、《漢書》二書的熟悉與研究有素，遂幫助改弦易轍，確定以《漢書》考校爲研究

方向。由於十餘年未再究心《漢書》，所以方向確定後頗覺底氣不足，心中壓力很大；自己個人的名譽事小，主要是擔心論文如果寫不好，辜負了導師和諸位師長的厚愛，那就說不過去了。於是橫下一條心，決定先拚個十年八年再說。如今拿出的《〈漢書〉考校研究》十餘萬字，只能算是三年來階段性成果的一個簡單總結，離預期的目標應當還有不小的距離。好在終於摸到了不少門道，三年的苦讀沒有白費；有時夜深人靜，忽然發現又有所得，也曾忍不住擊節而歎，甚至如癡如醉，樂在其中。假以時日，當使此項研究更進一步，或可報答師恩於萬一！

值得一提的是，蘇州大學中文系博導王繼如教授、北京大學歷史系博導榮新江教授等慷慨惠贈《漢書集釋》及敦煌寫本殘卷複印資料等，於論文的撰寫幫助很大，心中頗感欣慰；此外，南師大圖書館吳家駒老師爲借閱圖書資料提供了許多方便，朱玉麒、曹連觀、王華寶、吳新江、劉立志、曹紅軍、楊莉馨等老友與師兄弟亦給予了很多支持、幫助，尤其是華寶兄做了很好的榜樣，在此一併表示感謝！

最後，還要感謝師母錢春梅老師的關愛和家人的支持。錢老師多年來一值勤加督促，噓寒問暖；妻子賈宗蘋園長克服自己工作繁忙等諸多困難，盡力創設好的研讀環境；而妻姐賈紅女士兩年來無償幫助打理一家膳食、照顧孩子，不僅使學習無後顧之憂，也體會了不少「君子遠庖廚」的樂趣……給予關心和幫助的老師、朋友還有不少，難以一一縷述，惟有銘記於心，終生不忘！

2006 年愚人節謝秉洪記於天目路寓所

出版後記

　　本書是在博士學位論文的基礎上修訂而成，這首先要感謝導師趙生群先生的長期關懷和推薦。正是由於趙先生的關心，我有幸參與中華書局點校本「二十四史」及《清史稿》修訂工程，通過這篇學位論文被北京大學歷史系教授吳榮曾先生吸收到《漢書》修訂小組，從此對《漢書》有了進一步的認識，同時亦越發覺得先前的鄙陋與不足，所以，儘管中華書局總編徐俊先生多年來一直鼓勵我將論文修改出版，但本人卻遲遲未能交稿，一拖至今。去年 5 月，趙先生將我們幾個同門師兄弟的學位論文推薦給花木蘭文化出版社，承蒙楊嘉樂等先生不棄，於是決定把這個階段性成果先行面世，以便向同行專家和廣大讀者請教。

　　時光倒回到 2006 年 5 月 28 日下午 2 時餘，南京師範大學中大樓中國古典文獻學博士論文答辯現場，答辯主席、南京大學中文系博導徐有富教授深情地評價道：「看了謝秉洪同學的論文，終於清楚地體會到章黃學派的門法不在南大，而在南師大！」現場所有導師及同學聞言均爲之動容，本人更是誠惶誠恐，愧不敢當。如今言猶在耳，但論文遲遲未能結集出版，不免汗顏，覺得辜負了當時諸位答辯導師的厚望。感謝徐有富教授、程章燦教授、黃征教授、江慶柏教授、陸林教授、方向東教授、施謝捷教授對論文提出了許多有益的建議，謹錄諸位先生評語如次，以誌不忘。

　　徐有富教授（南京大學中文系）：中華書局點校本《漢書》是 1962 年出版的，距今已有 40 多年。過去研究《漢書》有許多成果，點校本都未加利用，40 多年來又出現了許多新的科研成果與新的文獻檢索工具，出新的《漢書》整理本是必要的也是可能的。本文旨在爲《漢書》新整理本作準備，非

常有意義。作者在文獻調查方面做了大量工作，對《漢書》整理與研究的歷史非常熟悉。注意收集與利用《漢書》各重要版本、新見《漢書》文獻資料及相關科研成果，能認眞研讀原著，在文獻統計、分析、考證方面做了大量工作。論文在對中華書局點校本與用作底本的王先謙《漢書補注》比勘方面下了很大工夫，已寫出考校札記千餘條，並總結出點校本對底本而言存在著徑增、徑刪、徑改、徑移、文字處理失範等類型，並一一舉例作了論證，還分析了點校本中所存在的漏校、誤校、誤排等問題。綜上所述，作者具有紮實的文獻學功底，繼承了南師求眞務實的優良學風。本文是一篇優秀的博士論文，建議通過答辯並授予作者博士學位。

程章燦教授（南京大學中文系）：中華書局點校本《漢書》在學術界享有盛譽，歷來是學者們研究中經常援據的，但實際上它仍然存在底本校對不精、某些文字處理不合古籍整理規範等問題。本文從古籍整理學的角度出發，通過中華書局點校本與王先謙《補注》本的重新覆校，以大量事例證明中華書局點校本所存在的徑改、徑增、徑刪等諸種不合乎古籍整理規範的暗改現象，也分析了點校本在其他方面所存在的一些疏漏不足。論文綜合運用了校勘學、版本學、語言學和文化史等各學科的知識和研究手段，覆校細緻，爬梳精勤，集腋成裘，不僅指出了中華點校本的不足，爲今後進一步完善《漢書》整理研究提供了豐富材料和文獻基礎，而且豐富古籍整理學的基礎理論特別是完善校勘學的研究理論，提供了一個富於意義的案例。論文學風樸實嚴謹，實事求是，不避煩難，是一篇優秀的博士學位論文。

黃征教授（南京師範大學文學院）：謝秉洪同學作爲本專業教師而在職讀博，對於古文獻的整理與研究，有著良好的基礎與豐富的經驗。所作《〈漢書〉考校研究》，以中華書局點校本爲中心，廣泛核校多種版本，發現問題頗眾，而以綜合分析考證手段加以研究，見解突出，論證充分，深爲可喜。有鑑於此，該文已達到博士學位論文的要求。

江慶柏教授（南京師範大學文學院）：謝秉洪同學的博士學位論文《〈漢書〉考校研究》通過中華書局點校本《漢書》與底本王先謙《漢書補注》的重新覆校，舉例說明了中華書局點校本所存在的問題，並在文字上作了校勘。《漢書》歷來研究者甚多，要提出新的見解，在文字校勘上有新的發現，其難度甚大。論文經過認眞考覈，細心排比，發現了中華書局標點本存在的種種問題，顯示了《漢書》研究的最新成果。論文分爲兩大部分。論文第一

部分通過對自己校勘成果的具體分析，對自己的校理方式作了理論上的概括。其中第四節「點校本與《漢書補注》對校研究」一節，對點校本出現的問題進行了系統歸納。這些歸納不僅對整理、研究《漢書》十分重要，而且對一般的古籍整理，也具有普遍適用性。論文第二部分是具體考訂。這是本論文的主要成果。論文所形成的 340 條校記，充分運用對校、他校、本校及綜合考證等校勘方法，對《漢書》文字作了細心的排比，糾正了中華書局點校本的許多訛誤，其中許多爲他人所未及。論文不僅指出了錯誤的內容，還分析了出現錯誤的原因，這對文獻整理有相當的啓發意義。一些校勘記還綜合運用了古代文化史的知識，使自己的校勘記不僅有據，也有理可證。由於條件所限，所使用的版本尙不夠廣泛，這在一定程度上影響了論文的說服力。個別校勘記的行文，可再做進一步的推敲。

陸林教授（南京師範大學學報編輯部）：《漢書》是中國古代最重要的史學典籍之一，中華書局點校本《漢書》是其最重要的整理成果，以之爲「中心」進行考證校勘性的文獻學研究，其意義自不待言。古籍考校研究，是古代典籍研究的起點。對以中華版爲中心的《漢書》考校研究，則不僅是《漢書》文本校理的基礎性工程，不僅有助於對中華版《漢書》的正確使用和認識，而且對於理清這部史學名著的流傳、版本、注釋以及史料剪裁、思想內容等，均有重要的參考價值。該論文以版本校勘和史實考證爲出發點，綜合運用文化史、漢語史、校勘學、版本學等方面的理論和知識，對前此古今學者的《漢書》考校著述，從目錄、版本、校勘、輯佚、辨僞、文字訓詁、史實考證等多方面予以系統考量，取得了紮實而豐厚的學術成果。《漢書》卷帙浩繁，版本眾多，歷代研究成果指不勝屈。對其進行文字考校，舉例糾謬容易，竭澤而漁則難。作者在短短的三年期間內，以「系統的、窮盡性的研究」爲學術指歸，呑吐了大量的古今文獻，創獲極多，僅研究心得性學術札記就「不下千條」。在此基礎上精選 340 條撰成論文，涉及廣泛，精義迭出，令人擊節。其學術視野開闊，學術作風嚴謹，文獻基礎厚實，文化知識廣博，從其論文中均時可得到驗證。難能可貴的是，作者能以靜氣平情之態面對前人的缺失訛誤，不矜才使氣，不恃己傲人，表現出良好的研究作風。論文研究方法科學，努力做到了充分地佔有資料，進行縝密的辨析、科學的統計，宏觀把握與微觀考索相結合；借鑒二重證據法，注意本證與旁證的結合，注意同時材料的排比歸納與歷史源流的窮原竟委的結合；注意胸有成

竹、立足全局，在全面比勘、嚴謹統計的基礎上，注意定量分析與定性分析
的結合。故而其論證充分、結論可信，博引眾說，持論矜慎，有關見解有較
強的說服力和科學性。作者不僅在對《漢書》文本從事文獻學的考察和校勘
方面取得顯著成就，而且這種成就是建立在成熟的理論認識基礎上的，這一
點集中體現在其長篇緒論中。此文表現出作者既對學術發展有著高屋建瓴的
理解，又對歷代研究成果有著如數家珍的把握；不僅是一部濃縮了的《漢
書》研究學術史、版本源流史，而且其對《漢書》中華版的整理評價、對重
新整理《漢書》的「幾點認識」，其意義絕不僅限於《漢書》一書，對於許多
經典古籍的整理研究均不乏啓迪作用。建議作者將已經具備初步心得而尚未
整理成文的其餘六七百條學術札記，盡快整理出來，使自己對於《漢書》考
校的研究成果顯得更加厚重。鑒於這是一部優秀的學位論文，同意授予博士
學位。

　　方向東教授（南京師範大學文學院）：謝秉洪同志的論文對《漢書》這部
史學典籍的正文、注文進行了詳盡周密細緻的校勘考證，從三十六卷內容中
考校得出校記 340 條，訂正了《漢書》中存在的諸多錯誤，不僅對《漢書》
的文本研究起到了直接訂正的作用，同時也對校勘理論和方法的進一步深入
和推進具有指導性的意見，這一選題學術意義和價值是非常巨大，也爲廣大
的《漢書》使用者提供了直接的成果，其應用價值是非常廣泛的。論文在對
《漢書》考校的歷史作了充分的研究之後，也是對歷代至今對《漢書》校正
的諸多材料進行研究之後，纔著手進行對中華書局點校本展開校正的，因而
凡所發現均是前人所忽略、未嘗發現的，因此顯得非常可貴。論文綜合運用
了文獻學的各種知識理論，詳細考證了標點本《漢書》的錯誤，對重校二十
四史的工作具有至關重要的推進作用。評閱人認爲，這是一篇前期研究充
分、選題意義和價值非常重大、參閱材料豐富、考證證據確鑿、功底深厚、
學風紮實、態度嚴謹、方法科學的學術論文，同意參加論文答辯並申請博士
學位。論文不足之處由於資料龐雜，校對仍有些失誤之處。

　　施謝捷教授（南京師範大學文學院）：《〈漢書〉考校研究》一文，從古籍
整理的角度，對中華書局點校本《漢書》作了較爲系統的考校研究。作者綜
合運用校勘學、版本學、語言學等方面的知識，通過對點校本與所用底本王
先謙《補注》本及其他諸版本的覆校，指出了點校本所存在的種種問題，如
點校本在處理底本時往往存在徑改、徑增、徑刪而不出校記的暗改現象，有

失古籍整理規範；點校本存在的誤校、漏校，對已有成果的吸取不夠以及印刷排印等方面缺憾。作者在這方面所作工作卓有成效，在指出點校本問題的同時，也提出了很多很有價值的考校意見，多言之有據，無虛妄之語，體現了作者所具良好的專業技能和紮實的作風，對今後《漢書》的使用和進一步研究無疑有重要價值。如作者在考校《漢書》時能注意運用出土的同時代文獻，可能會有更多的收穫，也可避免某些立論的缺陷。該文已達到博士學位論文的要求，同意如期參加答辯。

中華書局自從啓動點校本「二十四史」及《清史稿》修訂工程後，陸續在《書品》與《古籍整理出版情況簡報》等刊物上公佈「二十四史」點校檔案以及相關的回憶文章等，使我們瞭解到許多鮮爲人知的史實，如點校本《漢書》起初就是以殿本爲藍本而標點的，後來改用王先謙《補注》本爲底本作了校勘記，所以便出現了許多「暗改」現象，這與本書「緒論」中的推斷完全相合。但誠如江慶柏教授所言，當年由於條件所限，所使用的版本尚不夠廣泛，如慶元本、蔡琪本、白鷺洲本、正統本等重要版本皆無由得見，至於景祐本，只能通過百衲本及張元濟校勘記比勘，確實在一定程度上影響了論文的說服力。好在如今因爲參加《漢書》修訂工作，於歷代重要版本搜羅無遺，應該可以彌補以前的缺憾了。待今年修訂工作告一段落後，理當盡快將有關心得整理出來，俾成全璧，亦不辜負陸林教授等殷切期許，爲《漢書》研究略盡綿薄之力。

限於時間和學識，書中定有不少疏漏之處，竭誠歡迎同行專家和廣大讀者批評指正！

謝秉洪 2013 年 4 月於南京